连锁经营管理专业
教学标准构建与应用研究

邱　云　孟子媛　查克玲　著

中国原子能出版社
China Atomic Energy Press

U0679714

图书在版编目（CIP）数据

连锁经营管理专业教学标准构建与应用研究 / 邱云，
孟子媛，查克玲著. -- 北京 ： 中国原子能出版社，
2018.12 （2021.9 重印）

ISBN 978-7-5022-9618-6

Ⅰ. ①连… Ⅱ. ①邱… ②孟… ③查… Ⅲ. ①连锁经
营－经营管理－课程标准－研究－高等职业教育 Ⅳ.
①F717.6

中国版本图书馆CIP数据核字(2018)第292418号

连锁经营管理专业教学标准构建与应用研究

出版发行	中国原子能出版社（北京海淀区阜成路 43 号 100048）	
责任编辑	孙凤春	
责任校对	冯莲凤	
责任印制	潘玉玲	
印　　刷	三河市南阳印刷有限公司	
经　　销	全国各地新华书店	
开　　本	787mm×1092mm　1/16	
印　　张	14.625	**字　数** 319千字
版　　次	2018 年 12 月第 1 版　2021 年 9 月第 2 次印刷	
标准书号	ISBN 978-7-5022-9618-6　　**定　价**　68.00 元	

网　　址：http://www.aep.com.cn　　E-mail：atomep123@126.com
发行电话：010-68452845　　　　　　版权所有　侵权必究

目　录

第一章 绪论

一、连锁经营管理专业简介

（一）人才培养目标

本专业以习近平新时代中国特色社会主义思想为指导，坚持党的教育方针和立德树人根本标准，面向现代服务业，依托永辉超市、麦当劳、7-11、星巴克、苏宁易购等10余家500强零售龙头企业，满足互联网、大数据、人工智能同实体零售深度融合背景下零售企业对智慧门店店长岗位的强劲需求，以教育部现代学徒制试点，重庆市智慧新零售"双基地"建设、商贸物流优质校建设等专业能力提升项目为契机，深化产教融合、校企合作，校企双主体共建连锁经营管理专业（智慧新零售方向），创新"学校与企业双主体、学生与学徒双身份、教师与师傅双指导、工作与学习双途径、技能与素养双提升、就业与职业双发展"的"六维一体"校企协同育人模式，共育"智慧新零售门店店长"，培养具有良好职业素养、创新精神，适应传统零售企业向智能化、数字化转型升级需要，掌握连锁门店经营先进技术和具备领导能力，能在500强智慧新零售企业从事门店营运管理、营销企划、人力资源管理、采购、门店开发与拓展、行政综合管理等工作的优秀人才。

（二）就业方向

本专业毕业生主要面向"双百强"（世界500强、中国企业500强）商贸零售企业、智慧新零售标杆企业，从事门店店营运管理、营销企划、人力资源管理、采购、门店开发与拓展、行政综合管理等等岗位的部门主管、经理职位，职业发展目标为智慧新零售企业门店店长、区域店长岗位。

（三）主干课程

零售与连锁经营管理、连锁企业门店营运管理、连锁企业品类管理、零售企业数据分析与应用、零售企业数字化营销、连锁门店促销与策划、零售企业顾客服务、智慧零售案例与实践、店长岗位实务、现代学徒制系列实岗训练课程、职业素养与领导力训练、智慧门店岗位训练等课程。

（四）专业特色

本专业是教育部第二批现代学徒制试点专业，是重庆市骨干专业、重庆市"双基地"

（智慧零售方向）建设专业，是连锁经营管理专业国家教学标准和顶岗实习标准主要制定单位，是 500 强企业职业店长培养基地，是中国连锁经营协会校企合作委员会副主任及西部区区长单位，是产教融合、校企合作双主体育人的典范，专业依托 10 余家 500 强零售连锁龙头企业，积极实施互联网、大数据、人工智能同实体零售深度融合，校企共建连锁经营管理专业（智慧零售方向），创新"六维一体"校企协同育人模式，实施"3+2"（3 天学校学习、2 天企业实岗训练）教学组织与运行模式，构建学生从"学徒—员工—店长"的渐进式成长路径，服务传统零售企业向智能化、数字化转型升级，培养"智慧门店店长"，毕业生起薪高、晋升快、可持续发展能力强，现代学徒制店长班学员毕业前晋升率超过 80%。近三年来，校企合作育人优秀案例连续 2 届获得全国一等奖（全国唯一）、学生连续 3 年获得全国零售新星大赛暨恒欣奖学金一等奖。

二、连锁经营管理专业建设发展沿革

我校连锁经营管理专业 2005 年申报成功，2006 年开始招生，已有 10 届毕业生，社会声誉好，社会认同度高，报到率高。目前在校人数 313 人，近 3 年来，本专业新生报到率超过 95%，学生被华润万家、麦当劳、永辉超市等"百强"（世界 500 强、中国连锁 100 强）零售连锁企业订单数占总学生人数的 80% 以上，对口实习就业率保持在 80% 以上，毕业生一次就业率维持在 98% 以上。自成立以来，本专业已经为重庆市及西部地区培养和输送了 900 余名优秀的连锁经营管理人才，许多毕业生已经成为相关连锁经营企业运营和管理的中坚力量，为行业企业的发展提供了强大的人才支撑，已成为包括永辉超市、华润万家等在内的重点商贸流通企业人才培养和输出基地。在 10 年的专业建设和人才培养过程中，连锁经营管理专业作为专业群建设专业先后经历了市级示范和国家骨干项目建设，在建设期间，专业紧紧围绕"提升内涵、凸显特色"这一中心任务，探索实践"校企双主体订单式人才培养模式"改革，在校企联合育人人才培养模式改革、实习实训基地建设、师资队伍建设、工学结合课程体系建设、课程及教材建设、社会服务等方面都取得了较好的积累和沉淀，具备了较好的专业建设基础。

三、专业建设积累与成效

（一）专业建设前期积累

在我校"培养现代服务业和社会公共服务需要的高素质技术技能人才"的总体目标指导下，连锁经营管理专业面向"现代商贸流通业"，服务沃尔玛、华润万家、麦当劳、永辉超市、7-11、罗森便利、人人乐、娇兰佳人等世界 500 强零售巨头和中国连锁 100 强零售连锁巨头，强抓内涵建设，发展迅速，建设水平、人才培养质量和社会口碑不断提升，目前西部领先。

（1）开设最早。我校连锁经营管理专业是重庆及西部地区最早开设该专业的院校。伴随着连锁经营等新型商贸流通业态不断涌现和迅猛发展的现实需要，2005 年我校在重庆市率先申报连锁经营管理专业，着力培养门店营运管理及门店店长等现代流通人才，是重庆最早、西部首批开设此专业的高职院校。专业具有开办早、底蕴厚、积累多、后劲足等特点。

（2）全市唯一经历过市级示范、国家骨干项目建设的专业，同时是重庆市级质量工程特色专业建设专业。2009 年，连锁经营管理专业成为重庆市质量工程特色专业建设专业，2009—2011 年成为市级示范院校重点专业专业群专业，2011—2014 年又经历国家骨干院校建设重点专业专业群建设。据建设计划和任务书的安排，连锁经营管理专业完成了各项建设任务，在人才培养模式改革、教育教学、校企合作、实习实训等方面得到了长足的进步，确定了重庆领头羊地位。

（3）行业企业影响力西部领先。我校是中国连锁经营协会校企合作工作小组发起单位之一（全国 8 所），是中国连锁经营协会校企合作委员会委员单位（重庆唯一）、西部区区长单位。借助中国连锁经营协会校企合作委员会平台，积极参与全国连锁经营管理专业建设、校企合作、人才培养工作，先后承办重庆地区校企合作座谈会、西部地区连锁经营管理专业建设暨校企合作研讨会、承办第二届和第三届中国零售新星技能大赛（西部区）初赛，获得中国连锁经营协会、市内外高校和知名企业的一致好评和赞誉；我校连锁经营管理专业校企合作案例获得中国连锁经营协会"CCFA 校企合作优秀案例"一等奖（全国 3 家、西部唯一），并在十七届中国连锁业大会暨中国零售业博览会期间展出宣传，连锁经营专业社团获得中国连锁经营协会颁发的全国"十佳"优秀社团并获得恒欣连锁教育基金提供的 5000 元建设资助，提升了我校连锁经营管理专业在全国的知名度和影响力，确立了西部领先的地位。

（4）是重庆唯一一所参与高等教育出版社国家级"十二五"职业教育规划教材和连锁经营管理专业国家级教学资源库建设任务的院校。2012 年，依托中国连锁经营协会校企合作工作小组，联合高等教育出版社和数十家优秀企业、院校共同编写 7 门连锁经营管理专业核心课程配套教材，7 本教材均被评为"十二五"职业教育国家规划教材，2014 年系列教材被确定作为连锁经营管理专业国家级教学资源库建设的主要依托教材；我校作为该系列教材编委会成员（重庆唯一）参与了整套教材的调研、论证工作，连锁教研室邱云、张宝伟老师承担了《连锁门店营运管理》教材的编写任务，赵虹玉老师承担了国家级教学资源库配套教材《连锁经营管理原理》（连锁经营管理专业国家级教学资源库主持单位江苏经贸职业技术学院牵头编写）的编写任务，两项工作进一步确立了我校在西部的领先地位。

（5）专业技能大赛、专业建设获奖等级和次数西部领先。由中国连锁经营协会主办的连锁经营管理专业学生职业技能大赛成功举办过 2 届，我校连锁经营管理专业学生在两届技能大赛中荣获 2 个 3 等奖、1 个西部区一等奖、1 个全国 2 等奖，2015 年我校连锁经营管理专业校企合作案例《携手连锁百强企业，校企双主体一体化培养连锁精英人才》案例获得"CCFA 校企合作优秀案例"一等奖（西部唯一），2016 年我校连锁经营专业社团获得中国连锁经营协会颁发的全国"十佳"优秀社团并获得恒欣连锁教育基金提供的5000 元建设资助，获奖等级和次数西部领先。

（6）校企合作模式和成效引领全国。与我校连锁经营管理专业开展深度合作企业中世界 500 强企业 5 家、中国连锁百强企业 8 家，合作企业知名度和质量全国领先。10 年来，连锁经营管理专业与人人乐、永辉、中百、娇兰佳人等企业合作推进工学结合、"订单"培养，先后组建校企合作订单班 15 个，校企联合育人成效显著；2015 年与华润万家、麦当劳、永辉试点现代学徒制人才培养，组建现代学徒制储干班 4 个，联合培养学徒 60 余名，人才培养质量和针对性显著提高，学生就业质量和可持续发展能力显著提升，已成为"百强"零售企业重要的人才储备和输出基地，校企联合育人成效获得行业企业广泛的认可，连锁经营管理专业校企合作案例《携手连锁百强企业，校企双主体一体化培养连锁精英人才》案例获得"CCFA 校企合作优秀案例"一等奖，校企合作模式成为全国同类院校学习的标杆。

（二）市级骨干专业建设项目建设成果

1. 项目总体建设情况

连锁经营管理专业依托重庆市专业能力提升项目（骨干专业）建设，至 2016 年 8 月份申报立项，重庆市财政、学校、合作企业总投入 185 万元，以十八大以来国家关于"深化产教融合、校企合作"系列文件精神为指导，全面落实立德树人根本任务，不断增强教育服务经济社会发展的能力，做到学科建设贴近重庆发展任务、学术研究贴近重庆发展要求、学生培养方向贴近重庆发展需求，经过三年期建设，按照教育部高职专业标准要求，建成重庆市连锁经营管理专业标准并作为主要参与院校完成教育部商业行指委《高等职业学校连锁经营管理专业教学标准》建设，在重庆及西部地区院校推广应用；创新连锁经营管理专业"六维一体"协同育人模式，校企双主体试点现代学徒制人才培养，成效显著；依据典型连锁企业对"职业店长（经理）"人才需求，系统设计专业课程体系，建设完成连锁经营管理专业数字化专业教学资源，促进专业信息化教学，加强课程思政建设，培养工匠精神和职业操守，促进学生职业素养提升；优化建设连锁经营管理专业校内外实习实训基地，支撑专业核心课程和人才专业能力培养，工学交替、五育并举、三全育人、实岗训练、岗位成才；加强专业带头人、骨干教师、专兼职教学团队建设，社会实践能力、信息技术应用能力和社会服务能力较大提升。为我市商贸零售业发展培养大批就业竞争力强、创新创业能力突出的高素质技术技能人才，做到"学生培养方向贴近重庆发展需求"。通过 3 年期建设，凝练专业特色，打造专业品牌，将专业建设成为"双百强企业职业店长（经理）"人才储备和输出基地，为现代零售业培养大批优秀高端技能型专门人才，大幅度提升连锁经营管理专业水平。通过选取重庆市 8 所开办连锁经营管理专业的院校及西部地区主要院校 12 所共计 20 所院校，通过学校招生网站、专业简介、专业新闻等渠道获取专业信息，构建"国家级、省部级专业建设项目""职业技能竞赛""省级以上课程、教材"等7个专业建设标志性成果指标进行对比分析，我校连锁经营管理专业标志性成果在7项指标全覆盖，其中6项指标均领先其他19所院校，4项省级以上的专业建设项目在全国名列前茅，通过分析，我校连锁经营管理专业处于国内一流、西部领先的专业，对重庆及西部地区高职院校连锁经营管理专业的建设和改革起到示范和带动作用。

2. 项目建设实施情况

（1）建设市级专业教学标准。按照教育部高职专业标准要求，学科（专业）建设贴近重庆发展任务，利用我校作为中国连锁经营协会校企合作委员会强大的"行企校"资源和西部区区长单位优势，整合市内外院校、行业企业专家，于2016年9月发起成立"西部地区连锁经营管理专业发展联盟"，承办2017中国连锁业校企合作委员会全体会议和校企合作委员会主任会议，承办2017西部地区连锁经营管理专业建设研讨会，依托中国连锁协会和西部地区连锁专业发展联盟，广泛参与行业企业各类专业会议，深入开展国内、市内兄弟院校调研，形成西部地区连锁专业建设情况报告，召开多次区域及全国行企校研讨会，对专业设置标准、专业面向零售连锁业态岗位标准、专业人才能力素质模型标准（知识、技能、态度）、专业工学结合课程体系标准、专业核心课程设置与课程内容标准、专业校企合作重点岗位标准、人才能力鉴定标准以及校企合作、产教融合相关体制机制进行研讨，行企校共同研制连锁经营管理专业教学标准，并在重庆及西部地区20余所高职院校进行了两轮论证与推广应用，为重庆及西部地区院校推进专业建设、制定具体的专业人才培养方案提供重要参考。2018年优化完善定稿了连锁经营管理专业教学标准，进行了行企校专家论证，召开2018年专业标准推广应用会并进行了人才培养方案的优化修订，优化完成适应连锁零售行业的现代学徒制工学交替、实岗育人标准建设和配套标准与制度建设，2018年立项重庆市教育科学"十三五"规划重点课题《高职院校现代学徒制标准体系构建与应用研究》，对现代学徒制系列标准体系进行更加深入的研究与应用推广。

（2）校企合作人才培养模式。依托学校合作发展理事会和中国连锁经营协会校企合作委员会优质资源，总结订单式人才培养模式经验与成果，调研并形成现代学徒制试点改革方案。深化与永辉超市、华润万家、麦当劳、7-11等"双百强"（500强、中国连锁百强）企业合作，全面试点现代学徒制人才培养，并于2017年5月申报，9月正式立项成为教育部第二批现代学徒制试点专业；与永辉超市、麦当劳、华润万家签订现代学徒制联合培养协议，形成连锁经营管理专业现代学徒制试点改革方案，校企共同招募培养学徒83名，确立"学校专业＋百强企业"的现代学徒制人才培养思路，定位"职业店长（经理）"岗位，优化制定现代学徒制人才培养方案，实施联合培养，创新"学校与企业双主体、学生与学徒双身份、教师与师傅双指导、工作与学习双途径、技能与素养双提升、就业与职业双发展"的"六维一体"的协同育人模式，实施"3+2"（3天学校学习、2天企业实岗训练）教学组织与运行模式，构建学生从"学徒—员工—职业店长（经理）"的渐进式成长路径，五育并举、三全育人、工学交替、岗位成才。顺利完成教育部第二批现代学徒制试点中期调研验收，形成连锁专业现代学徒制人才培养模式改革报告和典型案例提炼撰写，连锁专业现代学徒制阶段试点成果受到学徒制专委会专家的充分肯定。参加了 2018 中国连锁企业人力资源高峰论坛校企合作优秀案例分享大会，获得中国连锁经营协会校企合作优秀个人、获得中国连锁经营协会恒欣奖学金优秀院校；参加三届中国零售新星大赛获得全国一等奖；围绕"校企合作""现代学徒制"等议题开展研究，结题院级市级教研教改课题 4 项，在研市级校企合作、现代学徒制人才培养课题 6 项（其中重点及以上课题 4 项）。

（3）加强专业资源库建设。依托中国连锁经营协会校企合作委员会优质的企业和院校资源成立了"行企校"课程体系开发团队，开展团队培训、社会调研、岗位分析，形成岗位能力素质模型；优化工学结合、实岗育人课程体系，完成连锁经营管理专业市级教学标准制定，研制重庆市连锁经营管理专业人才培养方案并进行论证推广；开展行业企业调研，行企校联合制定连锁经营管理专业现代学徒制工学交替、实岗育人人才培养方案；优化完成 4 门专业核心课程课程标准建设和专业基础课程、选修课程、实习实践课程课程标准修订；校企共同研制完成 2016 级、2017 级、2018 级专业人才培养方案制定与课程体系优化和 2017 级、2018 级现代学徒制实验班工学交替实岗育人方案；参与完成《连锁企业品类管理》《连锁经营管理原理》两门连锁经营管理专业国家教学资源库任务并通过验收；合作开发专业前沿课程《零售数据分析与应用》《连锁经营管理与实务》出版教材，开展全国师资培训；完成连锁经营管理专业《零售与连锁经营管理》《连锁企业门店营运管理》《连锁企业促销与策划》和《零售业顾客服务》4 门核心课程资源库建设，建成精品微课资源 100 个、课件学习资源 2000 余条、习题 1000 余道，相继投入应用与教学，并为申报国家连锁专业教学资源库升级改造项目做准备和支撑；引进合作企业永辉超市和麦当劳职业素养与领导力训练课程，打造智慧职教云平台、职教云学堂、连锁职业学习平台，推动资源库应用与专业信息化教学。

（4）完善实训基地建设。联合市内外高校和行业企业专家团队，围绕职业能力培养需要，优化校内实训基地建设，营造与工作现场相一致的全真及仿真的职业环境，招标采购《3D 商品陈列与空间设计实训竞赛系统》《连锁企业王牌店长实务实训系统》《连锁经营管理专业互联网＋运营模拟平台软件》三大仿真实训软件，安装和验收并推进应用与理事一体化教学；企业免费支持《连锁门店营运线上对抗》系统竞赛软件 1 套并完成第三届零售新星技能大赛西部区决赛和第四届中国零售新星大赛全国总决赛的线上对抗环节竞赛；完成永辉超市"零售精英"沙龙活动室建设，新增麦当劳企业文化沙龙活动中心建设，校企联合开展"零售精英"沙龙活动及企业文化进校园活动 15 次；与其他专业共建工商管理学院信息化能力提升与数字资源建设中心，开发教学资源库；新建完成连锁门店商品展示实训室、门店全真 O2O 服务实训室、连锁经营管理综合实训室建设，优化与麦当劳、永辉超市、新玖商业的合作协议，新签订三家双基地合作协议；推动"企中校"建设，与永辉共建完成生产性"学徒"培养标准店和教师企业工作站，与重庆永辉云创完成经营性智慧新零售产教融合校中店实训基地建设设和 O2O 全真服务实训室建设（企业投入资金设备 100 万）；学生校外基地利用率、使用率达 75% 以上，实习对口率 90 以上，校外实习基地使用效果好；学生参与技能大赛和素质拓展，获得 2016 年、2017 年、2018 年中国零售新星大赛全国一等奖、区域一等奖 2 项，获首届重庆市商品展示技术技能大赛二等奖一项，9 名学生获 CCFA 恒欣奖学金、连续 2 年获全国优秀专业社团。

（5）加强师资队伍建设。根据高等职业教育人才培养目标的要求，利用优质合作企业资源，建立行企校"三专业带头人"制度；聘请永辉超市副总裁、全国劳模、重庆市人大代表杨李女士，中国连锁经营协会副秘书长郭玉金先生担任企业、行业兼职教授（带头人），推动专业内涵建设、校企合作和人才培养工作，提升专业知名度与影响力；培养校内专业带头人 1 名，校内专业带头人参与各类培训、会议 20 余次，专业带头人邱云及骨干教师查克玲参加重庆市教委组织赴新加坡南洋理工大学国外研修 2 人次，杨春平老师晋升教授职称、邱云老师晋升副教授职称，专业带头人邱云参与连锁国家教学资源库、国家教学标准、顶岗实习标准等项目建设，知名度影响力不断提升；加强校内骨干教师教学、社会实践与信息技术能力培养，参与下企业锻炼全覆盖、双师素质教师比例达 100%，骨干教师、兼职教师积极参加培训、会议、学术交流 37 次（场）；专业带头人、骨干教师承担教学科研项目 11 项，其中市级课题 9 项，发表论文 20 余篇，出版教材专著 6 部；教学团队教师杨春平获重庆市教学成果奖一等奖 1 项、重庆市发展研究三等奖 1 项，教学团队申报成功获院级教学成果奖二等奖 1 项，校企合作优秀案例获全国行业协会优秀案例一等奖二次（院校唯一）；6 名骨干教师指导学生参加技能竞赛获一等奖三次、二等奖一次，团队教师获省市级奖励 16 项；制定完成连锁经营管理专业现代学徒制"双导师"制度及实施方案，聘任企业高管 7 人担任"业界导师"、17 名企业店长、区域店长等担任师傅教练，指导学生实习，学徒训练，完成"零售业跨企业培训中心"组建并开展培训；教研室团队引入"全国零售训练营"社会培训项目并开展培训，培训人次 500 余人，参与其他社会服务培训 15 项；专兼结合的优质教学团队初步形成，2018 年申报优秀教学团队获得校级"优秀教学团队"称号。

3. 项目建设特色与创新

（1）搭平台、高标准、高质量、有特色制定连锁经营管理专业教学标准，引领重庆市及西部地区连锁经营管理专业内涵式发展。充分利用中国连锁经营协会校企合作委员会平台，发起成立西部地区连锁专业发展联盟，整合优质行企校资源，按照教育部高职专业标准建设要求，校企、校际合作开发制定重庆市连锁经营管理专业标准；作为核心研制单位，联合江苏经贸职业技术学院、北京财贸职业学院等 8 所国内连锁经营管理专业标杆高职院校，以及苏宁云商集团、永辉超市、星巴克等 8 家业态龙头企业，完成制定教育部《高等职业学校连锁经营管理专业教学标准》和教育部《连锁经营管理专业顶岗实习标准》。其中教育部《高等职业学校连锁经营管理专业教学标准》经全国商业指委 3 次内审修改、教育部 2 次内审修改，进入征求意见发布阶段；《连锁经营管理专业顶岗实习标准》由教育部 2018 年 2 月发布，在全国范围内实施；我院先后主持召开 4 次重庆市专业标准制定暨人才培养方案制度研讨会，不断优化，注重推广应用，为重庆市及西部地区制定具体的专业人才培养方案的参考。深学笃用国家关于"深化产教融合、校企合作"系列文件精神，结合我院实施教育部第二批现代学徒制试点特色，结合实践，研究制定连锁经营管理现代学徒制标准体系和制度，出版《现代学徒制研究与实践》专著，为重庆市及西部地区探索实施现代学徒制人才培养提供参考。

（2）携手"双百强"优质企业，试点现代学徒制，创新"六维一体"人才培养模式，培养"双感双能"强的职业店长（经理）。强基础、重积累、促创新，经 2014 年初期探索，到 2017 年正式立项教育部第二批现代学徒制试点专业，确立"学校专业＋百强企业"思路，坚持"高质量、大规模、上升期"（高大上）企业准入标准，携手麦当劳、永辉超市、华润万家等"双百强"（世界 500 强、中国连锁 100 强）企业，明确"百付美"（即在双百强连锁企业中肯付出、美誉度高的经理人）培养目标，先招生后招工，整体设计，协调推进，创新"学校与企业双主体""学生与学徒双身份""教师与师傅双指导""工作与学习双途径""技能与素养双提升"和"就业与职业双发展"的"六维一体"协同育人模式，实施校企共同制定培养方案、共同研发课程模块及教学内容、共同培养教师队伍、共同承担培养任务、共同建设学徒培养基地、共同举行学徒出师鉴定、共同提高学生职业素养和企业认同感、共同做好学生就业和生涯规划的"8 共同"协同育人框架，实施"3+2"（3 天学校学习 +2 天企业实岗训练）工学交替、实岗育人教学组织模式，建构了专业教学过程、学生管理过程、校企文化融合过程合一的"学徒—员工—职业店长（经理）"渐进式成长的协同育人路径。坚持课程引领与实岗育人相结合、第一课堂与第二、第三课堂相衔接、团队辅导与个性化指导相结合、学校教师与企业师傅双导师指导等措施，培养学生"行业认同感与企业归属感"，增强学生"就业能力与可持续发展能力"，3 年校企联合培养学徒 83 名，学生稳定率、晋升率均超过 80%，人才培养质量和竞争力显著增强，成果获中国连锁协会郭玉金副秘书长、重庆市人大代表杨李、全国商指委连锁专指委秘书长居长志教授高度肯定，倡导大力推广，专业 2018 年报到率 100%，重庆日报、重庆商报等主流媒体对专业建设成果进行了关注和报道。

（3）确定目标、系统设计、依托平台，强化专业数字化资源库应用。依据零售连锁企业职业店长（经理）人才培养目标，系统设计现代学徒制工学交替、实岗育人课程体系，优化专业核心课程、专业基础课程、专业实习实训课程标准，积极参与《连锁企业品类管理》《连锁经营管理原理》两门连锁经营管理专业国家教学资源库建设，并以国家教学资源库建设标准为指导，建设数字化专业教学资源库，依托和打造"智慧职教云平台""职教云学堂"和"连锁职业学习平台"3 个课程网站、移动学习平台和自媒体学习平台，促进信息化、翻转课堂教学。

（4）按照"三贴近"要求，夯实专业校内外实习实训基地，建设"双基地"。确立零售连锁企业职业店长（经理）人才培养目标定位，充分融入和贴近重庆市"8+3"大数据智能化为引领的创新驱动发展战略行动计划，深入研究贴近重庆发展要求，积极实施互联网、大数据、人工智能同实体零售深度融合，与永辉超市、麦当劳、华润万家、7-11等"双百强"企业深度合作，建设"企中校""校中店"，共建经营性智慧门店，将实习基地初步建成为兼具教学和生产双重功能、校企双主体深度合作共育智慧零售人才及店长培养培训基地，助力实体零售向智慧化、数字化转型升级，不断增强教育服务经济社会发展的能力，做到学科（专业）建设贴近重庆发展任务、学术研究贴近重庆发展要求、学生培养方向贴近重庆发展需求，坚持五育并举、落实三全育人，培养全面发展的高素质技能人才，促进区域商贸零售业高质量发展。

（5）提升"三专业带头人"引领带头作用、加强骨干教师"三力"建设，建设专兼结合优质教学团队。专业建立行企校"三专业带头人"制度，聘请具有高行业影响力的永辉超市副总裁、全国劳模、重庆市人大代表杨李女士，中国连锁经营协会副秘书长郭玉金先生分别担任企业、行业兼职教授（带头人），推动专业内涵建设、校企合作和人才培养工作，有效提升专业知名度与影响力；通过参与培训、海外研修、参与国家级专业建设项目、主持市级以上专业能力提升项目，支持主研市级以上教学改革研究课题等形式提升校内专业带头人能力，"三驾马车"形成合力，引领专业建设。通过专业培训、学习进修、负责市级以上专业能力提升子项目、指导学生技能竞赛、教师参加各类教学竞赛等形式，提升教师社会实践能力、信息技术应用能力，参与社会服务能力。创新实施"业界导师"和"教练师傅"制，聘请高管、店长（教练）担任兼职教师，专兼结合，双导师指导学生能力素质提升、开展教学研究与实践和开展社会服务，按照市级教学团队标准建设连锁经营管理专业优质教学团队。

四、专业教学标准研制的主要依据

2016年11月，教育部办公厅发布《关于做好〈高等职业学校专业教学标准〉修（制）订工作的通知》（教职成厅函〔2016〕46号），成为各专业教学标准研制的主要依据和标准，主要内容如下。

（一）背景与总体安排

首批410个《高等职业学校专业教学标准（试行）》（以下简称《标准》）自2012年发布实施以来，对于高等职业学校准确把握培养目标和规格，科学制定人才培养方案，深化教育教学改革，提高人才培养质量起到了重要的指导作用。随着经济社会快速发展，新职业、新技术、新工艺不断涌现，一些专业的内涵发生了较大变化，特别是2015年教育部印发了新修订的《普通高等学校高等职业学校（专科）专业目录》（以下简称《目录》），对专业划分和专业设置进行了较大调整，现行《标准》亟须进行相应的修订和完善。全面贯彻党的教育方针，认真落实党中央、国务院决策部署，适应经济社会发展和产业转型升级新要求，以提高教育教学质量为中心，依据《目录》及专业简介，对现行高等职业学校专业教学标准进行全面修订，研究制订《目录》新增设专业的教学标准，全面提升职业教育人才培养专业化、规范化水平。本次《标准》修（制）订工作计划分两批开展，拟于 2018 年完成。

（二）工作原则

坚持立德树人，促进全面发展。遵循职业教育规律和学生身心发展规律，把培育和践行社会主义核心价值观融入教育教学全过程，合理确定公共基础课和专业课的结构比例，着力培养学生的职业道德、职业精神和创新创业能力。坚持就业导向，明确规格定位。参照职业岗位序列和技术等级，科学合理确定专业培养目标与规格。对接最新职业标准、岗位规范，以职业能力为主线构建课程体系，提升学生职业技能水平和就业能力。坚持工学结合，注重知行合一。以工作过程为导向创新教学模式，注重"做中学、做中教"，重视理论实践一体化教学，强调实训实习等教学环节，促进学以致用。积极吸收行业企业专家参与《标准》修（制）订工作。坚持科学性、可行性，突出先进性、引领性。对接产业发展中高端水平，遵循教学规律，注重吸收各地各院校职业教育专业建设、课程教学改革优秀成果，借鉴国外先进经验，推行现代信息技术条件下的教学模式。引领各地各院校结合实际灵活开发人才培养方案。

（三）工作步骤

首先，启动部署。成立《标准》修（制）订工作综合组及各行业工作组，全面启动《标准》修（制）订工作。其次，明确开发批次。各行业工作组对照《目录》，结合实际，自主申报拟承担的工作任务，综合组统筹安排开发计划。再次，调研和文本起草。各行业工作组根据工作方案和调研要求，组织相关调研工作并形成调研报告，研究起草首批《标准》，并及时与综合组沟通工作进展情况，研究解决《标准》制订工作中出现的有关问题。最后，审议和发布。各行业工作组分别组织内审会，审议调研报告和首批《标准》文稿，形成送审稿。组织综合组及有关专家对各行业工作组提交的送审稿进行审议，提出修改意见。送审稿根据意见修改完善后，按程序审批后印发实施。

（四）组织分工

《标准》制订工作由教育部统一领导，教育部职成司统筹负责，委托教育部行业职业教育教学指导委员会工作办公室具体组织实施。综合组由行指委工作办组织职业教育领域教学专家、行业专家等组成。主要负责研究确定《标准》制订工作的总体方案，包括基本框架、有关规范性要求等；指导各行业工作组分期分批开展《标准》制订工作；参与研究并解决制订工作中出现的有关问题；负责专业教学标准的汇总、审议等工作。综合组成员根据分工对口联系指导相应各行业工作组的工作。行业工作组由各行业职业教育教学指导委员会、专业类教学指导委员会牵头成立。主要具体负责组织本行业（专业领域）所涉《标准》的修（制）订工作；组织开展企业、院校调研；组织召开论证会、研讨会等，按照总体要求有序推进相关工作。

《标准》修（制）订工作是深化职业教育教学改革，提高人才培养质量，创新发展高等职业教育的重要基础性工作。各行业职业教育教学指导委员会、专业类教学指导委员会要高度重视，切实加强组织领导，集中行业企业和有关院校的优势力量，严格按照规范要求，按时保质完成有关工作任务。各地教育行政部门、各职业院校要积极配合，为相关调研工作和本地区（单位）参与《标准》修（制）订工作的专家提供便利条件。行指委工作办要做好有关组织协调工作。

五、主研人员及分工

按照教育部高职专业标准要求，学科（专业）建设贴近重庆发展任务，利用重庆市骨干专业建设契机，利用我校作为中国连锁经营协会校企合作委员会强大的"行企校"资源和西部区区长单位优势，连锁经营管理专业教学团队核心骨干力量作为主力完成专业教学标准研制的调研、课题申报、标准研讨研制、资料整理优化等，整个过程贯穿连锁经营管理专业能力建设（骨干专业）项目，最终形成连锁经营管理专业课程标准体系构建研究成果，本书总体理论框架与编写体系的确立及统稿、编辑和初审工作由邱云负责，具体分工如下。

邱云：前言及第一章绪论、第三章连锁经营管理专业教学标准调研与开发、第六章连锁经营管理专业现代学徒制标准与制度、附录连锁经营管理专业专项能力提升建设方案汇编。

孟子媛：第二章高职院校专业教学标准开发、第七章连锁经营管理专业人才培养方案。

查克玲：第四章连锁经营管理专业岗位标准。

郑家佳：第五章连锁经营管理专业课程标准与课程开发。

本书在编写过程中得到全国商业职业教育指导委员会连锁经营管理专业教学指导委员会、西部地区连锁经营管理专业建设发展联盟单位、重庆城市管理职业学院教务处、重庆城市管理职业学院工商管理学院丛连钢院长等领导同仁的支持和指导，同时也参考借鉴了全国《高等职业学校专业教学标准》连锁经营管理专业教学标准部分调研分析报告，在此表示衷心感谢。

高职教育发展日新月异，在本书统稿过程中，国务院印发《国家职业教育改革实施方案的通知》及职教20条，再次吹响了我国职业教育改革发展的号角，上述《方案》指出"与发达国家相比，与建设现代化经济体系、建设教育强国的要求相比，我国职业教育还存在着体系建设不够完善、职业技能实训基地建设有待加强、制度标准不够健全、企业参与办学的动力不足、有利于技术技能人才成长的配套政策尚待完善、办学和人才培养质量水平参差不齐等问题，到了必须下大力气抓好的时候"。在第五条中提出"构建职业教育国家标准"的具体举措，及按照专业设置与产业需求对接、课程内容与职业标准对接、教学过程与生产过程对接的要求，完善中等、高等职业学校设置标准，规范职业院校设置；实施教师和校长专业标准，提升职业院校教学管理和教学实践能力。持续更新并推进专业目录、专业教学标准、课程标准、顶岗实习标准、实训条件建设标准（仪器设备配备规范）建设和在职业院校落地实施。巩固和发展国务院教育行政部门联合行业制定国家教学标准、职业院校依据标准自主制订人才培养方案的工作格局。

本项目研究基于前期实践经验与团队成员集体智慧，依托连锁经营管理专业建设情况，对系列专业标准进行了探索研究，研究过程中，虽然广泛参阅资料、大量学习同行已有的研究成果和实践经验，但由于研究团队水平有限，研究与实践实践不长，还存在很大问题和不足，望大家批评指正，以便我们进一步改进提高。

第二章 高职院校专业教学标准开发

一、标准与职业教育专业教学标准

（一）标准与标准化

标准是一种规范性文件，是在某一范围内，各组织间协商一致后制定并获得公认机构的批准，目的是为了在一定范围内获得最佳秩序。国家标准 GB/T 3935.1—83 定义标准为是对重复性事物和概念所做的同意规定，它是以科学、技术和实践经验的综合为基础，经过有关方面协商一致，由主管机构批准，以特定的形式发布，作为共同遵守的准则与依据。国际标准化组织（ISO）对标准的定位为是由一个公认的机构制定和批准的文件。

标准按适用范围分为国际标准、国家标准、行业标准、企业标准等。国际标准由国际标准化组织（ISO）理事会审查，由中央秘书处颁布。目前由于国际交流愈发紧密，特别是国际贸易活动的开展，为了让产品在国际上更具备竞争力，许多国家都选择直接将国际标准作为该国标准进行使用。中国的国家标准是由国务院标准化行政主管部门制定。中国的行业标准是对没有国家标准而又需要在全国某个行业范围内统一技术而制定的标准，由国务院有关行政部门制定，并报国务院标准化行政主管部门备案。行业标准不得与有关国家标准相抵触。企业标准是如果在某一范围内没有相应国际标准、国家标准、行业标准的，则应当制定企业标准，作为组织生产活动的依据，并报有关部门备案。无论如何，制定的标准应当遵守国家法律、合理利用国家资源、保护消费者的利益，有利于社会经济的发展。

标准化是指在社会实践中，通过制定、发布和实施标准达到统一，以获得最佳秩序和社会效益。通过标准化，即对标准进行推广，可以在一定范围内提高工作效率，达到该范围内概念、范围以及要求的统一。标准化的对象既可以是总体对象，也可以是具体对象。总体对象即所有对象的综合，可以通过对所有对象的共同属性、本质及普遍规律提炼出总体规律来实现总体对象的标准化。对具体对象进行标准化，即对具体事物制定标准并进行标准的推广。例如，对岗位进行制度规范、职业道德、服务操作、制度规范、卫生的要求等。无论对象是总体对象还是具体对象进行标准化，标准化都是对相关标准推广的一种方式。

（二）专业教学标准

专业教学标准与其他标准相同，是一种规范性文件，是学校专业建设、专业教学以及专业评估的指导性文件。从内容上来看，专业教学标准规定了专业培养目标、职业领域、人才培养规格、职业能力要求、课程结构、课程标准、技能考核项目与要求、教学条件和教学安排等内容。通过对专业教学标准进行制定让相应专业的培养目标更加明确，包括学生毕业时应当具备怎样的素质，具备何种技能及专业知识以及所培养人将来所面临的岗位。专业教学标准还在专业层面上，更加明确说明了该如何培养人的问题。例如，针对职业院校以及普通院校培养目标的不同特点，在如何培养人的问题上通过专业教学的标准化将不同的教育模式区别开来，以免在就业中毕业生能力重合的问题。除此以外，专业教学标准也是学校开设专业、设置课程、组织教学的依据，也是学生选择专业和用人单位招聘录用毕业生的依据。

（三）职业教育专业教学标准

普通教育强调对理论知识的学习，在考核上更加着重于对结果的考核，无论在教学中还是在考核评价中均以教师为主体，目标是培养科学研究或理论研究的人才。职业教育与普通教育相区别，职业教育强调对学生实践运用与实际操作技能的培养，因此，在学习中更加注重理实结合，注重对学生动手能力的培养。为弥补校内教师实践运用水平的不足，还会邀请行业、企业的校外导师参与到人才培养中，帮助学生实现就业。鉴于职业教育与普通教育的不同，职业教育专业教学标准也应当充分体现其特点，无论是在培养目标还是培养的内容上都应当充分体现其理论实践相结合的特点。

随着职业教育越来越受到社会各界的关注，职业教育的专业教学标准也越来越受到重视，越来越多的专业形成了职业教育的专业教学标准。近年来，经过持续建设和完善，具有中国特色的职业教育国家教学标准体系框架基本形成，至 2018 年 4 月涉及职业教育的国家教学标准包括：中职、高职 2 个专业目录和相应的专业设置管理办法，230 个中职专业教学标准，2012 年教育部首批发布实施的 410 个高职专业教学标准，9 门中职公共基础课教学大纲、9 门中职大类专业基础课教学大纲，136 个专业（类）顶岗实习标准，19 个专业一起设备装备规范以及 60 个行业人才需求预测与职业院校专业设置指导报告等。相关标准制度的完善对职业院校准确把握培养目标、规格，制定人才培养方案提供依据，同时也为深化人才培养模式改革和提高人才培养质量奠定基础。除目前形成的教学标准体系，2018 年 10 月，依据《普通高等院校高等职业教育（专科）专业目录》（2015 版）及各专业简介，教育部公开向各教育相关单位征求第一批 353 个专业的教学标准建议，为进一步完善职业教育国家教学标准体系建设，保障职业教育教学质量。除对职业教育专业教学标准体系的形成和完善外，国家在标准内容的制定及制定原则上也进行了规定。2014 年国务院《关于加快发展现代职业教育的决定》和 2016 年教育部办公厅《关于做好高等职业学校专业教学标准修订工作的通知》中要求在专业教学标准的开发编制过程中要坚持立德树人的原则，坚持就业导向，教学标准应与最新的职业标准、岗位规范相对接，坚持工学结合、注重知行合一，坚持科学性、可行性，专业教学标准应与职业标准建立联动开发机制。

二、职业教育专业教学标准的内涵与基本特征

（一）职业教育专业教学标准的内涵

2019 年国务院正式印发的《国家职业教育改革实施方案》中指出构建职业教育国家标准，完善教育教学的相关标准，要求专业设置应与产业需求对接、课程内容与职业标准对接、教学过程与生产过程对接。巩固和发展国务院教育行政部门联合行业制定国家教学标准、职业院校依据标准自主制定人才培养方案的工作格局。可见，职业学校的专业教学标准的制定应当充分考虑到行业、企业的需要，与就业接轨，同时作为学校制定人才培养方案、开展教学、学生选择专业、企业招工的依据。

（二）职业教育专业教学标准的基本特征

与普通教育相比，职业教育更加注重对知识的运用。无论从培养目标还是从培养过程来看，均强调实践性。除了在专业设置上要求能够与相关行业所设岗位相适应，课程内容也应考虑与职业标准相对接。因此，在教学过程中也尽量能够体现相关的生产过程，进行模块化教学和阶段性考核。为达到职业教育的目标以及实现教学过程中与生产实践相结合，职业教育专业教学标准应具备两个基本特征，即校企合作与产教融合。

1. 校企合作

校企合作即学校和企业建立起的一种合作模式。为保证职业院校的教学质量以及自身的发展，培养人才的实用性与实效性，越来越多的学校与企业进行合作。总体来看，合作的方式多种多样，包括学校与行业、企业共同制定人才培养方案、共同完成教学内容、共同培养学生、共同进行教学研究及专业研究等。通过校企合作，职业院校可以更好地获得企业反馈与需要，更加有针对性地培养出社会需要的人才。无论是学校还是企业，通过校企合作还可以共享资源、信息，学校可以利用企业的资源设备培养学生以及教师下企业锻炼，企业也减少了对人才招聘的担忧，实现双赢。

职业院校专业教学标准作为职业院校培养人才的基础性文件，也应当考虑到校企合作这一特征，包括在制定专业教学标准时也应当由学校与企业共同参与、讨论制定。职业院校的专业教学标准应当充分考虑到相应的岗位标准，例如，在培养目标上应当与相应岗位需求紧密结合起来。

2. 产教融合

所谓产教融合是指职业院校根据所设专业，通过校企合作等方式，将专业相关产业与教学密切联系起来。通过产教融合可以培养学生的创新能力，学生可以在学习过程中加入到实际生产实践中，通过对实际问题进行解决，加深对知识的理解。与此同时，产教融合还有利于提高教师的业务水平。目前来看，职业院校的教师大多数是从所就读高校直接到职业院校就职的。尽管他们专业水平高，理论知识丰富，但是缺乏在工作岗位上的实际操

作，知识应用能力相对较弱。然而职业院校的教学中需要教师在相应岗位上的实践运用能力，这不仅将影响教师个人的教学水平，也将对职业教育的质量产生影响。通过产教融合，不仅学生有了实习锻炼的机会，教师也有了提高自身实践能力的机会，通过把理论知识与生产实践相结合，把教学与科研相结合，有利于提高自身的业务能力水平同时对高职院校建立具有自身特色的教师队伍具有重要意义。

制定职业院校专业教学标准时也应当充分考虑到产教融合，考虑到职业教育是以就业为导向的教育。在课程设置、培养规格、教学基础设施以及师资队伍上都应当充分融入产教融合这一基本特征，这样才能有利于职业教育的健康发展。

总体来看，职业教育专业教学标准应具备校企合作与产教融合两个基本特征。这是由职业教育是就业为导向的特征所决定的。通过校企合作与产教融合可以帮助职业教育更好与行业、企业相接轨，帮助职业教育更加明确其培养目标，更加科学合理地进行课程设置，建设更完善更有利于学生就业以及教师发展的教学条件，同时也可以让专业的考评指标更加合理，实现学生教育到就业的无缝对接。

三、职业教育专业教学标准基本框架体系与制定原则

（一）职业教育专业教学标准基本框架体系

在制定职业教育专业教学标准时要充分考虑到学生、企业与行业的需求，要明确专业方向与专业培养目标，要基于各个职业院校的能力范围内，把握职业教育特色。因此在制定时应包括职业面向及培养与目标、培养规格、课程设置与学时、教学基本条件、质量保障五方面。

1. 职业面向及培养目标

需要对专业未来面向的职业进行界定。原因是专业应是为就业市场提供人才、培养人才所存在的。专业的设置，无论在课程上还是能力培养上都应当与未来被培养人可能进入的职业密切相关。一旦对专业未来的职业发展方向不明确，就很容易造成学生的就业困难。另外，在制定专业教学标准时对职业面向与培养目标进行详细说明，还可以方便后续不同专业间的区别，突出各专业的特色。学生在选择专业时也可以根据自己的兴趣点与需求，通过该专业职业面向与培养目标的介绍，选择适合自己的专业。

2. 培养规格

应对培养规格进行具体说明。应说明本专业学生毕业时在知识、素质和能力等方面应达到的相关要求。

（1）知识。首先是专业知识，包括专业的核心知识以及相关专业的知识。对于专业核心知识需要全面掌握，不仅停留于简单知识点的记忆，还需要做到能够运用。之所以需要了解相关专业知识，增加专业知识的广度，是因为在最终实践运用中往往不是单一知识

就能解决所有问题的。其次是需要掌握基本的人际交往礼仪及技巧。良好的礼仪与沟通技巧能够让学生在职场上走得更远。在此基础上，还需要掌握基本的外语的听说读写能力，能够帮助学生在全球交流日益频繁的情况下与不同国别的人进行交流。另外，还需要扩展学习了解其他知识，包括历史、地理、各地风俗、法律、计算机等相关知识。

（2）素质。素质首先是思想政治素质和文化素质。需要具备正确的世界观、人生观和价值观，热爱祖国。在此基础上需要具备文化素质，具备文学素养、艺术审美能力，熟悉古今中外的历史，具备科学精神，秉承中国人民的勤劳智慧、自强不息的民族精神。其次具备职业素质和健康的身心素质。职业素质要求重诚信、肯吃苦、有爱心、能负责、知礼仪、懂法规、善沟通、能创新的基本职业技能。良好健康的身心素质则是要求不仅需要健康的身体，更需要具备稳定向上的情感力量、坚强恒久的意志力量，鲜明独特的人格魅力。

（3）能力。不同专业对能力的具体要求各不相同，然而总体来看包括三方面。基本业务能力，即在上任岗位上需要达到的基本能力。发展进阶能力，即在所上任岗位上能够获得岗位升迁应当具备的能力。综合管理能力，包括沟通表达能力、团队协作能力、分析解决问题能力、学习能力、创新能力以及实践动手能力等。

另外，在确定培养规格时应该充分考虑到教学基本条件，包括师资队伍的数量及水平、教学相关的软硬件设施等。培养规格应当根据相应专业就业市场上的需求来进行决定，这里的需求不仅仅是指当前市场上的需求，还应当充分考虑到未来几年市场需求的变化，以免出现人才培养出来却没有市场或者多年后相关专业市场短缺的情况。由于就业市场上对人才的需求并非一成不变的，因此在制定教学标准中培养规格就需要随着市场的需求变动而变动，这也要求作为专业教学标准的制定者需要随时调查对人才的需求情况，对专业未来方向进行更为全面长远的把控。

3. 课程设置与学时

需要随时关注相关专业市场需求情况的还有课程的设置。课程主要包括公共基础课和专业课程。

公共基础课主要包括思想道德与法律基础、职业生涯规划与发展、毛泽东思想和中国特色社会主义理论体系概论、大学生心理健康教育、计算机应用基础、军事理论课、大学英语、体育、形势与政策等。总体来看，无论是职业院校与本科院校还是不同专业之间，公共基础课程的设置看似都是大同小异，但是在实际操作中都应当相互区别开来。职业院校的公共基础课程应当结合职业院校在校学生的心理特点与将来从事的行业特点。不同专业在同一公共基础课程的内容选择及侧重上也应当不同。

专业课程的选择应当包括，基础课、核心课以及与专业相关的限选课。基础课一般是所有专业课程的基础，这一类课程的特点在于同一专业大类也都必须掌握这一课程内容。因此从专业知识上来讲难度较低，更偏重理论。核心课程是专业内容的核心，是让该专业区别于其他专业的课程。因此通过学习核心课程能够帮助学生完善自己的专业水平，对相关行业也有基础性了解。专业限选课一般是专业课程的延伸，它能够帮助学生进一步了解专业某方面的详细知识或者了解目前市场的最新情况，相当于对学生在校期间专业知识的一种扩展。除此以外，职业院校强调培养学生的实践能力，因此在专业课程中还穿插着实训课程作为其他专业课程，特别是专业核心课程的补充。另外，目前针对教育，国家也提出对学生能力培养的重视，在课程内容设置时专业课程除了需要向学生教授专业知识，还需要通过专业课程来提升学生的综合素质，而针对这一点也有专业开设专门的课程旨在培养学生综合素质。

在学时安排上，不同院校的总学时数有所不同。从不同课程的课时分配比例来看，公共基础课总学时一般不少于总学时的 25%。实践性教学学时原则上不少于总学时的 50%。各类选修课程学时累计不少于总学时的 10%。从学时所占比例可以看出，对学生实践能力的重视，因此也要求在课程设置、教学方法以及学生评价上都应考虑到对学生实践能力的培养。在课程设置上，如上所述，加入实践性课程。教学方法上，以讲授与课堂讨论、交流等相结合的方式进行。学生评价上，应加入学生评价，而非传统的完全由教师评价。

4. 教学基本条件

（1）师资队伍。师资队伍应包括专任教师和兼职教师。学生与专任教师数的比例不高于 20∶1，保证教学质量以及对学生的关注度，更为全面地了解学生动态。作为职业院校的专任教师不仅应当具备实践教学和研究能力，还应当充分了解行业及专业的发展，适应行业发展的需求，掌握现代化信息化教学的技术，主动并积极地开展教学与课程改革。同时，职业院校需要培养的是具备实践运用能力，能够充分与市场对接的毕业生，因此作为教师也需要对相应专业的实践运用能力进行要求。因此，"双师型"专任教师占比应达 50% 以上。另外，还应聘请行业、企业兼职教师承担部分专业课程以及专任教师任教的专业课程的部分课时。

（2）教学设施。应具备基本的教学设施，如能够提供网络的多媒体教室进行日常教学工作。校内设实训室，能够容纳人数不应过多，原因是为保证教学质量，让每一名同学都能在实训中实践。能够容纳人数也不应过少，应结合师资人数和硬件设施设备进行综合考虑。一般而言，实训室容纳人数不超过 40 人。实训室中以能够完成实际操作为最佳，如果确实因为条件限制也可以采取模拟训练的形式进行。除个别理论性较强的专业外，多数专业还应注重校外实训基地的建设，认识校外实训基地的重要性，并配套良好的运行保障机制。校外实训基地应该具有健全的安全管理组织机构，能够为专业学生提供符合国家规定的岗位实习工作环境，应当配有能够与专业相配套的实习实训设备设施。不仅能够保障学生完成相关专业的实习任务，还应成为能够为学生学习专业知识提供便捷的场所，与校内实训基地共同发挥作用。校外实训基地除能够为学生学习专业提供场地支持和环境保障，还应为学生提供企业相关规章制度、企业内部培训资料、视频影像信息、图书信息等资料，方便学生了解最新行业知识，为学生查阅学习提供方便。同时，作为校外实训基地还应配备校外实训基地指导老师，指导老师应充分了解相关专业的人才培养目标。校内教师也应当将校内外实训室作为媒介与场地，经常性地与校外指导老师进行交流，一方面了解学生校外实习实训情况，另一方面也可以了解更多行业、企业信息，增强自身的专业能力。

（3）教学资源。主要包括能够满足学生学习、教师专业教学研究和教学实施需要的教材、图书和数字资源等。教材选用时应结合学校使用教材的规章制度，优先选用国家级和省级教材以及国家资源库配套教材，也可选用自编教材，特别是与行业企业合作开发的具有专业特色的教材。同时，为保证学生学习的持续性、连贯性，特别是专业核心课应开发在线资源课程。在线资源课程还应不断更新，进行后期定期或不定期的维护，与行业趋势接轨。另外，相关专业还应为专业师生配备相关图书，满足学习的深度和广度。

5. 质量保障

（1）教学要求。在教学要求上，对公共基础课和专业课要求有所不同。公共基础课要求培养学生基本的文化素养、服务学生专业学习和终身发展，为学生综合素质提高、职业能力形成和可持续发展奠定基础。专业课要求结合专业及专业群的能力要求的同时，还需要结合职业教育的特色，即理论实践一体化，"做中学、学中做"的特色。因此，作为服务于学生专业学习的课程，公共基础课应该当在教学内容上具有针对性、贴近学生、贴近职业、贴近社会，促进学生全面发展和综合职业能力的提高。专业课应当充分利用好校内外实训室及教学资源，邀请行业、企业指导老师参与课堂教学以及实训任务，采用项目教学、案例教学、任务教学、角色扮演、情景教学等方法，充分调动学生学习的积极性和参与度。

（2）教学管理。专业应加强教学管理制度，包括课程、教材、实习实训、师资队伍、学生管理、教研活动、科研等方面，规范日常教学管理工作，确保教学工作的有序进行。在教学管理中，应当将灵活性和规范性相结合，合理配置校内外教师、教学实践、实训室和实训场地等教学资源。注重教学过程的监督，不断改进教学评价的标准和方法，促进教师教学能力的提升，保障教学质量。

（3）学业评价。结合职业教育的特点，学业评价不仅应当包括知识考核，还应当强调对学生综合素质、实践运用能力的考核，结合课程特色，将过程考核和结果考核结合起来。同时，还应当结合课程特色，选用传统考试与项目考核、业绩考核、能力测试等多种考评方式相结合。考核内容上包括学生对知识的掌握情况、实践操作能力、学习态度和基本职业素质等方面，强调理论与实际相结合，过程与结果相结合。传统考试中将教师所定标准作为唯一参考依据，然而这种方式由于教师实践能力本身有限，更多考核的是学生对知识点的掌握。因此，考核中不仅应当包括教师对学生的评价，还应引入企业导师、学生自身以及学生相互之间的评价。关注对知识理解和技能掌握的同时更关注知识在实践中运用与解决实际问题的能力水平，树立正确的人生观及价值观。另外，针对理论课和实训课，学生成绩的评价方式也应当有所不同。理论课程主要由校内教师考核与学生自评、互评组成，过程与结果相结合。实训课的学生成绩评价由校内教师评价与校外指导教师评价组成，同样注重过程与结果相结合，侧重业绩考核。职业教育强调学生全面发展，综合素质全面提升，因此学生参加各类社会活动、比赛等，取得良好的效果与成绩应依照标准计入学生的学业成绩评价中。从评价内容上来看，过程评价中应涉及学生的职业素质包括团队合作、沟通能力、创新能力等，课堂表现情况包括课堂的参与度、参与课堂的主动性等。

（二）职业教育专业教学标准制定原则

1. 以职业能力为主线

职业能力是指人们从事某种职业需要达到的多种能力的综合。职业能力主要包括三要素。首先是任职资格。任职资格除了包括任职者必须具备相应职业的专业知识外，还要求其能够处理任职中的各种问题、能够向他人清楚表达思路等，即处理问题能力和语言表达能力。其次是职业素质要求，包括任职者需要具备良好的职业道德和政治素养，身心健康，具有责任心和团队协作精神以及创新能力。除此以外，职业能力还要求任职者在开始职业生涯后能够合理管理并规划今后的职业生涯。因此，总体来看职业能力可以被分为一般职业能力、专业能力和职业综合能力。

在进行专业教学标准课程设置、选择以及开展时，应以职业能力为主线，针对不同的职业能力对学生进行培养。一般职业能力是指一般学习能力、文字和语言运用能力、人际交往能力、对环境的适应性、遇到挫折时的心理承受力等。这种能力可以开设基础课程，如培养文字和与语言运用能力，可以开设应用文写作的课程来进行培养。除此以外，还可以通过在其他专业课程中加入相应元素来培养相应能力，如培养人际交往能力，可以通过设置课堂讨论的方式来进行。专业能力主要是指从事某职业必须拥有的专业能力。传统认为这种专业能力即是具备相应专业知识即可，然而在实践中发现，仅仅熟悉专业知识并不能代表掌握专业知识，更不能表示这些知识能够在职场上被熟练运用。因此，所谓专业能力不仅应包括各项专业知识，还包括能够熟练运用这些专业知识。在课程设置和开展中也需要注意对专业知识的运用和掌握。职业综合能力是决定个人职业发展的关键能力，它决定个人是否能够在职场上获得可持续发展，因此也越来越受到重视。在制定职业教育专业教学标准时，也要充分考虑到如何培养职业综合能力的问题。

2. 与职业技能标准相适应

高职教育是学生由学校到社会的过渡阶段，也是学生实现身份转换的关键时期，为让学生更好在未来工作中实现身份转换，适应未来职业发展，因此职业教育专业教学标准制定应与职业技能标准相适应。职业技能标准是指在职业分类的基础上，对各工种进行科学划分并对各项工种的知识和技能水平都做了详细概况和描述。目前我国职业技能标准分为国家标准、行业（地区）标准、企业标准。无论何种标准都对该项职业技能的知识、技能进行了要求。不同职业技能下还包含同一职业不同技能等级，针对不同技能等级也有对知识、技能的不同要求。

在进行职业教育专业教学标准设置时，要充分考虑到促进就业这一问题。如何实现促进就业，就需要培养学生的各项技能，包括知识以及综合素质等方面。无论是专业知识的培养还是综合素质能力的提升，都需要基于充分了解专业所对应职业的前提下进行。职业技能标准对知识、技能要求进行详细界定，可以帮助我们在制定专业教学标准时找准切入点。

另外制定专业教学标准需要清楚认识到为谁培养人，培养什么人以及如何培养人的问题。其中为谁培养人，职业技能标准中描述了职业特征以及岗位设置。对于培养什么人的问题，职业技能标准中也详细表述了各职业对知识和技能的要求。对于如何培养人这一问题，基于职业技能标准对各职业各项要求的详细表述，也可以获得如何培养人的思路。因此，职业技能标准可以被看做是专业教学标准的基础，而制定的专业教学标准也应当与职业技能标准相适应。

3. 注重理实一体化

职业教育和普通教育尽管不存在孰高孰低的问题，但是从本质上来看是不同的。同普通教育相似，职业教育涵盖从中学至研究生所有学历。只是普通教育侧重于学术研究，职业教育侧重于实践。长久以来，我国教育一直将普通教育视为"正统教育"，职业教育往往被看做是较普通教育略逊一筹，未受到充分重视。在制定职业教育专业教学标准时，其与普通教育专业教学标准的区别也常常被忽略掉。

为更好突出职业教育侧重于实践技能的特点，在制定其专业教学标准时也需要考虑到实践性，做到理实一体化。首先是课程的实践性，在选择课程时，特别是专业课程应当充分就业市场进行调研，了解就业市场上各企业需求。要充分了解行业动态，不仅是与专业知识相关的行业动态、最新技术，还需要了解相关行业对职业素质在内其他职业能力的要求。其次是课程内容要有实践性。这要求专业教师在具备教师基本业务能力的基础上，还需要具有较强的实践能力，能够在现实中处理与专业相关的实际问题。同时专业教师自身也需要具备较高的职业素质，因为职业素质往往是通过教师与学生沟通中无形传播，职业教育教师需要随时注意自己的言行，保持良好的师德师风，为学生树立好榜样。另外在教学方法上也需要具备实践性。一方面是因为注重实践的教学方法更有利于知识的传播与吸收，能够更加帮助学生对知识内容进行理解，另一方面是因为通过实践化的教学方法可以帮助学生一定程度地提升职业综合能力和素质，了解到团队写作、责任心等与综合能力要素相关的重要性，为今后正式进入工作岗位打好基础。

4. 注重产教融合

要想实现理实一体化，最直接的渠道便是产教融合，因此注重产教融合也是制定职业教育专业教学标准的重要原则。所谓产教融合是指职业学校根据所设置专业，积极开展与专业相关产业，将产业与教学相结合，进行人才培养、科学研究，形成学校与企业相互支持，相互促进的办学模式。2017年年底国务院办公室引发了《关于深化产教融合的若干意见》指出产教融合的原则是校企协同，合作育人，提高行业企业参与办学程度，推行校企协同育人，健全完善需求导向的人才培养模式，解决人才教育供给与产业需求之间的矛盾。与传统教学模式不同的是，该《意见》中强化了企业作用，鼓励扩宽企业参与教育的途径，健全学生到企业实习实训的制度。2018 年 4 月，教育部也发布针对职业教育的《职业学校校企合作促进办法》再次强调产教融合的重要性。

总体来看，为更好进行人才培养，实现人才需求与供给的合理配置，产教融合是教育中必须关注的问题。特别是对于职业教育，以培养学生实践能力为特色的教育模式，更应该注重产教融合。另外，值得注意的是产教融合与校企合作间存在联系，但是不能完全画等号。校企合作中更多是学校占主导，学校为实现人才培养目标主动接近企业，寻求与企业合作的机会，在合作方式上相对简单。产教融合在校企合作基础上，企业作用加强，学校与企业间共同就教育教学、学生素质养成、技能提升、科技研发等方面相互促进。从这一点上来看，产教融合更有利于学生的长远发展，更应该得到重视，在制定职业教育专业教学标准时，也应考虑到产教融合的原则，为后续开展教学工作打好基础。

5. 采用创新的人才培养模式

人才培养模式不仅包括相应的教学方法与手段，还包括培养目标和规格、达到某一规格和目标的教育过程、对这一过程的管理和评估手段。在传统模式中，教育主要是以教授为主，地点局限于课堂，对结果的考核也以考试为主，突出专业知识点的重要性，在培养目标和规格上未根据专业不同、培养层次不同而有所区别。然而职业教育的目标是培养出与市场需求相对应的，能够迅速融入岗位并能够职业上获得可持续发展能力的人才，因此传统的人才培养模式不能适应职业教育的需求。人才培养模式是制定专业教学标准中的核心内容，因此为适应职业教育发展的需求，在人才培养模式上应该有所创新。在教学方式上，不局限于教师讲授，而要鼓励学生进行思考，启发思维。教师的选择上也不应只局限于学校内部教师，还需要行业企业人员的配合。上课地点也应尽量与学生未来的工作岗位相一致。考核方式和内容上面也应有所创新，不局限于课本上的知识，要与行业发展相适应。将创新的人才培养模式作为制定职业教育专业标准的原则，能够更加保障职业教育的教学质量，符合职业教育的培养目标。

四、专业教学标准与国际职业标准对接分析

（一）职业标准与专业教学标准的关系

1. 职业标准与专业教学标准的区别

职业标准与教学标准之间存在明确区别。首先是服务对象不同，职业标准面向包括职业院校学生在内的已就业或准备就业的人员，以及社会各界包括各企业人力资源部门等在内的需要密切关注职业信息的个人和组织。专业教学标准主要面向教育相关的个人和单位，包括学校相关专业的教师、学生等。其次是内容和结构框架上不同，职业标准是为了规定职业中相应岗位职责、基本工作要求等，是确定工作内容的基础。专业教学标准则是为了

规范专业教学中各项工作，包括课程设置、人才培养目标等所存在的。另外，两者在适用范围上也有所不同，职业标准适用于整个社会，特别是整个就业市场，学校作为就业市场的供给方也被包含在内。专业教学标准主要适用于学校，尽管近年来不少企业也开始参与到教学环节，甚至是制定专业教学标准，但是总体来看，专业教学标准仍然主要适用于学校各专业。除此以外，制定职业标准与专业教学标准的主体也不相同。

2. 职业标准与专业教学标准的联系

尽管职业标准与专业教学标准存在区别，但是两者又存在着密切联系。职业标准是制定专业教学标准的基础。通过了解职业标准可以在制定专业教学标准时更加合理地设置专业及课程。在职业标准中有明确确定专业职业面向以及相应职业能力的要求，对相应职业活动以及工作任务进行详细分析，进而确定下来职业岗位应具备的职业功能和工作内容。依据需具备的职业功能与工作内容，再对完成相应工作任务所具备的工作技能进行要求，使其更具有科学性。长期以来，普遍认为毕业生难以满足就业市场的需求，其很大原因就是在专业设置、课程设置以及课程内容的选择上无法与就业进行无缝对接。通过对职业标准进行了解，可以让职业院校对就业市场上的需求有更深的了解，进而制定出更加符合市场需求的专业教学标准，为学生就业服务。

与职业标准相符也是制定专业教学标准的基本要求。职业教育是以就业为导向的，因此在职业教育的任何一个环节都需要考虑到就业问题。职业标准是针对各岗位及岗位群工作内容及任务的总结，要想实现更好的就业，就需要让专业教学的各个环节与实际工作结合起来。职业标准为制定课程体系、确定核心课程等方面奠定基础，在工作要求中对应完成的各项工作以及完成这些工作应具备的技能都进行了详细的罗列。在职业标准中对知识、技能、态度的要求都是学生在准备就业时，即受教育期间应该学会掌握的内容。专业教学标准作为学校培养学生规范性文件，理应与职业标准相符。

专业教学标准是职业标准的教育化。专业教学标准应当基于职业标准，但又不仅限于职业标准。专业教学标准除了要符合职业标准的发展要求，还需要满足培训职业的要求。不仅需要体现其职业特点，还需要体现其教育性。职业教育在考虑学生就业问题的同时，还应当考虑到学生职业生涯的发展以及综合素质水平的提升，注重学生职业提升的同时，关注学生身心全面健康地发展。由此可见，专业教学标准不仅限于职业标准，旨在提升学生的专业知识水平与个人能力。专业教学标准更是对职业标准的升级，是从学生长远发展上来进行的考量，更加注重学生全面发展，具有教育的特点。

（二）国际职业标准概述

现行国际职业标准是根据《国际标准职业分类（2008）》（简称 ISCO-08）来确定的。因此要想了解国际职业标准，就需要对国际标准职业分类进行了解。现行《国际标准职业分类（2008）》（简称 ISCO-08）是国际劳工组织在《国际标准职业分类》（简称 ISCO-88）的基础上进行修订的。值得注意的是，ISCO-08 中特别对"工作"与"职业"进行区分，指出"工作是某人为雇主（或自雇）而被动（或主动）承担的任务和职务的综合"，"职业是主要任务和职责高度相似的工作的综合"。通过概念的区分与说明，让职业标准更加具有代表性，更加符合标准的定义。在职业分类上，ISCO-08将职业类别分为10个大类，包括管理者、专业人员、技术和辅助专业人员、办事人员、服务与销售人员、农林渔业技工、工艺与相关行业技工、工厂机械操作与装配工、初级职业、武装军人职业10个大类。10个大类下设43个中分类以及130个小分类，较ISCO-88中的职业项目，从数量上来看有所变化，部分职业名称以及等级划分也进行了调整。由于职业分类的调整，职业标准也相应出现变化，特别是在技能划分以及技能要求上也更加明确，各职业内容也有更加具体的描述。国际职业标准是我国职业标准的基础，随着我国经济的发展，与世界各国交流日益密切，因此要培养符合社会发展的人才，制定更加科学有效的专业教学标准，不仅需要基于我国的职业标准，还需要参考国际职业标准。

（三）专业教学标准与国际职业标准对接的必要性

一是职业教育需要与国际接轨。我国教育具有自身的特色与优势，但是单从职业教育来看，还有需要向其他在教育方式上更为先进的国家进行学习。特别是一直以来，我国的教育更加注重理论基础，在实践动手能力的培养上较为忽视。专业教学标准作为人才培养的基础，与国际职业标准进行对接，可以了解到国际上是如何培养学生的实践能力，从人才培养的基础上更加注重对学生实践能力的培养。

二是国际社会、经济环境决定专业教学标准应与国际职业标准对接。随着我国经济的发展与互联网的推广，越来越多的行业、企业需要进行国际交流，因此也要求学校应培养出能与国际接轨的人才。从职业标准上来看，尽管我国职业标准的制定是依据国际标准而制定的，但是在职业标准的细则上与国际标准却有所区别，在职业分类、职业名称、职业等级以及岗位职责等方面都有不同。因此仅仅依据我国的职业标准来制定专业教学标准已经不能满足经济发展、国际交流的需要。作为专业教学标准应当与国际职业标准进行准确对接，这样才能保证学生在毕业时不仅能够顺利进入到相应工作岗位，还能够通过专业与国际职业标准进行对接后的优势，让学生个人在职业生涯发展上走得更远。

（四）专业教学标准与国际职业标准对接分析

1. 熟悉国际标准职业分类

国际职业标准是基于国际标准职业分类的，因此专业教学标准要想与国际职业标准准确对接，就需要了解并随时关注国际标准职业分类。目前的国际职业分类较之前的国际职业分类更加细化，中分类由原先的28个变为43个，小分类由原先的116个变为130个。尽管从大类数量上来看没有区别，但是部分职业的名称进行了调整。例如，在ISCO-88中被称为立法者、高级官员和管理者的职业在ISCO-08中被统一称为管理者；原先的职员岗位被更名为办事人员；服务人员、商店与市场销售人员被更名为服务与销售人员。随着这些职业大类名称的改变，其下设置的中分类、小分类、岗位等级以及职责也相应发生改变。另有部分职业名称尽管无变化，但是职业内容也进行了调整。

由此可见，国际标准职业分类为适应社会发展的需求在不断进行改进、完善，因此专业教学标准要想与国际接轨，首先就需要对国际标准中职业分类保持关注以及敏感度。这样才能够尽快对专业以及课程设置及时有效地进行调整。

2. 职业资格制度与国际接轨

职业资格制度是实现职业标准与专业教学标准对接的重要环节，因此要实现专业教学标准与国际职业标准对接，就需要借鉴国际职业资格标准。

一是德国职业资格标准。德国职业资格制度是德国"双元制"的产物。学生在中学毕业后，经职业介绍中心选择企业接受职业培训并到职业学校等级获得理论学习资格，接受企业和学校的共同教育。因为学生的技能考试需要具备统一性和规范性，就需要引入职业资格考试制度，将相关技能课程与职业资格证书考试相接轨实现教考分离。

二是澳大利亚职业标准。澳大利亚为提升职业教育的质量，把质量评估作为政府的重要工作，建立规范的教育培训质量评估体系，即澳大利亚质量培训框架（AQTF）。AQTF 要求职业培训机构必须具备其规定的基本标准，这些基本标准中包括质量标准，如雇主满意、学习者满意以及能力达成率。只有达到标准，才能够开展全国性的培训以及颁发国家所承认的职业资格。在澳大利亚职业资格中还提到另一关键词"培训包"。"培训包"是人们在工作场所有效开展工作所需要的知识与技能，但是并未对具体的培训方式进行限制。在考核方式也可以多样化，如工作场所技能展示、演讲、问答等。其目的都是为了学生在有限时间内学到实用的、专业所必需的知识与技术能力，从而保证标准的达成。为保证培训质量，国家培训局也会经常性深入考察培训院校及机构，对教育机构的培训质量进行评估。

从国际上比较成功的职业资格制度可以看出，职业教育已经不仅限于院校，政府、企业等都有参与到教育中去。正因如此，其教育质量才能得到保证，从职业教育中培训出的学生才能够更加顺利地进入工作岗位。在制定专业教学标准时不仅应当充分考虑国际职业标准的内容，在对制定专业教学标准进行前期调研时也应借鉴国际职业资格标准的做法。

3. 从机制上完善职业教育与国际职业标准的对接

目前国家对职业教育越来越重视，同时要求职业教育应与职业标准进行对接。2019年国务院正式印发的《国家职业教育改革实施方案》中指出构建职业教育国家标准，完善教育教学的相关标准，要求专业设置应与产业需求对接、课程内容与职业标准对接、教学过程与生产过程对接。其实早在 2002 年《国务院关于大力推进职业教育改革与发展的决定》以及劳动与社会保障部、教育部联发的《关于进一步推动职业学校实施职业资格证书制度的意见》中就为职业教育与国家职业标准相衔接提出了许多可行的对策。由此可见，国家早已开始着手于实现专业教学标准与职业标准的对接。目前来看，在国家制度的保障下，已有不少专业形成与国家职业标准相对接的专业教学标准。然而要进一步实现专业教学标准与国际职业标准对接，仍需在机制上建立保障。原因是目前国际局势较为复杂，通过机制的建立，可以为专业教学标准与国际职业标准对接指明方向。同时在机制的建成下，还可以保障专业教学标准与国际职业标准的对接更加顺利有效地实施，保证职业教学的教学质量。

第三章　连锁经营管理专业教学标准调研与开发

一、连锁经营管理专业教学标准研制调研报告

（一）调研目的

根据《教育部办公厅关于做好〈高等职业学校专业教学标准〉修（制）订工作的通知》（教职成厅函〔2016〕46号），《关于〈高等职业学校专业教学标准修（制）订工作有关事项的通知〉》（教行指委办函〔2017〕5号）和西部地区连锁专业发展联盟关于连锁经营管理专业教学标准研制的相关工作要求，我院联合西部地区及全国8所国家专业标准制定单位，分区域面向典型企业、职业院校、毕业生及从业人员等进行广泛、深入的调研，全面掌握目前连锁经营管理专业人才的供需状况、职业岗位设置、典型工作任务，以及从业人员应具备的知识、能力、素质等要求，为高质量制定连锁经营管理专业教学标准提供全面、客观的依据。

（二）调研对象

1. 典型企业

通过发放问卷和实地走访相结合的方式，调研了全国东、中、西部17个省、自治区和直辖市的71家企业。调研企业包括连锁零售业及服务业的各种业态，覆盖大、中、小型各类企业，其中员工人数超过2000人的企业33家，占46.68%；1999年100人以上的企业28家，占39.44%；100人以下的企业10家，占14.08%。调研企业中35家实施了"互联网＋零售"战略，推进线上线下（O2O）及全渠道经营的转型升级，体现了行业发展最新动态。

2. 职业院校

调研了全国31所开设连锁经营管理专业的高职院校，地区覆盖13个省、自治区、直辖市，兼顾东、中、西部地区分布，其中国家示范（骨干）院校14所，省级示范（骨干）6所，国家普通高职院校11所。

3. 毕业生及从业人员

调研了连锁经营管理专业毕业生及从业人员986名，还开展了对北京、江苏、重庆、

山东、广西等 8 个地区的行业代表人物和政府主管部门人员。

4. 调研方式与实施情况

主要采取文献搜索调研、招聘网站大数据采集调研、实地访谈调研、问卷调研、电话访谈调研等方式进行调研。

（三）调研内容

本次调研主要针对行业、企业、学校、毕业生，以及相关研究评价机构等。

1. 行业调研

在行业调研中，重点调研了商务部、中国商业联合会和中国连锁经营协会相关数据和专题报告，调研内容包括相关行业国内、国外发展总体形势；经济转型升级、产业结构调整等对行业有关技术技能领域提出的新要求；有关领域职业岗位设置情况及行业人才结构现状；行业技术技能人才供求状况及需求预测，特别是对高等职业教育的供求状况。

2. 企业调研

在企业调研中，重点调研了永辉超市有限公司、麦当劳餐饮管理有限公司、天虹商场股份有限公司、首旅如家酒店管理有限公司、新玖商业发展有限公司、华润万家生活超市有限公司、浙江物美超市有限公司等典型连锁企业，调研内容包括，连锁企业对人才需求，包括数量、从事的业务领域及岗位和人才的职业成长路径方面等；连锁企业对毕业生的期望，包括知识、技能和素养等；企业对校企合作、学校课程设置、人才培养模式与教学过程等几个方面；连锁企业岗位对职业能力的要求；连锁企业对高职高专毕业生知识、能力、素质等方面的评价情况，对技术技能人才培养的意见建议。

3. 学校调研

在学校调研中，重点调研了江苏经贸职业技术学院、广西职业技术学院、山东经贸职业学院、重庆城市管理职业学院、浙江商业职业技术学院、北京财贸职业学院、山西省财政税务专科学校、安徽商贸职业技术学院等 8 所学校，调研院校连锁经营管理专业教学基本情况，包括专业建设、校企合作、课程体系、教学实施、教学管理、教学评价、质量保障、师资队伍、实习实训条件、配套资源等；有关专业招生、就业情况，包括生源情况、专业就业率、对口就业率、毕业生考取行业有关资格证书情况等；学校有关专业人才培养方案内容及执行情况，包括专业人才培养方案的执行情况、存在问题、课程结构比例、专业教学内容更新情况等；通过更广泛的学校调研，还了解了院校对连锁经营管理专业人才培养工作，如课程设置、教学实施、职业技能训练等的意见建议。

4. 毕业生调研

重点调研全国近三年连锁经营管理专业毕业生就业情况，对本专业教学效果的评价，对本专业人才培养工作（课程设置、教学实施、职业技能训练等）的意见建议。

5. 有关研究评价机构等调研

连锁经营管理专业院校办学水平评估、学生素质评价、毕业生就业与发展，先进国家相关专业课程体系建设、教学内容更新、教学基本文件研制等方面工作情况。

（四）调研结果分析

1. 行业调研结果分析

（1）连锁经营是现代零售经营的主要组织形式。连锁经营作为一种现代流通组织形式和经营方式，20 世纪 90 年代进入我国零售业态后，迅猛发展，当前连锁经营已经成为我国零售业的主要形态。2017 年 5 月 25 日，中国商业联合会和中华全国商业信息中心联合发布了 2016 年度中国零售百强榜单，数据显示，95 家企业采用连锁经营形式，仅有天猫、京东、唯品会、亚马逊中国、当当网等 5 家网上公司未采用。数据显示，2016 年我国零售百强企业实现销售额为 4.82 万亿元，同比增长 18.5%，高于社会消费品零售总额增速 8.1 个百分点。就零售百强企业的整体发展趋势而言，电商增速明显放缓，零售实体店小幅回升，电商与实体合作加强，2016 年是电商与实体合作落地的一年。

（2）连锁经营也是现代服务业的主要组织形式。伴随着经济全球化和区域经济一体化的迅速发展，连锁经营已成为当今世界最具活力的经营组织形式，不仅在零售业，在餐饮服务、酒店服务、健康美容、汽车销售、房产中介、教育培训、房屋装潢、维修服务、休闲娱乐、洗衣、物流、租赁等各种服务性行业也都普遍适用。2016 年中国连锁 100 强统计信息显示，连锁经营模式的行业覆盖包括：商品零售、餐饮、住宿、汽车维修等。

（3）连锁行业面临很大挑战，政府积极规划引导。从挑战看，土地、人力、租金等费用提高，连锁行业成本上升压力加大。居民消费结构加速升级，便利消费、品质消费、服务消费等需求增强，连锁经营创新经营业态、商业模式、服务内容的任务更加艰巨。资源环境制约加剧，粗放型发展方式难以持续，连锁经营领域实现绿色、低碳、循环发展的压力加大。

商务部在国内贸易"十三五"规划中明确指出，要创新经营业态与模式，鼓励实体商业与旅游、文化和娱乐等相关产业跨界融合。实施零售业提质增效专项行动，引导零售企业提高自营比重，积极发展买断经营，鼓励购物中心、百货店等调整经营结构，从传统销售场所向社交体验消费中心转型。"十三五"规划还指出，要促进线上线下融合发展。推进"互联网＋流通"创新发展，充分发挥线上线下功能差异化优势。增强批发零售业线上信息交互、在线交易、精准营销等功能，提升线下商品集散、真实体验、物流配送、售后服务等功能。推动吃住行及旅游、娱乐等生活性服务业在线化。

另外规划还专门提出要推动流通企业信息化建设。支持流通企业加强信息化改造，鼓励流通企业应用企业资源计划、供应链管理、客户关系管理、自动化配送等现代管理技术，鼓励流通企业与供应商、信息服务商加强合作。

（4）行业人才缺口大。据中国商业联合会《2016—2017 中国零售业人力资源蓝皮书》

显示，以连锁经营为主的零售业面临"人才荒"，82%的企业平均人员缺岗率在5%~9%。许多零售企业实际上还面临另一个隐形的缺人挑战，即虽然有些岗位人员还在，但人岗不匹配，在岗人员不能满足岗位职责的要求，我们将这种情况称为隐形缺岗。2016—2017年，"隐形缺岗率"继续高位，平均水平在15%~20%。这就要求无论是学校还是企业都需要在人才培养上真正培养出适应行业需求的人才。

2. 典型职业活动及工作任务流程

通过分析回收的调研问卷，选择连锁行业中的典型零售业态（大卖场、标超、便利店、百货、专卖店、专业店）加上餐饮、酒店等8家企业进行实地走访验证，对其基层操作岗位及基层管理岗位的工作内容进行分析，同时考虑到越来越多的连锁企业涉足电商领域开设网络零售店（网店），我们将网店的相关岗位一并分析，总结提炼出连锁经营营运相关岗位的典型工作任务和专业人才需要的知识、素质、能力要求。

（1）专业人才应具备的理论知识结构。企业认为，从知识的角度而言，商品知识、市场营销和管理实务对学生的重要程度较高；商务礼仪和法律法规的重要程度紧随其后，同时在日常工作和生活中，礼仪可以说是一个人内在修养和素质的外在表现，企业同样非常关注；而随着电子商务的蓬勃发展以及线上线下一体化的趋势，电子商务知识的重要性也不断提升。

（2）专业人才应具备的职业素养。企业认为学生的职业态度最为关键，说明企业认为进入一个行业首先要真正热爱这个行业、喜欢这份职业，然后是认真对待这份职业，这个和企业基层员工较高的离职率有关。排在第二位的是职业道德，说明在该领域里面不单纯要喜欢这个行业和职业，同时不能因为只关注自己的发展而忽略应该重视的道德。

3. 专业人才应具备的能力

企业认为管理沟通技能非常重要，在具体的工作中员工首先应该具备的技能是面对顾客的售卖技巧和客户服务；在这之后更为关键的是能够具备报表分析、调研分析的能力，说明在大数据时代，企业越来越看重学生的数据思维以及能够利用数据做好工作的基本能力，视觉营销和商品促销紧随其后，体现了实体店在卖场氛围营造注重体验等方面提升业绩的重要性；收银、补货、盘点、库存控制、防损等作为门店运营的基本技能，企业认为必须具备，但是由于该技能不能直接产生业绩而仅仅是维持门店运营的基础性工作，所以其重视程度仅列在中等。综合分析，总结归纳连锁经营管理专业人才应具备的知识、素养和能力如下。

（1）知识。掌握思想政治、大学语文、高等数学、公共外语、大学生心理与健康等相关知识；掌握商品流通、市场营销、企业管理、财务会计、人力资源、经济法律法规等专业基础知识；掌握连锁经营基本理论以及连锁企业营运、采购、销售等业务的专业知识；掌握互联网经济和新零售的基本理论以及新技术、新业态、新模式相关知识。

（2）素质。遵守行业法律法规和企业规章制度、诚信守法；具有耐心细致的工作态度及严谨专注、精益求精的"工匠精神";具有创新能力和创业意识;具有信息收集处理和分析等素养;具备较强的市场意识、成本意识、质量意识和全球意识;具有系统解决问题的意识与能力。热爱商业,并具备"重诚信、肯吃苦、有爱心、能负责、知礼仪、懂法规、善沟通、会核计、能创新"的基本职业技能。

(3)能力。包括通用能力和专业能力两个部分,通用能力包含具备计算机、互联网等信息技术应用能力;具备信息搜集、处理及数据分析的能力;能熟练应用办公软件,进行文档排版、简单地数据分析与方案演示等;对社会热点、经济形势和消费市场具有敏感的洞察力,分析商业环境;具备良好的语言表达和沟通能力,能运用语言交流技巧专业且通俗易懂地开展商业工作;具备团队合作意识,能有效地与相关部门沟通协作;具备抗压、解压及心理自我调适的能力;具备对新知识、新技能的学习能力;具备时间和资源的管理能力以及资源整合能力;具备互联网思维、创新思维和创业精神;具有国际视野及行业趋势洞察能力;具有一定的创业能力和创新意识。专业能力包含具备售卖能力、商品管理能力、顾客服务能力、品类管理能力、卖场规划与商品陈列能力、数据分析与应用能力等。

4. 企业对校企合作联合培养的意愿

调研显示,82% 的企业都愿意与学校进行校企联合培养,越来越多的企业把校园招聘及校企合作育人作为企业未来人才补充的主要渠道。

(五)院校专业教学情况分析

1. 全国各地域专业开设情况

在全国 1384 所职业院校中,有 264 所院校开设了连锁经营管理(方向)专业,重点调研的 25 所院校分布在全国各地,地域覆盖广,调研高职院校中连锁经营管理专业总体招生人数呈稳中上升趋势,近三年共招生 7309 人,平均每年 2436 人。普招生占比达 63.9%,占整体生源三分之二。参与调研的 25 所高职院校连锁经营管理专业的师资中,硕士以上占比 80.93%。中高级职称占比 88.37%。初级 11.63%,双师比达 92.56%,学历职称双师比都较为合理。

2. 实验实训条件

调研发现,目前各高职院校基本上都将连锁经营管理专业的实践环节划分为两个层次:一是校内的实训;二是校外的实习。调研数据显示,25 所院校共建有 88 个校内实训室,平均每个实训室面积 80 平方米。校内实训又包含两个方面:一是模拟实验室,即通过计算机和信息技术来模拟连锁企业的采购、陈列、营运、销售等业务流程,还有的学校与其他专业共用实训室,如有 8 个实训室与物流供应链有关、12 个实训室属于营销礼仪谈判,还有 3 个实训室定位于数据分析,另外 3 个定位于电子商务;二是校内实训基地,即教学型商业体验中心,如自建超市、便利店等,在 25 家院校中有 7 家院校自己开设有校园实训超市。

3. 校企合作情况

在所调研的 25 所院校中，主要合作企业 170 家，平均每所院校拥有 6.8 家有稳定合作关系且有实际合作内容的合作企业，考虑到连锁企业一般都拥有较多零售店铺，完全能够满足专业顶岗实习和企业教师授课，但是能够做到订单班、校企共同合作课题或者现代学徒制的仅有 8 所院校，说明校企合作的深度还有待加强。

4. 就业岗位面向情况

被调研的 25 所学校均面向商贸零售业，其中 5 所院校包含酒店餐饮，且在专业就业岗位面向上，与行业需求相吻合，聚焦在门店营运管理类岗位，兼顾商品采购与营销企划类岗位。

5. 课程开设情况

（1）专业基础课程的开设。由于各院校对专业基础课的界定不完全一致，在专业基础课程、专业核心课程甚至专业拓展课程之间有错位，以及同样一门课程或者说比较接近的课程的名称有差异，所以专业基础课程差异较大；我们选择内容比较接近、开设面广、有代表性的课程做了同样样色的标注。标注显示：管理原理与实务、市场营销管理、经济学基础、连锁企业经营管理原理在所有院校均有开设。

（2）专业核心课程的开设。由于各院校对专业核心课的界定不完全一致，同样存在专业基础课程、专业核心课程甚至专业拓展课程之间有错位问题。在专业核心课程方面，连锁企业品类管理由于其与全球同步的标准化的结构体系，在所调研的 25 所院校中全部开设，门店营运管理、采购管理、门店销售与服务技巧、促销管理、卖场规划与商品陈列、数据分析课程开设面较广。

（3）专业拓展课程的开设情况。由于各院校对专业拓展的界定不完全一致，同样存在专业基础课程、专业核心课程甚至专业拓展课程之间有错位问题。在专业拓展课程方面呈现出以下几个趋势：第一，有的学校以业态为方向的进一步接合作企业实际操作的课程，如酒店管理实务、购物中心管理实务、便利店经营管理、服装品牌与文化、面料知识、时尚买手与营销、合作经济；第二，也有适应互联网时代变化的课程，如电子商务、跨境电商、连锁企业网络零售、网络营销、新媒体营销、物联网技术、零售数据挖掘；第三，还有的学校突出了技术的使用，如 CAD、PHOTOSHOP 等的使用。

（4）专业素质课程的开设情况。专业素质类课程主要是学校的通识类课程，主要有思政类、外语类、数学类构成，在学校通识课程少量的空间里面，各学校还是做了积极探索，有的学校开设了进一步夯实综合素养的品德实践、生活美学、国学精读、素质拓展等课程；还有的学校开设了以连锁企业文化认知、企业沙龙与领导力课程、企业文化等增强行业认知的企业类课程；也有的学校开设了突出创新素质培养的创新研发与应用项目、创业课程等；还有的学校突出了普通话、办公软件与设备使用等实用型课程。

6. 专业建设中需要解决的突出问题

调研显示高职院校连锁经营管理专业建设中最需要解决的是教师实践能力弱、校企合作深度不够、教学硬件投入不足和生源质量不高以及教师信息化教学意愿与能力不强等问题。

（六）调研结论及对策建议

1. 人才需求旺盛，行业变化迅速，专业调整应及时跟进

我国连锁行业出现了很多线上线下高度融合的新兴业态，要求专业培养必须及时跟进调整。同时在该领域随着实体店的回暖，以及线上线下的融合，人才需求持续旺盛，满足连锁企业人才需求，加强连锁经营专业人才的培养甚为迫切。建议在下一步专业标准制定时不能只局限于实体店铺，而应该考虑全渠道线上线下一体化的变化。在课程体系的设置方面，应该考虑有电子商务、网店运营、新媒体营销，O2O 经营等课程。

2. 聚焦零售，兼顾服务业，营运为起点，多方向发展

在职业面向方面，企业更多地希望连锁经营专业的学生能够从营运、客服、企划、采购这几个彻彻底底连锁企业的业务岗位入手，尤其是营运岗位，所以我们应该聚焦零售业，同时考虑餐饮、酒店等其他连锁服务业态，在主要的岗位类别上，以营运管理为主线，结合岗位典型工作任务及进阶成长，设置专业课程体系。课程仅仅是一个常规分析，各院校需要结合自身特色，在专业基础课、专业核心课、专业拓展课方面因地制宜。

3. 夯实素质教育，做好职业规划，引导职业态度

企业最为关注的是学生的职业态度以及沟通能力、商务礼仪、团队合作、吃苦耐劳等基本素质，所以学校在基础素质课程的设置和人才培养中要把这些素质培养真正落到实处，提出确实可行的锻炼方法。

如何让学生了解连锁行业、了解连锁专业、爱上连锁企业，这个需要在培养过程中让学生看到这个行业的魅力，适当增加企业文化、商业文化的课程，同时考虑到该行业的从业均需要从基层做起，学生会比较关注未来发展通道，所以在学校期间要加强有关连锁行业职业生涯规划的课程。

在培养过程中，应该加强学生对相关软硬件的使用，如办公软硬件的基本操作、CAD在卖场规划中的应用、EXCEL 在数据分析中的工具使用等，要进一步加强专业与通识课程之间的联系和梳理。

4. 教学基本条件要因地制宜，做好基本保障

考虑到连锁经营管理专业的专业基础课、专业核心课程、专业拓展课程的门数加起来有 20 门课程左右，我们以一位老师开设两门专业课为底线，连锁专业的专职老师在专业水准保障方面 10 人左右，在此基础上结合生师比做进一步调整。

在教学设施方面，实训条件考虑到连锁经营管理专业更多的是人对人的操作，企业实

景在一定程度上比校园模拟更加重要，所以在校内实训基地建设的前提下，必须积极拓展校外实训基地，在校外顶岗实习的时长上要考虑企业 3 ~ 6 个月的意愿，教务管理要能够积极跟进配合。

另外考虑到信息化教学的推广，各专业在信息化教学平台、立体化的教材逐渐成为标配，在可能的前提下最好选用国家教学资源库配套教材，在教学基础设施方面应该加强免费 WIFI 的投入，否则学生可能会有与流量问题而无法积极配合。

二、高职连锁经营管理专业教学标准

（一）专业名称（专业代码）

连锁经营管理（630604）。

（二）入学要求

普通高级中学毕业、中等职业学校毕业或具备同等学力。

（三）基本修业年限

3 年。

（四）职业面向

连锁经营管理专业职业面向，如表 1 所示。

表 1　连锁经营管理专业职业面向表

所属专业大类	所属专业类	对应行业	主要职业类别	主要岗位类别（或技术领域）举例	职业资格（职业技能等级）证书举例
财经商贸大类	工商管理类	批发和零售业	营业人员	连锁企业及电商企业客服人员，如：导购、客服专员	营销师
				连锁企业营运人员，如：督导、店长、陈列师	职业店长
				连锁企业企划人员，如：企划专员、企划主管	营销师
			采购人员	连锁企业采购人员，如：品类经理、品类主管、采购经理	助理品类管理师
		住宿和餐饮业	住宿和餐饮服务人员	前台服务人员、前台主管、企划专员	

（五）培养目标

本专业培养德、智、体、美全面发展，践行社会主义核心价值观，具有一定的文化水平、良好的职业道德和人文素养，掌握连锁企业运营管理的基本知识和顾客服务、视觉营销、促销企划、品类管理、商圈调研、数据分析等主要技术技能，面向全渠道形势下连锁零售、服务等行业，能够从事营运、客服、企划、采购，等工作的高素质技术技能人才。

（六）培养规格

本专业毕业生应在素质、知识和能力等方面达到以下要求。

1. 素质

（1）思想政治素质。热爱社会主义祖国，能够准确理解和把握社会主义核心价值观的深刻内涵和实践要求，具有正确的世界观、人生观、价值观。

（2）文化素质。秉承中国人民勤劳智慧、自强不息的民族精神，能够掌握马克思主义基本哲学、世界史及中国历史、经济地理、文学素养、艺术审美、商业文化等，具备科学精神。

（3）职业素质。具备一定的生活情趣和生活品位，能够热爱商业，并具备"重诚信、肯吃苦、有爱心、能负责、知礼仪、懂法规、善沟通、会算计、能创新"的基本职业技能。

（4）身心素质。身体素质能够达到国家对大学生体育与健康方面规定的基本标准，应具备的健康的体格，全面发展的身体耐力与适应性，合理的卫生习惯与生活规律等。心理素质方面应具备稳定向上的情感力量，坚强恒久的意志力量，鲜明独特的人格力量。

2. 知识

（1）了解世界及中国历史、经济地理、风俗以及影响商业文化等传统文化知识。

（2）掌握计算机及办公软件基本操作知识和了解商业管理系统的基本知识。

（3）掌握基本的商务礼仪、商务谈判、管理沟通等知识。

（4）掌握基本的英语听书读写知识和应用文写作等语言知识。

（5）掌握经济、管理、营销、物流、财务、人资等专业基础知识。

（6）掌握连锁企业营运的营采销业务知识。

（7）熟悉电子商务基本理论与实践知识并了解大数据对连锁业的改造知识。

（8）熟悉经济法律法规及政府相关商业规划知识。

3. 能力

根据连锁行业从业人员的常规发展路径，我们归纳出如下能力要求。

（1）门店运营能力：主要包括顾客服务能力、卖场视觉营销能力、门店基础营运能力。

（2）业绩提升能力：主要包括商圈调研能力、经营业绩诊断及经营策略制定与执行能力、门店促销策划能力。

（3）发展进阶能力：主要包括商品采购能力、商品配送能力、拓展加盟能力、零售数据分析与应用能力。

（4）综合管理能力：主要包括沟通表达能力、团队合作能力、分析解决问题能力终身学习能力、信息技术应用能力、创新创业能力、实践动手能力等方面的要求。

（七）课程设置及学时安排

1. 课程设置

主要包括公共基础课程和专业课程。

（1）公共基础课程一般包括思想道德修养与法律基础、职业生涯规划与发展、毛泽东思想和中国特色社会主义理论体系概论、大学生心理健康教育、计算机应用基础、军事理论课、经济应用数学、大学英语、体育、形势与政策等各院校个性化课程。

（2）专业课包括专业基础课程、专业核心课程、专业拓展课程。

专业基础课程包括：经济学基础、管理学基础、市场营销管理、连锁经营管理、商圈调研等以及其他院校个性化课程。

专业核心课程包括：连锁门店营运管理、门店销售服务技巧、卖场布局与商品陈列、连锁企业品类管理、连锁门店促销管理、连锁企业采购管理、加盟与创业（特许经营）、零售数据分析与应用等。

专业拓展课程包括：电子商务、物流管理、财务管理、人力资源管理、连锁企业配送管理等其他院校个性化课程。

（3）专业核心课程名称及主要教学内容，如表2所示。

表2 专业核心课程与主要内容

序号	专业核心课名称	主要教学内容
1	门店销售与服务技巧	包括：准主顾的开发、接触前的准备、顾客接触、商品说明、顾客异议处理、交易促成及附加推销等内容
2	卖场布局与商品陈列	包括：卖场整体规划、卖场货位布局、商品陈列展示、卖场氛围塑造等内容
3	连锁门店营运管理	包括：连锁门店组织架构、门店管理重点分析、订货、收货、存货、盘点、门店收银员作业管理、总台作业及顾客投诉处理、门店安全及防损作业管理等内容
4	连锁企业品类管理	包括：品类结构定义、品类角色确定、品类现状评估、品类目标确定、品类策略制定、品类战术转化、品类战术执行、品管效果回顾等内容
5	连锁门店促销管理	包括：促销活动整体策划、促销方式分析与应用、宣传媒体分析应用、年度促销计划制定、促销活动组织实施、促销活动效果评估等内容

序号	专业核心课名称	主要教学内容
6	连锁企业采购管理	包括：采购部门组织架构设计、商品采购成本管理、商品采购谈判、采购合同管理、供应商管理、采购绩效评价等内容
7	零售数据分析与应用	包括：零售数据收集、零售数据处理、零售数据分析、零售数据展示、改进建议提出等内容
8	加盟与创业（特许经营）	包括：特许经营规划、单店模式设计、加盟模式设计、总部管理体系建设、推广与加盟招募、体系运营管理等内容

（4）实践性教学环节。主要包括校内外综合实训、顶岗实习、毕业设计（论文）等多种形式。校内外综合实训是指连锁经营管专业的学生的通过与企业合作或者利用校的教学组织形式，采取集中实训或社会实践的教学组织形式，带领学生进行收银、理货、盘点、防损、导购、陈列、数据分析、沙盘对抗等全真或者模拟训练，帮助学生形成营销人员所应具备的连锁企业营运等方面的能力与素养，增强其工作的适应能力，为企业实习和未来就业奠定良好的基础。

顶岗实习安排在第三学年，是学生毕业之前一个重要的实践教学环节。通过一个学期左右的企业顶岗实习，体会到真实的连锁经营专业工作环境，知道连锁经营具体岗位实际工作任务与职责要求，通过具体的工作实践，形成将学校所学知识运用到具体工作的能力，达到高职连锁经营专业毕业生培养目标。要求学校和企业共同制定顶岗实习方案，实行专业对口实习。加强实习制度建设，明确校企合作各方的权利、义务和责任，构建分级管理、分级负责、层层落实的学生实习管理政策制度体系。加强顶岗实习过程管理，切实保障学生的安全与权益，构建校企共同指导、共同管理、合作育人的顶岗实习工作机制。在具体内容和要求上需达到教育部颁布的《高职院校连锁经营管理专业顶岗实习标准》。

2. 学时安排

总学时一般为 2600 学时。其中，公共基础课总学时一般不少于总学时的 25%。实践性教学学时原则上不少于总学时的 50%。其中，顶岗实习累计时间原则上为 6 个月，约 504 学时，可根据实际集中或分阶段安排实习时间（各院校专业可根据实际具体界定）。除国家明确规定的必修课程之外，其他课程性质的界定由学校自主确定。各类选修课程学时累计不少于总学时的 10%。

（八）教学基本条件

1. 师资队伍

师资队伍包括专任教师和兼职教师。一般按学生数与专任教师数比例不高于 20 ∶ 1 的标准。开办本专业应满足专业教学对师资要求要求。专业带头人 1 ~ 2 人，专业带头人应具备高级职称，从事连锁经营教学或连锁经营实际工作累计 5 年以上，具有丰富的教学经验和专业建设经验。专任教师应适应产业行业发展需求，具备实践教学和教学研究能力，掌握信息化教学技术，能够适应产业行业发展需求，积极开展课程教学改革。"双师型"专任教师占比 50% 以上。企业兼职教师承担专业课时数占专业课教学总学时数 30% 以上。

2. 教学设施

学校应该为专业提供无线 WIFI 覆盖的多媒体教室。校内实训室（包括校园超市）应该能够容纳不低于 40 名同学进行有关门店运营的全真或业务流程及沙盘对抗的模拟训练。本专业还应注重校外实训基地在人才培养中的重要性，积极建立稳定的校外实训基地，并配套良好的运行保障机制。校外实训基地应该具有健全的安全管理组织机构，能够为实习生提供符合国家规定的安全岗位工作环境，应当具有与连锁经营管理专业相配套的实习实训设备设施，能够保障学生完成实习任务，并为学生提供便捷的学习场所。应为学生提供实习所需的企业相关规章制度、企业内部培训资料、视频影像信息、图书信息等资料，以方便学生查阅学习。校外实训基地指导老师应该了解职业院校连锁经营管理专业人才培养的目标、定位和一般规律，能独立地进行顶岗实习实训指导。

3. 教学资源

主要包括能够满足学生专业学习、教师专业教学研究和教学实施需要的教材、图书及数字资源等。教材选用应该优先从国家和省两级目录中选用教材，最好是连锁经营管理专业国家教学资源库配套的立体教材。学校应该具有明确的教材使编写用制度，选自编教材应该是与行业企业合作开发的特色鲜明的专业校本教材。

学校为连锁经营管理专业师生配备相关图书每人平均不得 100 每册。为适应"互联网＋教育"时代信息化教学的趋势，能够支撑全程在线教学的专业课程不低于 5 门（其中包括引用的包连锁经营专业国家资源库课程）。

（九）质量保障

1. 教学要求

（1）公共基础课。培养学生基本科学文化素养、服务学生专业学习和终身发展的功能来定位，为学生综合素质的提高、职业能力的形成和可持续发展奠定基础。

将学生专业素质培养与教学内容结合起来，使公共基础课程的教学内容更具实用性和针对性，配合好专业技能课程教学。德育、体育、计算机、英语等课程教学应贴近学生、贴近职业、贴近社会，注重实践教育、体验教育、养成教育，做到知识学习与能力培养和行为养成相统一，促进学生全面发展和综合职业能力的提高。

（2）专业课。专业课按照连锁企业职业岗位（群）的能力要求，强化理论实践一体化，突出"做中学、做中教"的职业教育教学特色。以提高教育教学质量为目标，以满足学生成才、成长的多元需求为出发点，以学生为中心，重视现代教育教学技术的应用，结合课程特色，采用项目教学、案例教学、任务教学、角色扮演、情境教学等方法，发挥兼职教师在课程教学中的积极作用，充分调动学生的学习积极性和教学互动的参与度。利用校内外实训基地，将学生的自主学习、合作学习和教师引导教学等教学组织形式有机结合。建立观察—体验—模拟—训练—实战的教学体系，加强学生职业素质与能力的培养，将连锁专业技能和素养与连锁企业的岗位要求融入教学中，使学生掌握连锁经营的业务流程以及企业实践能力。综合实训课程如需要下企业实践，实践教学的计划安排需要阶段性排课。

2. 教学管理

本专业应在课程、教材、实习实训基地、师资、教学、学生管理、教研活动、科研、毕业设计、考证与竞赛、教学督导、工学交替、项目教学、顶岗实习等方面加强教学管理的制度建设，规范日常教学管理的工作和流程，确保教学工作的有序进行。在教学管理中，充分考虑规范性和灵活性相结合，合理调配教师、教学时间、实训室和实训场地等教学资源，为课程的实施创造条件；注重教学过程的质量监控，改革教学评价的标准和方法，促进教师教学能力的提升，保证教学质量。

3. 教学评价

教学评价分专业评价和学业评价两部分，专业评价可由学校委托校外第三方、甚至多方机构进行评价。以下内容为学业评价。

本专业的学业评价，应采用知识考核与能力测试相结合，过程考核和结果考核相结合的考核评价方式，结合课程特色，选用笔试、口试、机试、项目考核、业绩考核、以证代考、能力测试等多种考评方式。评价的对象应包括学生的知识掌握情况、实践操作能力、学习态度和基本职业素质等方面，强调"做中学、做中教、做中考"，注重对职业能力的考核和综合素质的评价。引入小组评价、第三方评价、用人单位评价等多元化的考核评价机制，完善评价体系。

（1）评价原则。体现评价主体、评价方式、评价过程的多元化，吸收家长、行业企业参与。校内校外评价结合，职业技能鉴定与学业考核结合，教师评价、学生互评与自我评价结合。过程性评价与结果性评价结合，不仅关注学生对知识的理解和技能的掌握，更关注知识在实践中运用与解决实际问题的能力水平，重视规范操作、安全文明生产等职业素质的养成，以及节约能源、节省原材料与爱护生产设备，保护环境等意识与观念的树立。

（2）评价要求。理论课程体系的学生成绩评价，校内教师考核与学生自评、学生互评组成，过程与结果相结合。实训课程体系的学生成绩评价，校内教师评价与校外教师评价组成，过程与结果相结合，侧重结果——操作业绩考核。参加各类社会活动、比赛等，取得良好的效果及成绩的，以不同标准，作为奖励学分计入学生的学业成绩中。

（3）评价标准。过程评价：职业素质养成：精神面貌、出勤情况、纪律情况、课堂表现、仪容仪表、团队合作情况、安全意识、环保意识等；平时过程测试：课堂提问、课后口头及书面作业、课堂模拟训练、课堂实际操作训练、课后实际操作训练、其他课后作业等；

阶段性测试：阶段性测验、实际操作的阶段性项目或任务完成情况等。

（4)总结评价。期末考试、学期技能综合测评、实际操作项目成果或最终任务完成情况。

（5）评价形式。闭卷考试、开卷考试、面试、静态展示、小论文、答辩、现场操作、制作成果等。

第四章　连锁经营管理专业岗位标准

一、连锁零售业人才需求分析

（一）概念界定

1. 连锁经营

连锁经营是一种商业组织形式和经营制度，是指经营同类商品或服务的若干个企业，以一定的形式组成一个联合体，在整体规划下进行专业化分工，并在分工基础上实施集中化管理，把独立的经营活动组合成整体的规模经营，从而实现规模效益，是一种经营模式。

2. 零售业态

零售业态是指零售企业为满足不同的消费需求进行相应的要素组合而形成的不同经营形态，零售业态从总体上可以分为有店铺零售业态和无店铺零售业态两大类。就商人主体而言，它是商人针对某一目标市场所选择的体现商人意向和决策的商店。如：食杂店、便利店、折扣店、超市、大型超市、仓储会员店、百货店、专业店、专卖店、家居建材店、购物中心、厂家直销中心、电视购物、邮购、网上商店、自动售货亭、电话购物等。

（二）连锁零售业发展现状

1. 中国购物中心消费者洞察

（1）新消费环境下中国消费者情况

商务部流通发展司和中国连锁经营协会联合发布的《2017年度中国购物中心消费者洞察报告》指出：中国消费者信心指数继续增长。2017年中国消费者信心指数连续三年增长，从2015年到2017年达到历史新高。持续激发城市经济活力，产业升级促进各线城市发展。以关注消费者的消费观念和消费行为变化为核心的"新消费"概念孕育而生。伴随资本与技术的双向驱动，中国开始步入新消费时代。新消费时代深根在当下中国经济社会的土壤中。

第一，宏观经济的整体向好、人均可支配收入的稳步提升、中等收入群体扩大，个人的消费需求也将遵循马斯洛模型相应升级，从追求"怎么能买得到"到追求"怎么买的更好、更有品"，消费面向更广范围（健康、快乐、休闲、社交、文化、娱乐等领域）、更深层次（从基本消费需求到精神意识消费需求，从使用、消耗到体验、感受）、更高品质

（更加关注时尚／个性／性价比／价值），消费升级已然成为新消费时代的核心特征，也是推动新消费的主要力量。

第二，互联网环境发生颠覆性变革，线下与线上呈现融合协同式竞争，客流互通成为新趋势，社交平台、APP 小程序等移动互联新工具、新技术也在蓬勃发展，使用者的依赖性和参与度都在提高，社交消费的比例明显提升。

第三，三线及以下城市基础设施发展迅速，购物中心数量和质量均有所提升，伴随消费升级趋势的还有消费分化，三线及以下城市在整体消费市场中的潜力不容小觑，呈现环比 3 年持续增长，趋势较一二线城市更为瞩目。

第四，注重消费者体验，实现快慢生活无缝切换，助力消费者在购物中心中畅享多元场景。目前中国消费者普遍呈现快慢生活场景交错出现的现象，快场景如随着产业升级，城市高速发展，工作人群面临巨大的工作强度，因此在工作、餐食等不同场景下尽可能追求效率。而慢生活则体现在工作之余的休闲场景，如日益人气高涨的"随性"自由行、购物中心中十分常见的人气餐厅大排队等。看似矛盾的快慢场景切换实则显示出消费者理智的生活安排和需求，各类购物中心则更需紧紧把握类似场景和需求，实现消费者在购物中心中快慢场景的无缝切换以提升消费者黏性。同时也呈现各种共享经济的现状，例如共享住宿、共享健身仓等，这些都值得购物中心在其业态组合中进行因地制宜地灵活应用。

综上所述，2018 年，中国零售业将继续在新市场、新需求、新供给的驱动下，出现新一轮门店扩张的规模发展，技术零售也将由数字化开始走向智能化。现代商业步入新消费时代，消费者不仅注重品质、体验，还更在意文化品位，情感触动的全方位满足，而经营者也在经历着从自营到共享，从交易到赋能的改变。

（2）中国购物中心消费者指数介绍

由于购物中心的竞争加剧，基于区域、城市、业态和发展阶段的差异，各类购物中心的经营开始逐渐回归以消费者为核心，深入了解消费者行为已经成为很多购物中心从开发到营运的立足点和重要突破口。

①定义

中国购物中心消费者指数从消费者视角了解购物中心，通过量化指标衡量出当前中国购物中心消费者指数，并为今后进行数据追踪奠定基础。同时，通过洞察消费者行为态度，消费习惯和特征，为购物中心未来发展提供 C 端数据支持。

②指数编制方法

中国购物中心消费者指数指标体系设计有三个层级的指标，其中一级指标为总体指数。二级指标分别为客群人气指数，消费意愿指数，和受欢迎指数。每类二级指标下有具体的三级指标说明。消费者指数得分由下级指标的得分按不同权重计算得出，权重计算主要通过 SEM（结构方程）模型中的验证性因素分析，按照各类下级指标对上一级指标的影响程度计算而得。并且将所有指标的得分按照 0 ~ 100 进行标准化处理，和购物中心发展指数报告的解读相同，我们将 50 作为基准线。数值越大，消费者指数水平越高。总体指数则由各单项指数按以下设定的权重综合计算而出。

总体指数 = 客群人气指数 ×19.3%+ 消费意愿指数 ×66.8%+ 受欢迎指数 ×14%

（3）2017 年中国购物中心消费者指数基本情况

数据统计显示，2017 年全国综合指数为 65.85，且高于基础线 15.85，表明整体购物中心消费者指数情况中等偏上，在二级指标上分析，受欢迎指数的得分最高，达到 73.58，表明目前购物中心在消费者中受欢迎程度较高。不过，影响总体指标权重最大的消费意愿指数只达到 62.74，低于客群人气指数和受欢迎指数。说明在高企消费意愿的背景下，购物中心应紧密把握消费趋势，将消费意愿转为实际的消费行动。

从年龄上看，25 ～ 39 岁的人群明显高于其他年龄段的人群；区域上看，华东和华北明显高于其他地方的水平；从家庭月收入水平来看，收入越高的家庭总体指数越高。按照购物中心类型来看，奥特莱斯、都市型购物中心的总体消费指数偏高。

客流和客群是购物中心经营的基础。它代表着购物中心的客群流量情况，因此消费者指数首先会分析购物中心对于目标消费人群的客群人气指数情况。在本次研究中，我们主要从消费者在购物中心的光顾频次和逗留时间来进行综合考量。在指标体系中光顾频次为购物中心的光顾指数，逗留时间为购物中心的黏性指数。通过计算，全国购物中心的客群人气指数为 71。从客群人气指数的下级指标来看，黏性指数明显落后于光顾指数的情况，消费者逛购物中心或购物更追求速战速决。目前国内购物中心的忠诚客户或者超级消费者的发展水平仍处于初级阶段，未来购物中心消费者的争夺是消费者忠诚度和黏性客户的争夺。

从地域上看，西南和华北的客流人气指数明显高于其他区域的消费者，分别是 73.02 和 71.96。人口总量、人群生活习惯、购物中心的建设情况都是影响客流人气指数的因素。

从城市能级来看，一二线城市的客群人气指数明显高于三线及以下城市；且分别都高于全国的客群人气指数情况，说明三线及以下城市的购物中心在吸引人气方面还应该做进一步的探索。根据本次购物中心消费者指数模型评测得出的结果显示，2017 年 261 个中国主要城市中，前 12 名的总体指数情况如下。

第一梯队：上海、深圳、北京、成都

第二梯队：武汉、广州、南京、杭州、郑州

第三梯队：西安、重庆、沈阳

总体而言，12 座城市的梯队划分与城市发展水平（涉及人口、人均 GDP 等指标）基本匹配，但值得注意的是，成都取代广州成功进入第一梯队，武汉也后来居上，总体指数得分领先广州。具体来看，作为特大城市之首的上海，其凭借雄厚的顾客消费实力和高水平的购物中心质量，在总体指数上的得分位列榜首，购物中心在全国具备绝对优势。深圳则在购物中心的受欢迎指数上位居全国第一，遥遥领先其他城市，其购物中心提供高质量的消费服务和一站式的消费体验，较高的推荐度和再光顾意愿将会在未来推动顾客消费意愿提升，牵引消费实力达到较高水平。成都购物中心近年来蓬勃发展，出现了一大批高质量、有特色的新兴购物中心，其作为西南重镇的经济地位得到展现，光顾指数和黏性指数共同驱动成都市在客群指数居首位，相比特大城市，生活节奏较缓的成都，逛商场成为休闲生活的重要组成部分。

多元数据结合的消费者深入洞察与趋势展望。2017 年以来，逐渐回暖的消费市场和前所未有的新消费浪潮带来了商业地产新的活力，也带给了商业地产人新的困惑，高企的消费信心抵消不掉日益白热化的竞争，曾经的卖方市场现在完全过渡为买方市场，互联网和移动互联网经济催生出大批长尾需求有待迎合，代际变迁与新生代消费者成长红利所带来的多样个性又使得消费需求越发多元，洞察"人心"日益重要，该章节将结合上文研究数据，对于购物中心目标消费群体进行深入洞察，并展望其未来趋势。

数据显示，占据人群结构 6 成比例的女性客群与家庭客群仍是各级城市中购物中心的主力人群，该特征最为鲜明的是一二线城市，其中尤以有 0 ~ 7 岁孩子家庭客群为全国主力。而三线及以下城市中，爱逛购物中心的男女占比的差距开始缩小，到了四五线城市出现男性消费者比例超出平均水平 10 个百分点的情况，在大力倡导"她"经济的时代，三线及以下城市的"他"经济不失为令人眼前一亮的发现。

将城市客群特征聚焦于年龄因素与家庭结构，三线及以下城市则普遍表现出年轻化和单身化的特征，结合宏观市场分析，该现象与我国几年来大力发展城市基础设施建设、促进城市间协同发展及城市产业升级具有密切关系，预计未来三线及以下城市购物中心将拥有越来越多的年轻群体。

一线城市购物中心消费则呈现明显的年长趋势，30 岁以上群体占比高出整体水平 7 个百分点，随着未来十年至二十年间中国消费中坚力量逐步进入老龄化阶段，一二线城市对于"银发经济"亦有关注必要。

一二线城市客群收入呈现多样化特征，与城市多元化的商业可满足不同收入群体的需求有关，而下沉至三四线城市则呈现出高端消费空心化特征——收入在 8000 元以下的消费群体占比比总体水平高 14 个百分点，且光顾客群多黏性不足。由此可见，趋于同质化的供应不能满足三线及以下城市消费者日益增长的多元消费需求，购物中心对其来说将承载除"买买买"更多的日常功能，其生活的痛点的切实触达才是促进高消费群体回流三线及以下城市的必经途径。

2. 中国百货零售业发展情况

2017 年的中国百货零售业在经历了实体零售转型之痛后，经营困难局面逐步改善，呈现出回稳向好态势。广大百货零售企业坚持以推进供给侧结构性改革和转型升级为主线，紧紧围绕以消费者需求为核心，以商品和服务为主要内容，主动适应消费升级需要，主动把握技术进步机遇，形成了拓展全渠道、发展新业态、优化供应链等主要转型创新模式，全行业呈现出前所未有的变革之相，朝着个性化、智能化和生活方式体验化的方向蓬勃发展。

（1）百货零售业面临的发展环境

2017 年，随着宏观经济稳中向好、消费结构升级、技术创新加速，百货零售业加快转型升级，互联网、大数据、人工智能等新技术与传统零售深度融合，新模式、新业态、新物种不断涌现，行业呈现出万千气象，整体业绩回稳向好。

①宏观经济影响

从2017年年初，我国宏观经济稳中向好，零售市场随之于3～4季度开始步入复苏阶段。在2014年之后外贸遇冷、投资增速回落的情况下，消费日益成为中国经济"顶梁柱"，伴随整体经济增长企稳，消费进入需求多元发展、规模持续扩大、结构优化升级的新阶段。

根据国家统计局数据发布，2017年全年，中国社会消费品零售总额为36.6万亿元，比2016年增长10.2%，连续第14年保持两位数增长。最终消费对经济增长的贡献率为58.8%，连续第四年成为拉动经济增长的第一驱动力，继续发挥着对经济增长的基础性作用。

具体到零售业，2017年，商务部重点监测的2700家典型零售企业销售额同比增长4.6%，增速较上年同期加快3个百分点，特别是实体零售逐步回暖，分业态数据显示，2017年，专卖店、专业店、超市和百货店销售额增速分别为8.3%、6.2%、3.8%和2.4%，较2016年同期分别加快6.6、3.3、1.9和2.7个百分点。

②政策环境影响

a. 十九大报告指明零售业发展前景

党的十九大报告明确提出，中国社会的主要矛盾已经转变成为人民日益增长的美好生活需要和不平衡不充分的发展之间的矛盾。美好生活需求中，必然包括更好的消费和体验，而不平衡不充分的发展中，也必然蕴含着零售行业迭代升级的市场机遇。

十九大报告中把深化供给侧结构性改革继续作为加快经济发展重要举措，把提高供给体系质量作为主攻方向，要求推动互联网、大数据、人工智能和实体经济深度融合，在中高端消费、创新引领、绿色低碳、共享经济、现代供应链、人力资本服务等领域培育新增长点、形成新动能。近年来，零售行业深度感受到创新带来的影响与推动作用，这种科技创新、技术变革还将以更大的力度影响改变零售行业，特别是在零售＋互联网＋大数据＋人工智能＋共享经济模式＋供应链变革＋中高端消费领域，孕育着更大的变革。

b. 降低消费品进口关税扩大内需

从2017年12月1日起，进口关税进一步降低，这是2015年以来第三次降低消费品进口关税。本次降低消费品进口关税涵盖食品、保健品、药品、日化用品、衣着鞋帽、家用设备、文化娱乐、日杂百货等类别，平均税率由17.3%降至7.7%，下降9.6个百分点，主要为满足居民消费升级需要，与百姓生活密切相关的一般消费品进口。随着进口关税的进一步降低，内需扩大，消费回流，作为可选消费渠道的百货零售企业显著受益，特别是中高端百货及生鲜超市。

③消费市场环境

a. 消费持续升级

近年来，零售市场经历了跌宕起伏的变化，互联网技术使消费者聚集成拥有海量信息来源及话语权的网络社群，并逐渐掌握消费市场的主动权，零售业从"卖方市场"进入到

"买方市场"时代。消费者在早期经历了一轮"低价狂欢"之后,逐渐恢复理性,变得越来越成熟。收入增长驱动消费升级,唤醒大众品质和体验意识,顾客价格敏感度下降、品质追求上升,同时由于线上购物体验受限,对线下的冲击见顶回落。消费形态正在从购买产品转变为购买服务,购买体验,提升生活品质及获得体验逐步成为消费的核心动力。随着消费多样性日趋增大,单一性的市场增长势头日渐趋弱。

b. 消费意愿增强

随着消费者收入水平的提高,人们的消费能力和消费意愿不断增强。根据尼尔森发布的报告,2017年中国消费者信心指数稳步增长至112点,较2016年提高6个点。中国市场的消费者信心指数从2014年以来,一直超越100%,虽然在2014年第三季度有过一些波动,但在2016年的9—10月份,这一数字又回调到106%。2017年各季度中国消费者信心指数始终在110 ~ 114点,保持高位运行,为中国消费结构转型升级提供更多可能性,走过经济高速发展时期的核心消费群体以其日益旺盛的消费需求带来新一波市场红利。

c. 新消费群体崛起

目前,中国零售市场一个显著变化在于主力消费阶层年轻化,"80后""90后""00后",新生代的消费人群正在崛起。根据波士顿咨询公司的数据显示,35岁以下年轻人的消费占消费增长的65%。此外,从2016年到2021年,这一群体的消费正以年均11%的速度增长,是35岁以上消费者的消费增速的两倍。到2021年,年轻一代的消费将占消费总量的69%。

由于经济社会的高速发展与互联网的普及,新生代消费群体普遍拥有超前的国际视野与新的消费理念,追求个性化生活方式,注重优质生活品质,期待丰富的购物体验,他们将成为消费市场的主导力量和最有影响力的消费群体。百货零售业必须重视新生代消费群体的价值主张,深刻洞悉他们的生活方式、价值追求,积极迎合他们的需求——移动、社交、体验、便利、定制的产品和服务,针对他们对于获客成本、商业运营等方面所带来的种种影响,进行整个供应链的调整变革,迭代升级。

④零售业总体发展

a. 行业转型初现成效

在供给侧改革的推动下,在电商倒逼的压力下,百货零售企业凭借自身多年积淀和锐意进取的精神,加快转型变革,加速业态升级,加力市场深耕,面对消费市场和生活方式的深刻变化,从顶层设计,区域布局,新老业态融合,商业模式重构等方面进行全方位战略性调整,大力进行门店改造,深度整合供应链,全面升级渠道能力,积极布局新零售,在行业回暖背景下出现明显的业绩改善。

以王府井、天虹为代表的龙头企业,从数字化、体验式、供应链等方面打造核心竞争力,呈现出营收、毛利的双增长,以重百、首商为代表的企业集团通过内部的业态调整与服务能力强化,实现了毛利经营改善,提升了百货自身的生存状态。高端时尚百货代表北京 SKP 不断改造升级，显现出强劲的国际竞争力，2017 年销售额达 125 亿元，再创奇迹，名列全球同业第二。

b. 零售业态分化发展

2017 年零售业态呈现分化发展，拥有超市优势的社区百货加快拓展，永旺和深圳天虹凭借旗下超市的黏性加速布店，成为去年开店最多的两大集团，专攻四五线城市大众市场的信誉楼凭借独特的自营模式增加 4 家新店。年轻时尚型和高端奢侈品百货项目受相同定位的购物中心影响较大，新店持续减少。银泰、金鹰、兴隆、王府井、百联、步步高等巨头普遍在购物中心和奥莱发力，大幅缩减百货店发展，北辰、大西洋等彻底退出百货业务。但另一方面，群光、SKP 等企业纷纷加速新店拓展。

从区域来看，2017 年新开业百货与大型购物中心最多的地区都在华东；但购物中心项目高居全国第二的西南地区，新增百货店居于第三；大型购物中心数量仅居全国第五的华北地区百货地位仍然较高。百货新店主要集中在北方和四五线城市，江苏去年新增 8 家百货门店，一线城市由于经济发达，消费多元化，购物中心发展迅猛，原本门店众多的百货业纷纷转型。新开业大型购物中心主力省份为浙江、湖南、重庆、福建、湖北。

c. 技术驱动智慧零售

数字经济发展的基础，如移动互联网、智能手机、移动支付等在 2017 年已逐步完善，为零售转型创新提供了技术支撑，尤其是移动支付技术，2008 年以后，无现金支付稳步增长，2015 年涨幅高达 39.77%。便捷快速地移动支付等非现金支付方式已成为人们在零售行业购物支付的首选。移动支付提升了购物体验、积累了大量用户数据，成为打造智慧零售的一项重要基础技术。

从消费者体验切入的技术开发和应用，到业务中后台的核心流程数字化和技术含量的提升，物联网、数据分析、地图搜索、室内外定位、人脸识别等技术从采购、生产、供应、营销等各个环节改造着传统零售业，零售的深度和广度不断得以拓展延伸。顾客数字化、商品数字化、服务数字化、营销数字化、供应链数字化、经营管理数字化等全方位推动传统零售业运行效率提升，商业模式发生深刻变革。

d. 零售新物种频现

2017 年，新概念、新模式催生了千店千面的零售"新气象"，零售新物种呈井喷式爆发。从阿里巴巴的盒马鲜生，到永辉的超级物种，都在对传统超市进行颠覆性重构：压缩品类，加入生鲜、餐饮、体验等新元素进行跨界组合；运用大数据、智能物联网、自动化等技术和先进设备进行数字化、智能化改造。与传统业态相比，新物种更加重视顾客体验。一方面，通过新颖的门店设计，从视觉效果上提升门店的"颜值"；另一方面，嫁接餐饮、科技甚至娱乐内容，重新定义人、货、场。

据不完全统计，2017 年以来诞生的新物种有天虹 sp@ce、新华都海物会、步步高鲜食演义、百联 RISO、联华鲸选等，除了主营超市＋餐饮外，天虹 sp@ce 还增加了儿童独立购物＋体验的娱乐空间，白联集团的 RISO 系食还将花店、咖啡吧、书店、艺术中心等融入超市门店，创造多元化服务，不断崛起的新物种正在构筑多样化的未来消费场景。

e.零售资本深度整合

2017年零售业进入加速整合期。一方面，阿里、腾讯等互联网巨头大规模向线下渗透，线下扩张常态化，线上线下的融合开始从资本性融合向业务性融合迈入。另一方面，实体零售价值凸显，优质的线下零售品牌得到资本市场的充分认可，迎来估值井喷，回归价值之源。

阿里巴巴先后与百联、三江、新华都和高鑫零售达成战略合作，以大润发、欧尚为代表的中国最大商超卖场集团从商业模式和资本结构上双通道加入由阿里推动的新零售革命。腾讯联合京东等入股万达，通过采用互联网、大数据、物流和支付等手段驱动线上线下融合，促进零售企业数字化转型。覆盖多业态领域的线下零售巨头步步高与腾讯达成战略合作，双方将在构建新能力，构筑数字化运营体系，营造零售新生态等领域开展深入合作。

与此同时，线下整合也在加速，王府井和首航开启战略合作，罗森和超市发、中央商场落地加盟合作，家家悦收购维客商业股权，供销大集收购顺客隆，通过这些整合，推进打造全国性零售平台，企业实现了资源和品牌价值最大化。

f.持续深化组织变革

零售转型与组织变革和机制创新密不可分。打破职能与流程分割，推进管理体系升级，引入合伙人制度，建立绩效挂钩、多劳多得的激励考核制度，通过管理层持股完善激励机制，调动员工积极性。永辉超市以"大平台＋小前端＋富生态＋共治理"为模型建立新型组织形态，王府井集团通过调整，使总部职能从经营管控型转向战略投资管控型，深圳天虹力推组织扁平化，降低沟通成本，提高决策效率，不断深化的组织变革使转型中的零售企业焕发出内在活力。

（2）百货行业转型创新的主要做法与特点

①行业整体经营情况

2017年中国百货商业协会85家会员企业年度经营统计数据显示，百货店销售总额7155.14亿元，比2016年的6558.50亿元增长了9.10%；利润总额为61.21亿元，比2016年的68.12亿元下降10.15%；主营业务利润为191.95亿元，比2016年的187.59亿元增长2.32%。年末资产总额达到1470.36亿元，同比增长0.32%。2017年会员企业经营面积有所增加，为2047万平方米，同比增长4.51%。从业人员平均数为17.60万人，比2016的17.94万人减少了1.93%。

样本分析发现，2017年销售额同比增幅超过20%的企业有4家；增速大于10%的企业达9家；2017年有64.71%的企业销售额同比增长；销售额同比减少的企业达到了35.29%，其中降幅超过10%的企业有6家。

②积极推进全渠道及业态融合发展

a.全渠道数字化模式成为行业主流

当前百货零售市场，线上线下（O2O）深度融合是大势所趋。为了全面探索零售业态升级，百货企业纷纷致力建构"实体＋线上＋移动端"全渠道数字化模式。

根据中国百货商业协会及利丰研究中心的调查发现，有高达86.3%的受访企业当前已开展O2O，而去年的调查只有45.3%的受访企业已开展O2O。当中，54.8%的受访企业已经开展了电子商务业务，比去年增加8个百分点。其中73.3%的企业拥有自建网络销售平台，13.3%的企业同时拥有自建网络销售平台及入驻第三方网络销售平台，只入驻第三方网络销售平台的企业有13.3%。

此外，37.0%的受访百货企业拥有自建移动端手机APP，比去年增加10个百分点。他们主要通过手机APP进行促销信息推送，商品销售，为消费者提供如室内导购，餐厅预订等附加服务。

天虹百货一直都是转型创新，推进全渠道模式的佼佼者。自2013年启动了业务模式转型，并提出了"全渠道""体验式消费"和"价值链纵向整合"三大战略方向，天虹的全渠道战略包括打通线上线下生态圈，在商品、营销、物流、数据等实现资源共享，发展至今逐渐形成了"虹领巾APP＋天虹微信＋虹领巾PC端"的全渠道模式。

2017年4月，天虹商场电商事业部更名为数字化经营中心。在门店的电商化和商品的数字化方面也进行了积极的尝试，供应链的数字化公司积极尝试产地直发的预售模式，做到售前、售中、售后全供应链数字化布局。天虹在努力实现全渠道数字化布局，顾客数字化以微信服务号和虹领巾APP为主要依托，到2017年上半年，微信会员达560万，虹领巾会员近500万；"天虹到家"销售额同比增长872.6%。

b. 以消费者需求为导向，掌握更准确的消费者数据，实现精准营销新消费时代

百货店和消费者的供需关系发生了改变，在这个趋势下，百货要用数据精准描画消费者需求，再针对性地提供商品。在百货企业全渠道转型过程中，为做到更了解，更能满足顾客需求，将门店所有的营运流程进行数字化管理－包括建立数字化会员网络体系是成功的关键。

调查显示，高达92.6%的受访企业当前有收集消费者数据。当中，96.1%的受访企业通过会员卡/会员计划来收集消费者数据，42.7%通过门店WIFI，24.0%通过网络商品购买历史信息，13.3%通过Beacon信标。收集得来的消费者数据，主要用作了解消费者的消费偏好（86.4%）、用作精准营销（77.8%）、为顾客提供更个性化产品/服务（67.9%）、以及为门店优化商品组合（66.7%）。

银泰商业近年在强化会员体系建设方面下了不少工夫。银泰在2017年8月推出付费会员卡，建立双向互动的会员网络体系，线上线下全面收集顾客数据。会员在银泰的品牌购物时，享受折扣优惠。银泰商业根据用户在银泰APP和淘宝天猫等平台的购物记录，识别顾客的需求，从而提供更个性化的商品推荐和服务。通过会员专享推广活动、积分折扣、会员私人订制和购物顾问服务等手段，掌握更准确的消费者数据，实现对会员的精准营销。

c. 利用科技全面提升互动体验

随着消费持续升级，中国消费者特别是新兴的中产阶级及"90后""00后"的新时

代消费者越来越追求全方位购物体验的时尚生活方式，这就需要运用科技创造全新的体验，为顾客提供更加丰富而优质的产品以及更好的服务。2017 年 5 月，银泰百货宁波东门店闭店重装，进行全方位升级，对外立面设计、室内装修、业态布局、品牌引入等方面进行调整，谋划打造首家"新零售"百货商城。门店内加入了更多体验业态，并引入增强现实（AR）、虚拟实境（VR）等"黑科技"，搭建 3D 试衣间和线下免支付"无人超市"。各楼层的装修设计也呈现个性化特征，并突破原有的支付方式和经营模式，充分体现零售新面孔。

调查显示，在当前实体店有应用科技的受访百货企业中，83.4% 已在门店铺设 Wi-Fi，37.1% 设有产品二维码，19.9% 设有互动指示屏，9.3% 有应用虚拟试衣镜等，目的以科技提升顾客购物体验。

此外，百货企业在增强顾客消费体验方面不遗余力。高达 83.9% 的受访百货企业当前在实体店增加体验式消费元素，当中 87.2% 的受访企业增加了餐饮项目，69.7% 的受访百货企业增加了儿童业态组合，59.6% 的受访企业增加了服务（例如美容，美发等），50.8% 的受访企业增加了娱乐元素（例如电影院，KTV 等）

d. 与国内领先的互联网公司和电商巨头进行战略合作，打造线上线下一体化融合

越来越多的百货企业意识到，要实现零售转型，必须与互联网公司或大型电商合作，通过大数据和互联网技术，实现线上线下流量共享，同时也可以结合会员数据和消费数据，让用户画像更加清晰，从而实现精准营销。

调查发现，54.0% 的受访企业已经与互联网企业合作开展 O2O；13.5% 的受访企业表示正在计划与互联网企业合作开展 O2O。

③全面迈向多业态布局，发挥体系协同

a. 积极发展多业态，尤其是购物中心、超市和便利店业态

在竞争激烈的百货行业，单一业态发展模式渐渐成为过去式，越来越多百货企业已朝多业态、多领域、协同化方向转型，通过多元化的经营业态来顺应消费者需求的转变。2017 年，金鹰商贸推出全新的 G·LIFE 系列，通过自营、合作、合资等多种方式，开发了 G·MART、G·TAKAYA、G·QUTE、G·BEAUTY、G·HEALTH、G·BABY 六个业务单元，分别对应生活精品超市、书店、宠物、美妆集合店、健康保健、婴童几个领域，以满足中产阶级消费者的消费升级需求。

此外，一些百货企业通过"更名"的方式"去百货化"，变身为多业态，综合服务的全零售企业。2018 年 1 月，利群股份更名为"利群商业集团股份有限公司"。利群在不断做大做强百货业态的同时，购物中心、超市、家电、便利店，以及以"利群·福记农场"为代表的生鲜社区店等零售业态也在迅速发展。同期，物美集团旗下的新华百货更名为"物美新街口广场"，弱化百货定位，通过转型购物中心寻找更大的发展机遇。为充分凸显多业态协同战略，2017 年 3 月，天虹商场股份有限公司决定更名为天虹股份。天虹方面认为，变更名称后更能适应公司全渠道、多业态的战略布局需要。

调查显示，高达 83.5% 的受访百货企业已经涉足百货以外的零售业态。其中，涉足超市、购物中心和便利店最为普遍，比例分别为 68.6%、55.5% 和 29.2%。在所有受访企业中，41.3% 表示有计划在未来一年内涉足其他零售业态，这当中以购物中心、便利店及奥特莱斯业态最受关注，分别有 26.6%、23.6% 及 23.6% 的百货企业计划涉足这三种业态。

近年来，以便利店为代表的小业态，正逐渐受到热捧。根据商务部发布 2017 年第四季度中国便利店景气指数报告，纵观 2017 年，便利店季度景气指数保持在较高水平，变化较小，体现出便利店行业从业者对 2017 年行业的发展始终保持着较高的信心。越来越多的百货企业涉足便利店业态，以寻求更多的增长点，扩充业务生态系统。

b. 自营"新鲜 + 体验"超市新业态；精品超市、生鲜食品成为新增长点

2017 年，"新鲜"和"体验"是快销品和杂货市场的新焦点，也成为百货企业积极试水转型的新方向。很多百货企业尝试转型升级自营超市，加大力度提供更多生鲜食品，精选全球商品，以满足消费者对生活更有品质的追求。

2017 年 1 月，以天虹超市为基础，转型升级的新业态门店 Sp@ce 在深圳开业。以"都会生活空间"为经营理念，Sp@ce 的特色在于店内结合了"零售 + 新鲜 + 餐饮 + 体验"元素，有别于传统超市。Sp@ce 在店内设置融入产品试吃、产品故事和使用方法介绍的体验区，并设置就餐休息区。此外，Sp@ce 的进口商品和有机食品比例达到 60%。作为新超市业态，天虹 Sp@ce 依托天虹官方 APP"虹领巾"，消费者可以在线上选购商品，通过"天虹到家"服务，门店商品超市直送，2 小时内送到家。Sp@ce 亦支持"手机自助买单"功能，顾客用手机扫描商品即可完成在线支付结算。

根据天虹在 2017 年 4 月通过的《关于公司发展独立的体验式数字化超市业态的议案》，Sp@ce 将作为天虹超市的独立新品牌，未来的发展不仅仅依托于天虹旗下商场，待成熟后也会进入其他商业项目中，3 年内超市门店数将实现 100 ~ 150 家的战略目标。

c. 探索新经营模式、"新物种"，创新零售概念

2017 年，整个零售行业都面临着转型升级的变革，各类新业态的布局速度可谓史无前例。许多百货企业都积极探索新经营模式、开发"新物种"，瞄准更具体精确的目标市场。

④丰富及拓展自营业务，提升商品个性及毛利率

a. 增强发展自营业务，开设买手店，实现商品服务差异化

面对入驻品牌同质化的趋势，限于联营方式的局限，不少传统百货尝试自营模式、引入买手店来直接面对消费者，针对客户群体做精细化分析，挑选符合客户群体的小众新奇特产品，加大特色品牌的采买比例。百货引入买手店模式，提供了差异化的消费体验，满足了消费升级背景下更细分的消费需求。

调查发现，76.8% 受访百货已经实行自采自营模式。然而，近 55.5% 受访百货企业现有的自采自营比例不到 10%。在开展自采自营的企业当中，55.6% 的企业采取区域代理或总代理的方式，33.3% 的企业采取买断某一品类或品牌，11.1% 的企业买手从海外自采；当中超过 53.9% 的企业表示过去一年有增加自采自营比例。

b. 发力建立自有品牌

新生代消费者向往更独特，个性化的产品。在这种趋势下，一些领头的百货企业积极发展自有品牌，丰富原有的百货产品线，依据消费者需求提供有针对性的商品和服务。这些百货企业期望持续发展特色可控商品资源，打造具有长期竞争优势的自有商品供应链，以提升商品的独有性和毛利率水平。

调查显示，32.1%受访百货已经开发自有品牌，比去年增加7.1个百分点。其中超过61.5%的企业表示过去一年有增加自有品牌比例。这些自有品牌主要涉及服装、化妆品、家居用品及食品等等。

⑤提高供应链管理水平，回归零售业本质

近年，越来越多百货企业开始回应消费者注重品质的大趋势，重塑供应链，加强数字化转型，推进商品结构升级。传统的百货店经营当中，百货店与供应商之间的关系比较复杂，造成供应链当中的低效产能。因此，一些企业在尝试简化跟供应商之间的关系，如减少收费项目、将原来的倒扣方式变成顺加的方式等；进一步将所有的系统数据化，省掉了繁复的人工计算加抽、让扣等程序。

还有许多企业通过加强与供应商深度联营的力度，以增强自身竞争力。根据我们的调查，72.8%的受访百货企业正与供应商或品牌商加深合作，方式包括：参与终端销售管理及销售数据共享（68.6%）、单品管理（65.3%）、参与库存管理及库存数据共享（53.6%）、参与商品设计、研发、陈列、销售（43.5%）等。

针对传统百货的转型瓶颈，百联集团着力延伸产业链，拓展供应链，通过源头规划布局、供应链搭建、终端模式创新，建设贯通线上线下的百联供应链体系。在"i百联"全渠道综合购物商城平台基础上，百联一方面上控资源，向上游资源延伸，积极构筑并掌控产业链商品资源和供应链流通资源，另一方面拓展渠道，线上横向拓展和纵深推进扩充场景，从区域垂直发展到地区辐射。线下方面，百联积极推进新型便利店、奥特莱斯和购物中心等业态的全国布局，强化其全球供应链组织能力。

⑥促进与供应链上各节点企业合作，扩大顾客群及增加销售额

一些百货企业积极与供应链上各节点的企业结成战略联盟，紧密协作，希望向着共同的目标发展，借此提高供应链的整体竞争力，实现协同。2017年7月，金鹰集团与微众银行合作推出"社交礼品卡"，实现大型百货企业与线上互联网金融的首次跨界合作，成为融合线上线下消费、互联网金融、大数据精准营销等深度合作的举措。金鹰社交礼品卡就像是一个明信片，用户通过它传达祝福，可以附带祝福语、图片、视频等素材，收到祝福的人看到后并回应，形成了微信上的社交关系。礼品还附加了现金功能，面值从50元到1000元不等的卡片金额，在金鹰旗下任何柜台都可用社交礼品卡进行支付。这是金鹰集团在零售社交互动营销上的一次重大尝试，有助于增强金鹰会员对金鹰品牌的黏性，预期给金鹰集团带来可观的长期消费增量。

（3）行业发展存在问题及未来方向

①存在问题

a. 成本上升加大转型压力

近年来，国家陆续出台有效措施，流通企业税费成本有所下降，但受制于物流成本高企，房地产价格上涨，人工成本上升等因素，零售企业经营成本压力依然较大，微利经营甚至亏损经营导致部分企业没有足够的资金用于转型创新。一些企业由于后备资金不足，只能维持日常经营，暂时无力考虑转型问题，即使有创新意愿的企业，由于缺乏充足资金，大部分仍靠多方筹措，转型升级步伐缓慢。

b. 转型有待系统变革

目前，零售转型更多体现在对消费体验方面的关注，如购物环境、商品陈列、空间规划，或是业态上的跨界，如超市＋餐饮，超市＋3C，超市＋娱乐休闲，这种业态升级迎合了消费升级下的部分新需求，也是创新的具体体现，但简单的业态组合或业态细分或聚焦，不能解决行业遭遇困境的根源问题。转型升级并不意味着只是进行空间改造，引入各种体验业态，社交性场景，标配化地增加餐饮层、开设电影院，开设各类儿童项目等，未必一定能够很好地实现引流效果，带来整体项目业绩提升。

c. 全渠道建设成效不明显

当前部分企业在转型过程中对全渠道建设认识不够清晰，对线上线下融合认识片面，形式上虽实现了 O2O 模式，建立了线上支付平台，但缺乏实质进展，虽然开始网上交易但忽视了体验式服务，消费者参与程度低，没有实现与消费者的有效互动。网上营销平台建成后缺乏专业的运营团队，对消费大数据信息挖掘不够，不能获取有效的经营信息，无法实现精细化运营，差异化管理。

d. 转变经营模式困难重重

经营模式问题一直是行业持续关注热点，百货业自营转型依然进展缓慢，面临重重困难。一是长期联营制使百货企业经营能力丧失，难以摆脱对供应商的依赖；二是资金占用多，库存风险大对安于现状的体制机制是极大挑战，加之扩大自营比例将触动代理商的利益，难度很大；三是人才匮乏，缺少买手，买手的职业素养要求很高，培养成熟后，受利益驱动，常有流失。四是采购过程成本控制难，商业贿赂成为自营采购成本控制的最大难点。

②发展方向及建议

a. 以消费者需求为导向，回归商业本质

无论零售业态如何变化，线上与线下如何互动融合，归根到底还是手段和方式的变化，并没有改变"零售＝服务＋商品"的本质，新技术固然可以大大降低零售成本，提高效率，但是零售的周转还需通过适销的商品和良好的服务来完成，通过商品和服务为顾客创造价值依然是零售业经营的本质。在经历了阵痛之后，百货零售企业需要变得更为理性，在引进新的技术设备，对门店进行升级改造后，开始更多地思考"零售"本质问题，聚焦"人、货、场"，并以消费者需求为导向，重新构建零售真正的专业化体系与能力。

b. 协同创新发展，进行系统变革

以新消费增长为驱动的零售变革需要从根本上改变传统思维方式，从理念、机制、模式、组织、文化等方面进行协同创新及系统化建设，以消费者价值为导向，从供给侧和需求侧双向发力，围绕效率升级，打造关键性竞争能力，即供应链能力、业态布局能力、品牌建设能力、全渠道能力，构筑不断引领，持续迭代的成长平台，真正从"商品销售者"转变为"品质生活提供者"和"生活美学传播者"，只有这样，"以消费者价值为中心"的业态升级才能够产生价值。

c. 顺应消费升级，聚焦潜力业态

顺应消费升级及年轻人成为消费主流的大趋势，百货行业应紧密结合市场最新发展趋势和运营模式，洞察年轻人新的生活方式和消费习惯，重点加强在消费升级相关领域、如儿童及教育、健康医疗、生活旅游、文化创意等相关行业的投资布局和资源整合，使产品和服务朝着"品质、品味、品格"的方向升级，打造具有竞争力的业态组合，重构商业消费新生态。

d. 重构供应链，推进经营模式转型

自营是百货零售业转型的深水区，风险再高，难度再大，也应坚定不移地推进，但在发展策略上，要量力而行，渐进性投入，探索性发展，实现平稳过渡。现阶段可以建立深度联营与自营相结合的模式，积极参与部分品牌的商品管理，提升对商品资源的控制力，逐步加大自营比重，最终达到合理占比，可以将发展自有品牌纳入自营发展的整体规划之中。鉴于当前零售行业仍然区域分割严重，市场集中度不高，难以形成规模效应，零售企业间可以通过横向联合，建立联合采购来打破区域代理制造成的市场封闭，形成规模化的采购力量。

e. 创新商业模式，打造智慧零售

过去的一年，广大百货零售企业大力发展全渠道多元业务，变身综合服务的全零售企业。许多领先的百货行业巨头都以打通线上线下为基础、以重构传统商业要素为核心、以创新商业发展及全业态融合为目标。在此过程中，抗风险能力和综合竞争力大幅提升。政府近年来先后出台多项重要政策，在积极的政策环境下，随着技术的普及和消费的升级，新的零售业态和商业模式将主导未来零售业。未来会有更多百货零售企业积极以科技智能引领新零售，并努力打造智慧零售，提出更多的创新商业模式，以利于长远发展和可持续增长。

随着政府推出多项释放内需、刺激消费的措施，零售业的发展空间十分广阔，因此百货零售行业对前景保持乐观。未来，百货零售行业应回归零售初心，聚焦消费者一切生活所需而积极创新求变，发展成融合线上线下、社交化、场景化及多业态的经营格局，增强聚客能力和盈利能力，在党的十九大报告精神指导下，成为满足人们对美好生活日益增长需求的先导性产业。

3. 中国便利店发展情况

（1）中国便利店发展现状

① 2018 年便利店行业保持着较为稳健的发展速度

2018 年中国便利店的发展经受住了市场的考验。作为近几年零售业中发展速度较快的业态，2018 年资本 P2P 爆雷引发的一系列便利店企业关店危机，无人店及无人货架的退潮等都给行业的发展带来的一定的负面影响。但在零售业整体增幅放缓的背景下，作为小业态的连锁便利店的发展未来仍有可期。

a. 便利店行业各项指数表现良好

2018 年便利店企业发展指数为 65.0，营商环境指数为 54.0，市场竞争指数为 80.6，人才储备指数为 54.4，均高于荣枯线为 50.0。中国便利店头部企业以及区域龙头便利店企业仍然保持着较为稳健的发展速度。

b. 门店主要指数均高于荣枯线

2018 年便利店门店销售指数为 60.3，竞争环境指数为 27.4，客单价指数为 62.9，客流量指数为 53.8，店租指数为 35.4，用工费用指数为 29.3，门店招工指数为 29.6，配送指数为 60.9。

其中，四项高于荣枯线 50.0。便利店门店虽然身处较为激烈的竞争环境当中，面临着店租、用工费用及招工等各种压力，但大部分门店仍然实现了销售额不同程度的提升。

c. 门店销售同比去年大部分有提升

门店销售情况方面，2018 年多数门店的销售额同比去年实现了不同程度的增长，占比 61.1%。门店销售额的增长更多的是基于门店商品结构的调整、运营能力的提升、配送效率的提高等内部因素。门店的外部竞争环境变得更加激烈。

d. 门店客单价与客流量实现不同程度提高

门店客单价方面，2018 年绝大多数门店的客单价同比去年实现了不同程度的提升，占比 78.2%。门店客流量方面，调查结果显示 2018 年 52.1% 的门店其客流量实现了不同程度的增加。

② 2019 年便利店行业发展预期将会继续提速

2019 年虽然外部环境还存在不确定性，但便利店行业整体信心饱满，预期向好。

a. 多数企业 2019 年计划开店高于 2018 年

2019 年计划开店数量多于 2018 年开店数量的便利店企业占到了本次调查的 80.9%。基于 2018 年的市场情况，大多数便利店企业对于 2019 年的市场预期要高于去年。

b. 2019 年计划开店数量集中度高于 2018 年

从开店集中度来看，2018 年开店数量集中在 0 ~ 49 家的企业较多，占到 34.0%，而 2019 年开店数量集中的 100 ~ 299 家的企业较多，占到 40.4%。同 2018 年开店数量相比较，开店数量明显提升。

c. 多数企业对 2019 年的发展保持较高预期

企业发展情况方面，2018 年大多数便利店企业的发展情况良好，占比 62.3%；在此基础上，对 2019 年企业发展情况预期保持乐观态度的企业占比明显增加。

③便利店外部环境分析

a. 市场方面

全国便利店市场差异性较大，市场发展空间在逐级下沉：

从全国范围来看，国内各级便利店市场因消费水平的差异而呈现出各自特点，但每级市场都有其发展空间。目前国内便利店的主要战场集中在一二线城市。无论在门店数量、运营水平等都要高于其他几线城市，但是同时也面临着高房租、高人工、高费用的压力。随着店址资源的逐渐稀缺，市场空间被进一步压缩。

三四线城市因店址资源相对丰富，市场空间更大一些。作为基层的县域级城市，便利店也有适合的发展空间。在城市化进程以及消费分级的大趋势下，便利店的市场空间在逐级下沉。

2019 年便利店市场竞争将进一步加剧：

在市场竞争方面，绝大多数便利店企业认为 2018 年的便利店市场竞争激烈，占比84.5%；并且认为 2019 年的便利店市场竞争情况不会有所改善，将会愈发激烈。

门店周边市场竞争环境方面，2018 年绝大多数的门店都面临着激烈的市场竞争，占比 83.3%。激烈的市场竞争对门店的运营带来了巨大的压力。

b. 政策方面

便利店市场营商环境有待进一步改善：

在营商环境方面，多数便利店企业认为 2018 年的市场营商环境一般，占比 46.7%；并对 2019 年的市场营商环境提出了较高的预期，认为 2019 年市场营商环境会有所改善的企业占比明显增多。

部分区域实现了便利店配套政策支持，但全国范围的政策瓶颈有待突破：

未来便利店的可持续发展需要更加完善的政府配套政策支持。在店租与人力成本持续高企，竞争压力不断增加的环境下，便利店的发展依靠的仍然是市场需求的自发驱动。在一定程度上受政府的关注度比较低。

2018 年北京市商委联合市六部门，印发《关于进一步促进便利店发展的若干措施》，推出 19 条支持政策措施。地方政府政策的支持为便利店提升服务水平提供了保障。

北京市针对便利店配套政策的出台在区域方面实现了突破，但从全国来看，各地区针对便利店的政策尺度差异很大，政策瓶颈需要从全国范围内做进一步突破。

c. 资本方面

理性对待便利店行业风口，合理地利用资本助推企业发展：

便利店行业的升温受到了资本的关注，大量资本开始进入便利店行业。更多资金的注入在一定程度上助推了行业了发展，但同时也催生了一些行业泡沫。由于便利店企业估值的提高，造成了一些便利店企业制定了非理性发展规划。较弱的运营管理及资金抗风险能力无法匹配企业的快速门店扩张，最终导致企业陷入发展困境。

2019 年便利店对于资本的理解更加理性。对于是否引入资本主要取决于企业发展的实际需求。

④便利店内部管理分析

a. 运营管理

新零售推动便利店行业经营模式不断迭代创新：

新零售赋予了便利店加载更多服务内容的可能。从门店新零售业务开展情况来看，2018 年开展线上订单业务的门店占比 72.5%；开展送货到家业务的门店占比 60.5%；开展线上引流业务的门店占比 68.0%。

便利店固有运营难点仍然较为突出：

经营模式的创新不仅为便利店实现了消费引流，还为门店贡献了销售增量。但便利店固有的运营难点仍然比较突出。

便利店的发展压力仍然主要来自房租及人工成本因素。同时，新品牌的进入以及来自跨界企业的竞争也为便利店的发展带来的较大的威胁。

而门店的经营的压力对于同行的竞争表现得更为敏感。影响门店运营的最大因素主要来自同行竞争及消费者变化。其次是政策环境、人工费用、店租等。

门店店租方面，2018 年 46% 的门店店租出现了不同程度的上涨，店租的上涨对于门店的可持续运营带来的极大的威胁。有些门店会因为租房合同到期，店租的过度上涨而闭店。

门店用工费用方面，2018 年 56.3% 的门店用工费用小幅上涨，17.1% 的门店用工费用出现了大幅上涨，便利店属于劳动密集型行业，用工费用的上升，会进一步挤压盈利空间，进一步加大门店运营的压力。

b. 数字化转型

提高企业自身运营管理水平，积极拥抱数字化变革：

便利店需要精细化运营，其经营的本质不会因新技术和新理念的产生而发生改变。企业需要在商品开发、系统技术、会员管理、供应链建设等方面打好基础。同时，积极拥抱数字化变革，通过数字化技术赋能门店，提升门店价值。本次调查结果也显示，62.2% 的企业将数字化变革列入了 2019 年企业发展战略规划当中。

其中，有 66.7% 的企业表示 2019 年将会在数字化转型中继续加大投入。企业的数字化转型已经成为大势所趋。

c. 人才储备

便利店人才储备情况不容乐观：

人才储备情况方面，多数便利店企业认为 2018 年企业的人才储备情况不容乐观，占比 60.0%；并且认为 2019 年的人才储备情况将会越发紧缺。

同时在门店招工方面，2018 年 56.2% 的门店招工比较困难，16.2% 的门店招工非常困难。

d. 商品结构

多数企业已引入鲜食品类，对生鲜品类态度仍较为谨慎：

在商品结构方面，2018 年商品品类包含鲜食品类的门店占比 74.0%，包含生鲜品类的占比 36.8%。说明绝大多数门店比较重视鲜食品类的引入；而对于生鲜品类，多数门店仍然保持较为谨慎的态度。

4. 中国购物中心发展情况

（1）2018 年第一季度

①总体指数和分项指标

2018 年第一季度中国购物中心市场继续保持积极向上的发展势头，综合指数录得 67.5，环比上升 0.3，并高出荣枯线 17.5，较去年同期小幅下降 0.8。

其中，现状指数为 64.4，环比小幅下降 0.3，但同比上升 0.8，并高出荣枯线 14.4。季度环比下，现状指数的轻微下调主要是受到"租赁活跃度"指数的影响，作为传统的租赁淡季，大部分业主已在去年年底前完成租户调整或新店开业以期获取年初双节销售旺季带来的红利。

整体购物中心市场对未来 6 个月的预期指数向好，录得 72.1，环比上升 1.2。其中，有 85% 的业主表示出短期内企业的盈利状态会持续变好。

从分项指标来看，反映购物中心宏观基本面的指数"宏观市场"出现显著提升，环比上升 3.4 达 77.9，表明业主对整体市场趋好的信心进一步增强。"租赁活跃度"指数环比下降 6.8，主要是由于大部分购物中心业主均已在去年第三、第四季度陆续完成品牌调整或新店开业以期获得新年、春节销售旺季带来的红利。主要反映销售情况和租金收入的"运营表现"指数录得 84.2，环比去年第四季度下滑 3.7，但同比增长 4.1，并高出荣枯线 34.2。其中，76% 的项目获得销售额的环比提升，所有项目在租金收入上都与上季持平或呈现增长。在成本控制方面，大部分业主对营销或新技术投入的把控力提升，使得"成本控制"指数环比上升 3.6，达 39.6。

②分城市能级指数

2018 年第一季度，分城市能级指数呈现出不同的发展趋势。其中：一线城市指数为 67.6，同比小幅下滑 1.0，但环比上升 4.3，位于一线城市成熟商圈的优质购物中心项目是推进市场发展的主要动力，尤其是定位年轻时尚或一站式家庭消费的商场。二线城市指数为 67.9，环比去年第四季度下降 1.9。2017 年新项目大体量投放市场给现有项目的招租和空置面积去化产生持续的压力，并延续至 2018 年年初，但同比去年同期指数出现 0.9 的轻微增幅，说明前序新入市项目中的空置面积正在逐步被市场吸纳。三线及以下城市为 66.3，环比上升 3.9。部分三线及以下城市由于优质购物中心开发商的进驻而提升了整体的市场水平。

③分不同类型物业指数

2018 年第一季度，都市型物业指数为 65.9，环比下降 1.0，同比下降 3.4。指数下降主要是由于一些位于成熟地段的老旧物业开始进行调整或改造，影响了项目整体的客流量和销售情况。地区型和社区型物业指数分别为 69.4 和 69.6，环比提升 5.3 和 3.9，同比上升 4.5 和 2.0。交通设施不断完善、居住人口向城市副中心、新兴区外溢等因素利好了地区型物业，而社区型物业继续受惠于稳定的周边消费人群。

2018 年整体购物中心市场迎来良好的开局。第一季度，全国消费市场继续保持平稳较快增长，社会消费品零售总额增长 9.8%。据商务部监测，第一季度全国 5000 家重点零售企业销售额同比增长 4.5%，增速比去年同期加快 0.4 个百分点，其中，购物中心业态销售额同比增长 6.3%。伴随着年轻一代消费者的不断成长，购物中心的业态上继续呈现更丰富、更多元的租户类型和创新模式，线上和线下的融合也将持续发生，整体消费和购物中心市场持续向好的趋势不变。

（2）2018 年第二季度

①总体指数和分项指标

2018 年第二季度中国购物中心综合指数录得 66.1，环比下降 1.4，但仍高出荣枯线 16.1，且高于去年同期指数 1.3。排除季节性波动因素，市场仍处在健康发展的通道内。

其中，现状指数为 61.9，环比下降 2.5，但同比上升 4.0，并高出荣枯线 11.9。季度环比下，现状指数的下滑主要是受到"宏观市场"和"运营表现"指标波动的影响。

整体购物中心市场对未来 6 个月的预期指数录得 72.4，环比上升 0.3，并高出荣枯线 22.4。由此表明，业主对即将到来的下半年保持乐观的预期和信心。

从分项指标来看，反映购物中心宏观基本面的指数"宏观市场"本季明显下跌，环比下降 8.2 达 69.7，下跌的境况主要受到多个消费力较弱的二三线城市整体出租率下降的影响，如长春、兰州、宜昌和嘉兴等。"租赁活跃度"指数环比下降 1.7 至 77.1。指数的下跌主要受到少量位于华东、华南和华中的购物中心进行了租户调整而导致空置率短期上升的影响，但整体购物中心市场租赁问询量仍保持向上趋势，有 69% 的项目本季录得租赁问询量的环比增长，另有 26% 的项目所获问询量与上季度持平。由此表明，零售品牌对实体商业的租赁需求持续升温。"运营表现"指数录得 77.4，环比下跌 6.7，但同比仍有 4.6 的上升。环比下跌主要源自于部分样本项目（17.6%）客流量环比出现小幅下跌。客流量下降的项目主要集中在一线城市的地区型物业，以及人口和消费市场容量相对较小的二三线城市，后者以大面积购物中心为多。但是，整体市场在租金收入上仍表现不凡，98% 的项目的租金收入同比持稳或增长，仅有 2% 的项目录得租金收入的同比下跌。"成本控制"指数环比上升 2.2 达到 41.8。该项指标的好转主要因为：一方面，企业在雇佣成本上日趋稳定；另一方面，零售新科技的运用为商场营销提高了效能，从而节省了营销成本。

②分城市能级指数

2018 年第二季度，分城市能级指数表现略显差异。其中：一线城市零售市场发展势能不减，综合指数为 69.5，环比上升 1.9，同比上升 5.0，北、上、广、深四城的购物中心市场平均出租率均与上季度持平或进一步提升。都市型物业显现的辐射全市乃至全国的优势依旧持续吸引着品牌的入驻，100% 的一线城市都市型物业录得租赁问询量的增长，且有 73% 的项目入驻品牌质量获得提升。二线城市指数为 65.8，环比下降 2.1，但同比上升 1.5。新项目大量入市仍是二线城市购物中心业主面临的主要挑战。相关数据显示，13 个中国主要二线城市前序 12 月（2017 年 7 月至 2018 年 6 月）迎来逾 660 万平方米的新增供应量，对租赁招商产生压力，亦有部分项目因招商率较低而推迟开业。但是，诸如成都、南京、杭州、西安等强二线城市购物中心市场仍表现不俗。三线及以下城市为 65.2，环比下降 1.1，同比上升 1.8。

③分不同类型物业指数

2018 年第二季度，都市型物业指数为 66.3，环比上升 0.4，同比上升 2.3。市场对都市型物业的租赁需求，尤其是一线城市和强二线城市保持旺盛。地区型和社区型物业指数都录得了 1.8 的环比下跌，分别达 67.6 和 67.8。三线城市，尤其是非省会型三线城市购物中心客流量下降、租户品牌较难提升是影响三线指数下跌的重要原因。而位于二三线城市新兴区域有待更多居住人口迁入的社区型物业在客流、销售额上面临较大的挑战。由于二季度缺乏长假消费，以目的性消费为主、并更多地关联旅游消费的奥特莱斯型物业本季综合指数出现较大跌幅，环比下降 11.3 至 58.1，但中长期来，奥特莱斯型物业成长潜力仍不容小觑，品牌入驻意愿强。

2018 年第二季度，全国购物中心市场大体保持健康稳健的发展趋势。尽管受汽车类商品进口关税政策调整等因素的影响，二季度社会消费品零售总额增速比一季度回落 0.8 个百分点，但整体上仍保持较快增长，国内消费已然成为经济增长的第一驱动力。

更值得关注的是在大数据、人工智能、物联网、智慧物流体系等推动下，实体商业与电商平台融合度不断提升，越来越多的电商领军企业布局线下门店，刷脸支付、电子标签、智能云货架、AR 试衣 / 试妆等新科技给消费者带来全新的消费体验。我们预期，更多元、更智慧、更高效的商业模式将持续为实体商业注入活力，实体商业亦将为零售商连接消费者、嫁接新科技提供全方位的服务平台。

5. 中国零售企业新技术创新与转型发展状况

数字技术正在重塑零售新模式。尤其是在中国这个高度数字化的市场，革命性的技术创新不仅颠覆了传统零售业的既有格局，也带来前所未有的发展新机遇。零售商和消费品企业必须直面这一机遇和挑战，重新审视数字技术的力量，加大在零售新技术领域的投资与开发，并围绕新兴技术改变商业策略与运营模式，才能在未来十年的"消费黄金时代"中赢得数字消费者的青睐。

（1）传统零售商的数字化困境

调研发现，尽管零售商们高度认可零售新技术的重要性，但在实施技术投资与应用方面，却普遍处于初级阶段，资金投入乏力、对后端技术重视不足，以及缺乏数字化人才成为零售商数字化转型过程中的三个主要困境。

困境一：有心无力，资金投入力度有限

几乎所有受访企业都将零售新技术的应用上升到企业战略层面，94%的企业表示非常重视或较为重视新技术，并愿意将成熟的前沿技术企业引入到商业运营中，只有6%的受访企业表示对新技术"不重视"或"无所谓"。

但是在具体行动上，零售商们却显得有心无力。与其他行业相比，零售企业在新技术应用和信息化建设上的资金投入程度以及未来的计划投入普遍低于银行与证券、制造、电信、能源等其他行业；在我们的受访企业中，新技术投入占公司销售收入的比重仅为平均4.22%，其中62%的受访企业投入占比不足5%，只有约18%的受访企业投入占比超过了10%。

造成这一尴尬现状的原因，与中国零售企业的销售增长疲软不无关系。数据显示，中国零售百强企业销售增长率近年来逐年下滑，已从2014年的5.1%、2015年的4.3%下滑至2016年的3.5%。换言之，就算不考虑其他领域的常规投入，仅新技术与应用的投入就有可能让零售企业面临入不敷出的困境。

困境二：陷入误区，后端技术重视不足

基于原本就十分有限的资金投入，零售企业在投入领域的选择上普遍陷入"顾前不顾后"的误区。他们更倾向于将资金投向那些能够直接接触到消费者的前端技术，例如会员体系的建设、门店建设、顾客服务、销售等，而那些看似与消费者触点无关但其实与消费者利益息息相关的后端技术——如支付、物流、库存管理等，则普遍被冷落。

调查显示，在受访企业目前最重视的技术领域投票中，排名前六的技术中五项都属于前端技术，其中逾七成的企业将"会员体系与顾客服务"列为技术投入与应用的首选领域，后端技术中只有"供应链打造"以34%的得票率挤入前三。而在未来应该加大的技术领域投票中，企业们也把更多的票投给了三大前端技术领域——"会员体系与顾客服务"、"营销沟通"与"门店经营"。

这已不仅仅是受制于投入经费的有限，而是一定程度上折射出中国传统零售商对于打造"以消费者体验为中心"的零售新模式缺乏行动力。

多年来，在电子商务的强烈冲击下，传统零售商从摸着石头过河尝试开拓电子渠道，到积极探索线上线下同行的多渠道战略，始终在寻找与互联网电商新的抗衡点。如今，在新兴技术的助力下，传统零售商已然找到了决胜未来零售的新战场——即回归"以消费者体验为中心"的初心，同过打造"线上＋线下"的无缝零售体验，抓住未来的数字消费者。

无缝零售，即全面消除零售企业与消费者之间的沟通隔阂与渠道壁垒，其背后的技术支撑点既包括那些与消费者触点直接相关的前端技术，也包括隐藏在冰山之下的后端技术。

如果那些堪称技术底座的后端技术严重缺乏投入，无缝零售体验便无基而立。

2016 年，埃森哲开展的消费者调查发现，在无缝体验方面，正呈现出一个全新的客户需求空间。超过三分之一（34%）的中国消费者希望在线下购物前，能够通过在线查询获知商品库存信息，这一数据比 2015 年翻了一倍；还有 20% 的受访消费者希望在门店购物时，可以方便地预订各种缺货产品，该数据是 2015 年的近三倍。

但是与急剧增长的消费者需求相对应的，是零售商库存可见性的极大缺失。调查显示，在全球范围内，分别仅有 28% 和 41% 的零售商可以分别满足顾客的上述两项需求——及提供各门店库存信息和缺货产品的预订功能，中国零售企业的这两项指标更加落后（只有 4%）提升空间巨大。

事实上，要满足消费者的这两项需求，离不开供应链与物流领域这两大后端技术的投入。然而中国零售企业对此的重视程度却远远不足，仅少数受访企业认为供应链（占比 34%）和物流建设（占比 12%）是他们目前的技术投入重点，认为未来需要在这两方面加大技术投入的企业也不足三成，分别为 28% 和 25%。

困境三：人才瓶颈，缺乏数字转型人才

除了资金不足和意识误区，人才瓶颈也是受访企业普遍反映的困境之一。在认定"运用零售新技术的最大困难来自哪里"时，65% 的企业选择了"缺乏人才"。此外，"担心投入回报"与"市场变化太快"同样是企业投入新技术所面临的主要难点。

的确，新技术除了颠覆传统零售行业的既有概念和组织流程，也在颠覆传统的人力资源模式，那种"招揽一时的 IT 人才就能通吃天下"的时代已经过去，企业忽然发现自己的员工在数字化进程中显得不够给力了。在快速变化的数字商业环境中，企业必须找到并培养能够不断适应新环境且及时进行自我调整的"柔性团队"，才能实现新的竞争优势。而构建"柔性团队"，企业需要重塑企业文化和组织架构，让全体员工意识到改变将是常态，促使员工不断发展新的技能、加速自我创新和高效运营。此外，随着数字原住民开始成为员工主力军，他们越来越不愿意长时间在一个企业工作，开放式的人才市场将成为未来的主流，非正式、非全时、短期性的员工模式有利于企业快速组建业务团队，激活员工潜能，并应对瞬息万变的数字化竞争环境。

（2）埃森哲建言挖掘数字技术的新动能

①多速 IT 战略，新旧系统各取所长

当传统零售商将战线从线下扩展到线上，企业首席信息官们（CIO）面临的挑战比以往任何时候都要艰巨。他们既要保证系统永不宕机，又要应对迅猛发展的数字新技术的影响，既要打造新的市场收入来源，又要全面提升顾客体验……要实现这些目标，完全沿袭过往的 IT 运营构架显然无法奏效，传统 IT 变革已势在必行。

但是我们也并不赞同彻底抛却 IT 旧系统或"另起炉灶"搭建全新 IT 架构。田忌赛马的故事告诉我们，赢得比赛并不需要所有的马都是最快的马，而是需要最合适的布阵。同样，在 IT 部署战略上，企业也不需要"一刀切"式的把 IT 系统全部替换成最新最快的系统，而是为不同业务模式找到相匹配的 IT 能力。

基于多年来与跨行业、跨业态客户的合作实践，埃森哲提出了企业 IT 转型的第三条道路——多速 IT 战略，包括：

传统业务：传统服务——依赖传统技术进行稳定交付

发展中的业务：成熟服务——要求交付稳定性和提高效率

数字化业务：创新探索型服务——要求灵活性和敏捷性

多速 IT 将集合不同的 IT 交互方式，既包括快速的数字化应用，也包括传统的遗留系统功能。在多速 IT 战略下，企业 IT 部门并不需要追求统一速度，而是根据不同的业务需求，针对不同的应用，切换到不同的 IT 运营模式，让新旧系统各取所长、各司其职。

②八大颠覆性技术，助企业弯道超车

颠覆性新技术是行业变革的关键驱动因素。只有不断关注如何通过新技术为消费者创造价值，零售企业才能获得成功。埃森哲认为，有八项关键的颠覆性技术将深刻影响零售和消费品行业，分别是：物联网、自动驾驶汽车 / 无人机、机器人、人工智能 / 机器学习、增强现实 / 虚拟现实、数字追踪、3D 打印、区块链技术

未来十年，零售和消费品行业的变革可能将超过过去 40 年的总和，而以上这些技术将在这场变革中扮演前所未有的重要角色。当前这八大技术的成熟度各不相同，但是物联网、自动驾驶汽车 / 无人机、机器人、人工智能 / 机器学习这四项技术值得特别关注，因其具备广泛应用性、效率提升能力和对劳动力的冲击，它们将对零售行业产生巨大的影响。

在新兴技术的驱动下，零售企业需要重塑业务模式。当传统零售商还停留在传统的商品销售架构（即商品、布局、价格）时，创新者们已经再重新思考做出关键销售决策的因素是什么。在这个技术能力、数据可用性和消费者预期同步增长的时代，他们正在充分利用云计算和机器学习的无限可能，针对消费者需求提出更好的解决方案，并且比以往任何时候都更快速、更高效。

同时，创新者们也在考虑"哪些活动必须由人完成、而哪些可以用机器替代"，这对于零售企业而言，几乎是一次开创性的挑战。如果这些公司可以分辨出在哪些地方需要人来做出战略决策，哪些地方需要人和机器共同参与洞察分析，又有哪些地方可以完全由机器来替代人力，那么这些公司就可以大大降低成本，提高灵活度和精确度，并获得收益增长。

很快，消费者的需求将会更加多样，传统零售商需要紧跟创新者的步伐，加速建设预测性互动的能力，如果仅仅依靠现有技术平台而忽视新技术的投入应用，这场数字之战必将无法取胜。

③从 CMO 到 CGO，重新定义高管职能

当企业开始重新定义商业架构并重塑技术架构，企业职能部门也必须跟上变革的步伐。如今的零售业创新正处于业务和技术的交汇点，如果将任何职能部门的业务和技术分隔开来，就必定在创新竞争中落败。

企业高管的角色也因此发生悄然改变，无论是首席信息官（CIO）、首席数字官（CDO）、

还是首席官（CMO），都毫无例外地要承担起利用技术驱动企业增长地职责。以首席营销官为例，他们不仅要负责营销战略与执行（包括产品定价、销售、电子商务与渠道分销），还要负责带领公司提高收入和利润。一些先行地零售企业如可口可乐更是直接取消首席营销官地职位，转而以首席增长官（Chief Growth Officer）来替代之，后者的工作重心则是以数据驱动营销，以市场指导产品，通过技术化手段来完成企业增长目标。这一行动的背后，隐含地是当前商业环境下，企业对高管职能的重新定义。

事实上，无论是新上任的CGO还是被赋予新责任的CMO，随着传统收入来源越来越难以捉摸，他们都开始更多地寻求破坏性增长。CMO因在端到端的客户体验中扮演核心角色并且通常控制着众多数字化杠杆，也因此被更多地赋予"实施破坏性增长"的职能。当然，CMO们必须紧密联合首席数字官和首席信息官，才能充分发挥数字杠杆的价值，按照消费者的需求创建新的增长平台。

④再起航

在如何满足消费者需求的过程中，零售业正经历着一场颠覆性的革命。如今的当务之急是重新考虑新的技术架构，这些技术需要能够支持企业以数字化和现代化的方式在所欲渠道中更好地服务消费者。这一历程将十分艰难，但这一转型将非常值得，因为零售商能够借此为消费者带来更好的零售新体验，赢得消费者的忠诚，提高企业竞争力，同时大幅度增加利润。

6. 社区生鲜业态发展情况

社区生鲜是近年来颇受业界关注的零售业态。因其立足社区、贴近顾客，再加上生鲜品类复购率高、市场容量大，使得无论是资本层面，还是产业层面，都看好这一业态的前景。生鲜传奇、钱大妈、谊品生鲜，这几个"网红"品牌助涨了社区生鲜的热度。另外，在线上线下一体化时代，类似每日优鲜、朴朴超市等"以仓为店"的前置仓模式加剧了业界关于社区生鲜模式的探讨与争议。

在企业实际经营层面，由于社区生鲜低毛利、低客单、高租金、高用工成本以及专业的生鲜人才储备不足等因素，社区生鲜普遍盈利状况不容乐观。因此，甚至有观点认为，社区生鲜模式是不成立的，跑不通的。

（1）界定

由于当前业态跨界较多，几乎所有的超市业态都涉及生鲜品类，如果没有一个清晰的界定，很容易使得我们的调研样本和数据建模缺乏参考性。我们在这里将社区生鲜做出界定：面积50平方米以上，1000平方米以下，生鲜销售占比30%以上，服务社区的零售业态。

考虑到线上线下融合及便利店＋生鲜模式的崛起，我们同样约定：立足社区的前置仓模式（如每日优鲜、朴朴超市）和便利店＋生鲜业态（如超市发与罗森、全家与易果、好邻居与鲜生活结合的门店）也归为社区生鲜业态之中。

（2）社区生鲜进化史

生鲜品类是一个巨大的赛道，我国每年生鲜消费超过万亿元。易观数据显示，2017年我国生鲜市场交易规模达1.79万亿元，同比增长6.9%，预计2018年生鲜市场交易规模将继续增长至1.91万亿元。

需要指出的是，在生鲜下游流通环节，农贸市场依然占到了主导作用。根据中国产业信息网2016年的数据显示，73%的农产品是通过农贸市场流通到消费者的餐桌上，通过大型超市流通到终端消费者的占比为22%，生鲜电商的份额占到了3%。

来自Euromonitor的数据显示，从2012年至2017年，农贸市场在农产品流通渠道的份额在下降，而其他渠道的占比在增长。

综上所述，生鲜品类正在发生明显且漫长的渠道变迁，其走向是农贸市场作为传统的流通渠道份额进一步下跌，其市场份额被更为高效、先进的现代流通渠道替代，农贸市场的转型势在必行。

在这个过程中孕育出社区生鲜的机会。在零售业界，社区生鲜此前并未被看成一种独立的业态而存在。不仅在国家商务部2004年出台的《零售业态分类新标准》中并没有社区生鲜的提法，在很多传统零售从业者意识中，也并没有将社区生鲜作为独立的业态来看待。但是伴随着一些以生鲜为核心品类的专业化生鲜店的出现，业界开始探索这种新的商业形态，一些传统零售企业也单独成立相关部门来发力社区生鲜业态。比如，中百集团旗下的邻里生鲜、步步高通过项目孵化来运营的好爸爸生鲜。另外，一些专注社区生鲜的创业项目也不断涌现，比如三蛋生鲜、康品汇等。

社区生鲜从无都有，从不被关注到成为"风口"。我们认为它经历了四个阶段。第一个阶段是2015年之前，其特征是传统社区店向生鲜加强型超市转型；第二个阶段是2016年开始，社区生鲜进入了全品类的生鲜专业店时代，代表事件是生鲜传奇的创立；第三个阶段是新零售的风口刮到了社区生鲜领域，代表事件是京东旗下的启承资本投资钱大妈；最后一个阶段是"便利店＋生鲜"的复合业态的兴起，代表案例有好邻居最新一代的"社区全渠道会员店"，以及超市发与罗森合作的"超—罗便利店"等。

2017年是社区生鲜扩张最为猛烈的时候，2018年社区生鲜的创立开始放缓，这与整个经济环境和资本市场有关系。

（3）社区生鲜"画像"

当前主流的社区生鲜业态分为四种模式，分别是生鲜加强型社区超市、生鲜折扣店模式、便利店＋生鲜模式、加盟模式社区菜店。

针对74家样本企业的数据进行梳理、核实，将这些社区生鲜的核心指标进行加权平均，最终得出社区生鲜的"画像"。

假设它是一个社区生鲜模型，那么这些数据勾勒出它的基本状况：从门店数来看，它是一个拥有24家连锁店的社区生鲜品牌；单店面积为314平方米，日均销售额为17 000元。该店的生鲜占比较高，达到了53%，生鲜品类毛利率为19.6%，客单价为23元，生鲜损耗率为8%。这家社区店品牌也开通了线上业务，但线上销售占比只有9.6%。从成本构成来看，人力成本和租金分别占到销售额的8%和5.6%；与去年同期相比，人力成本和租金成本双双上涨，上涨幅度达到9%和4%。

当前社区生鲜的几种主要模式。

①生鲜加强型社区超市

面积从数百平方米到上千平方米，生鲜面积占比40%～50%，除了生鲜之外还经营包装食品、饮料、日用杂货等品类，SKU数从数千到上万不等。生鲜加强型社区超市是大多数实体零售企业正在经营的业态，也是较为成熟的生鲜社区店形态。中百集团旗下的邻里生鲜店属于具有代表性的案例。中百超市邻里生鲜定位为300平方米至500平方米左右的生鲜加强型超市，其中生鲜经营面积占比与销售占比均达到50%。运营一年多来，邻里生鲜共开出52家门店，销售同比增长35.43%，毛利额同比增长36.85%。

②生鲜折扣店模式

面积在300平方米左右，SKU数为1600种左右的生鲜专营店，以基本款生鲜品类为主打，通过大规模采购，降低综合成本使得其商品在品质和价格上具有较大优势，通过抢占社区入口的选址策略来服务周边500米的家庭生鲜消费。

在国内，生鲜折扣店的代表为生鲜传奇，而在国际上，与生鲜传奇类似的业态是波兰的瓢虫超市。与传统生鲜超市不同的是，生鲜传奇非常强调门店的标准化，它们采用"五定原则"来对一家门店进行标准化复制。"五定"分别为：定位、定品、定数（SKU数）、定价（零售价）、定架（货架组数）。

③便利店＋生鲜模式

经营面积为100～300平方米，在便利店品类的基础上引入生鲜品类，部分业态还支持全渠道购物功能、自助结账功能，生鲜品类以包装好的净菜和精品水果为主。代表性的业态有超市发与罗森合作的"超—罗便利店"、全家与易果生鲜合作推出的创新门店、永辉生活、好邻居全渠道社区会员店等。在日本，罗森100也是一种便利店＋生鲜的业态。

对于"便利店＋生鲜模式"，业界争议较大。质疑一方的核心观点是，生鲜的消费场景是家庭消费，而便利店的消费场景为个人消费，特别是一些上班族白领消费，将两种业态生硬组合在一起，颇有"拼凑"的嫌疑。

④加盟模式社区菜店

该模式代表企业是钱大妈。钱大妈门店面积在数十平方米到上百平方米，经营500个左右的SKU，集中在蔬菜、肉、烧腊、豆制品等几个大类，所有商品突出"新鲜"二字。钱大妈模式的特征在于，它少量的SKU数以及定时清货机制使得加盟商在生鲜打理方面操作相对简单，从而降低了对生鲜高级人才的需求。据相关负责人表示，钱大妈加盟商中，至少80%的门店实现盈利。

（4）社区生鲜当前阶段

社区生鲜还处于萌芽阶段，尚未出现真正意义上的"头部企业"。调查数据显示：

37% 的社区生鲜品牌门店数是个位数；51% 的社区生鲜品牌门店数在 10 ～ 100 家；而门店数 100 ～ 300 家的社区生鲜品牌占比为 7%；门店数超过 300 家的企业只有 5%。而这些门店数超过 300 家的品牌多为百果园、鲜丰水果等一些规模较大的水果连锁店。

当前阶段，社区生鲜呈现三大特征。

①门店小型化

62% 的社区生鲜店的门店面积在 300 平方米以内。业内人士对社区生鲜店的面积有一个共识：300 平方米是经营社区生鲜性价比最高的面积，面积小了无法容纳足够多的品项数；面积太大则利用率不足，300 平方米的面积刚刚好。

②生鲜占比逐步提升

多数社区生鲜品牌的生鲜销售占比超过了 40%，其中 29% 的社区生鲜品牌生鲜销售占比超过了 80%。这意味着，经营全品类生鲜、以生鲜品类为主的专业生鲜店越来越多。

③客单价低

由于社区生鲜品牌以解决消费者一日三餐为主要目的，它的经营面积与综合性卖场相比要小很多，这使得它的客单价相对较低。数据显示，接近一半的社区生鲜店客单价在 20 ～ 30 元，社区生鲜平均客单价为 23 元。

（5）盈利"U"型曲线

调查数据显示，38% 的受访者表示自己的企业是整体盈利的；另外 38% 的企业是亏本的；还有 24% 的企业盈亏平衡。社区生鲜普遍盈利不佳，我们认为有三个原因。

①资本驱动，泡沫滋生

生鲜业态经营难度大，需要长期培育才能逐步实现盈利。而当前各个社区生鲜店品牌加速开店，资本在其中起到巨大的推动作用。引入资本之后，不少社区生鲜品牌开始跑马圈地，为了占领市场在门店进行大量投入，稀释利润，增加成本。

②入局者背景多元化

以往社区生鲜店的经营者多为实体零售企业，比如首航超市旗下的 Sofly 业态、中百集团旗下的邻里生鲜等，具有强大的传统零售企业根基。而一些社区生鲜店新入局者背景复杂，既有像康品汇那样原来做线上的企业，也有像地利生鲜、温氏生鲜这样从批发市场、农产品上游入局的社区生鲜业态。此外，一些"外行"高估了社区生鲜赚钱的一面，而低估了它的巨大投入和经营难度，最终导致亏损。

③商业模式的不确定性

由于社区生鲜品牌以解决消费者一日三餐为主要目的，它的经营面积与综合性卖场相比要小很多，这使得它的客单价相对较低。数据显示，接近一半的社区生鲜店客单价在 20 ～ 30 元，社区生鲜平均客单价为 23 元。

社区生鲜的盈利路径像是一条"U"型曲线，经营一两家门店时因为管理压力相对较小，资源比较集中，基本可以盈利。当门店数量扩张至十家规模以上时，后台投入加大进入整体亏损的阶段。只有门店数量达到一定规模，才有希望整体盈利。

（6）到店 VS 到家

中商产业研究院发布的数据显示，2015 年我国社区 O2O 市场规模为 518 亿元，并在未来保持增长，2018 年市场规模将突破千亿，到 2020 年将达到 2242 亿元。在这样的背景下，社区生鲜也出现由以前纯粹的到店消费变为到家与到店相结合的消费形态。在本次调查中，57% 的社区生鲜品牌开通了线上业务。开通线上业务的企业里面，48% 的企业是通过第三方平台来实现的；31% 的企业通过小程序来实现；还有 21% 的企业自建平台开展线上业务。但总体而言，社区生鲜企业线上占比普遍不高。调查数据显示，一半的企业线上销售占比在 10% 以内，而线上销售占比超过 20% 的企业只有 11%。综合统计下来，调研样本企业的平均线上销售占比为 9.6%。

目前而言，社区生鲜的到家—到店服务分为以下几个类型。

①传统 O2O 模式——网上下单，送货上门

这是大部分社区生鲜采取的模式，除了永辉生活等少数社区生鲜品牌采用第三方平台 + 小程序 + 自主开发 APP 来实现这一功能之外，大部分社区生鲜品牌选择借助第三方平台来开展到家服务。业内常见的第三方平台（工具）有京东到家、美团、饿了么、有赞、多点 Dmall 等。

与全品类社区生鲜店相比，由于商品特性和标准化程度较高，一些水果专业连锁店在线销售要高于平均水平，其线上运营能力也较高。以百果园为例，百果园上线京东到家平台的门店有 1800 多家，约占总门店 50%。接入京东到家平台后，百果园共享了京东到家的 7000 多万注册用户、3000 多万月活跃用户和京东 APP 上 4.5 亿活跃用户的首页入口所带来的充沛流量，从而带动线上新增销量的增长。

②网上下单，门店提货——社区拼团模式

在社区生鲜到家业务实施过程中，从门店到消费者手中的最后一公里往往造成了巨大的履约成本。企业物流模型不同，订单量不同，它的履单成本也不尽一致。以盒马鲜生为例，盒马某门店线上订单日均 4000 单，每单履单成本 9 ~ 10 元，当日均订单达到 8000 单左右，成本可降至 7 元左右。而饿了么、美团等外卖平台履单平均每单 8 元左右。由于社区生鲜本身定位为"小区门口的菜市场"，消费者对到家服务的渴求远远不及一些大卖场或者纯电商平台。因此，社区生鲜延伸了一种网上下单、门店取货的 O2O 模型，特别是在拼团玩法比较流行的当前，这种到店提货还跟拼团结合在一起，通过"拼团""秒杀"活动来带动门店客流和销售。

作为深耕生鲜领域的服务商，有赞创始人白鸦认为，社区团购接下来会非常火，但这件事要依赖很强的供应链能力，制造爆款的能力，维护群的能力。社区购不一定是寡头市场，笑到最后的可能是区域连锁商家。互联网公司烧完钱，培养居民去在微信群中买东西、到网点自提的习惯，最后活下来的可能就是区域化的连锁企业、小区门口的水果店。

③前置仓模式，网上下单，从前置仓送货到家

所谓前置仓，就是以仓为店，将仓库建立在社区周边三公里的范围内，商品由骑手从

仓库配送至消费者指定地点。与传统电商相比，前置仓模式由于距离消费者更近，它有更快的响应速度和更高的配送效率。从商业模型分析，只要商品毛利额大于履单成本，便可以跑通模式。但目前的问题在于，多数前置仓依然处于靠促销吸引用户、培养消费者习惯阶段，这使得其毛利率远远低于实体零售店，从而整体处于亏损状态。

④社区分销模式（S2B2B2C 模式）

所谓 S2B2B2C 模式，第一个 B 是指零售门店，第二个 B 是社区内的"合伙人"（社区中的近邻者、意见领袖）。社区分销模式是社区团购模式的进化版。根据实体零售数字化转型服务商闪电购的分析，社区分销模式在兼具社区团购的优势，能够给企业带来更为实际的销售和毛利的快速增长之外，还有以下优势：

首先，人群定位更加精细化：社区内的人群一般分为三种——纯家庭式消费（每天在家做饭）、周末家庭式消费（周末在家做饭）、普通白领或单身消费（不做饭），针对不同的群体需求特点都有自己身边可信的"近邻者"（以邻居，朋友的身份）进行服务。

其次，充分借用市场资源：释放适当利益给到社区合伙人，可以调动门店全体员工的积极性，全员参与到为消费者服务的体系中来。

最后，完善社群的内部运营体系：倒逼企业形成一套支撑社群运营的内部体系，譬如商品的推送要与商品部门形成协同，顾客投诉要与运营部门实时配合，有关价值内容更需要与营销部门紧密协作。

（7）升级方向

成本上涨过快，生鲜人才短缺，加强生鲜直采和半成品加工、门店精细化运营成为社区生鲜深度挖潜的机会点。我们针对社区生鲜的租金水平进行了调研。数据显示，一线城市的日均租金可达 9 元每平方米；二线城市这一数字为 3.3 元；而三四线城市日均租金为 2 元每平方米，租金差异较大。

对社区生鲜企业来说，比租金更加沉重的负担是人力成本。调研数据显示，人力成本占到了销售额 8%，与去年相比增加了 9%。

为了应对人力成本不断增长带来的经营压力，有一半的社区生鲜门店采用了合伙人机制。2018 年，国家出台了关于社会保险费交由税务部门统一征收的《国税地税征管体制改革方案》，这一政策或将继续推高零售企业的人工成本。

我们针对社区生鲜的供应链情况进行了调查。数据显示，75% 的社区生鲜品牌有自己的物流中心，但是生鲜的加工品、半成品销售只占到生鲜销售的 7.15%。这说明中国的生鲜标准化还有很长的路要走，这是社区生鲜未来的发力点，其中也孕育着巨大的市场机会。

从一些企业的动作来看，它们已经瞄准了生鲜加工品这条赛道。永辉推出生鲜 B2B 项目，彩食鲜 2017 年的收入已经突破十亿元；中百集团的中央大厨房将其生产的鲜食配送到了江西；由海底捞食材采购部门独立出来的蜀海供应链公司已经悄悄"拿下"很多零售企业客户，比如 7-11、超级物种，以及国内其他便利店企业等。

闪电购指出，生鲜标准化会给零售企业带来三个好处：

第一，改善门店的形象，提高消费者对于品牌的认知；

第二，减少门店购买时因商品挑选而产生的损耗，提升经营的毛利；

第三，倒逼供应链升级，提高供应链的效率，降低损耗和加价率。

生鲜标准化的本质是将非标类的商品数字化，这也是社区生鲜线上业务基础的搭建。

（三）连锁零售业人才需求概述

1. 连锁零售业人才需求现状

（1）我国零售业概况

随着零售业的全面放开，我国零售行业已经进入群雄并起、纷争天下的时代。地域扩张、多业态、连锁发展成为风潮。自 2011 年"十二五"开局之年起，众多中国本土零售企业和在华外资零售商都祭出了规模扩张的大旗。随着沃尔玛、华润零售、苏宁电器等零售巨头扩张计划的相继出炉。公开资料显示，沃尔玛中国提出，5 年内在中国开店的速度会加快，而且在一些县市布点的规划已经在商讨中；华润零售雄心勃勃地提出 2015 年销售规模达到 1550 亿元的目标，相当于目前销售额的 3 倍多；苏宁电器集团抛出"十年发展规划"，到 2020 年，在电器连锁方面销售规模达 6000 多亿元，再加上综合地产开发方面，总体销售规模将迈入万亿元门槛，跻身世界一流企业。

（2）我国连锁零售业人才需求现状

在零售企业急剧扩张、零售经济快速增长、零售企业惊人发展的同时，人才需求量也急速膨胀，全国零售业从业人数由 2008 年的 4500 万增加到现在的 6000 多万，经营单位数达 2300 多万个，吸纳了第三产业近 1/5 的从业人员。与不断增长的人才需求相比，国内零售业的人才储备却是寥寥无几。虽然人才总量有所增加，但是与快速发展的零售业相比显得供不应求，国内外零售巨头高薪难求零售经营人才的消息屡见不鲜，零售业成为人才需求最为旺盛的行业之一。据调查显示，零售业急需的人才主要为生鲜经理、采购买手、配送管理、营销能手、店长 5 类管理人才，岗位缺岗率高达 30%，其中零售店长的需求数量位居榜首，"10 个瓶子 7 个盖，盖子轮流盖，还有 3 个没有盖。"这是一句在业界广为流传的形容零售业店长人才缺乏的名言。因为这 5 类人才都需要长时间对零售行业进行摸索，熟悉零售业运营管理、工作流程和各种规范体系，了解零售业运营标准和市场情况，了解商品的采购、销售渠道和流程环节，熟悉成本、毛利核算、库存、损耗控制，全面研究企业的发展方向，并且有丰富的管理经验。据统计，一家大型超市的开设，至少需要招聘 400 名管理人员和基层员工，从店长、店长助理到部门经理、采购人员和财务人员等，仅中层管理人员就需近百人。国内连锁零售业的大规模扩张，导致了人才的短缺，尤其是对单店管理型人才的需求非常迫切。另外，随着零售市场的全面开放，外资进入流通领域的步伐加快，零售市场的竞争越演越烈，从而导致零售人才竞争日益激烈，使得我国零售人才本来就缺乏的形势更加严峻。零售业人才短缺并不是指从业人员不足，相反目前市场上劳动密集型人员的储备充足，普通零售从业人员已经过剩。但是，适应现代商业零售业需求的综合性人才、中高层经营管理人才、专门人才等高端人才严重短缺。像宜家这样的跨国公司在我国的一个店每年销售额能达到 4 亿～ 7 亿元，已经是大企业的运作形式。店长在零售行业属于高级人才，应具备综合知识和长期行业经验的积累，这样的人才在国内很难找到，因此宜家高级管理人员多从欧洲、美国、加拿大等地派来，他们中有的在行业里做了 20 年。培养一名中层"零售业人才"，要求是熟悉零售企业相关工作经验，有较强的领导能力、组织协调能力、应变能力和公关能力，一般至少需要 5 年时间。培养一名中层管理人员需要 3 年时间，每年的培训费用为该员工年薪的 1/2。

　　2．连锁零售业人才短缺原因分析

　　（1）零售行业人才培养环境不健康

　　由于历史的原因，我国长期存在"重工轻商"的观念。零售业在我国曾一度没有得到重视，该行业长期以来缺乏对优秀人才的吸引力，从而造成我国零售业人才总体储备不足。加之我国零售行业目前正处在高速扩张阶段，并伴随着旧业态调整、新业态的转变与发展过程，使得人才紧缺矛盾加剧。通常，零售业人才资源来自两方面：一是从企业外部引进；二是通过企业内部培养、提升。从社会上引进虽然周期短，能在短时间内基本满足企业对人才的急需，但目前的"外部引进"仅是各企业之间将行业内现有存量人才挖来挖去，并不能增加整个行业的人才储备。而企业之间挖角的手段通常采取的就是打"高薪聘用"的旗号。一味高薪甚至一部分人高得离谱，会使其他员工心理不平衡，从而影响工作积极性，削弱企业持续发展的竞争力；一味高薪，还会使员工在选择公司时，不以未来发展、对企业的认同及与企业文化的融合为衡量标准，而仅仅以薪水高低来评价优劣，从而使从业心理变得浮躁和扭曲，引发频繁跳槽，对员工自身和企业都不利。由此，企业解决人才短缺的最根本途径还是内部培养。但从实际情况看，我国零售企业对人才的内部培养的积极性不高。根据调查显示，最近 3 年间全国有近 60% 的企业按国家规定足额或超额完成了职工教育经费的提取，但是，零售行业平均计提的职工教育经费占职工工资总额的比例仅为 1.4%，低于国家规定的 1.5% 的提取比例。

　　（2）高校的人才培养与社会需求相脱节

　　据统计，目前开设有零售学相关专业的本、专科以上院校并不多，根据中国商业联合会提供的数据，在 2000 年全国零售店店长数量仅有 200 名，以后呈快速上升的趋势，到目前店长等中高级管理岗位的需求数量已经猛增到 10 万个以上，整体缺岗率 10%～ 20%。然而，我国高校每年能够为零售业提供的人才比例却不到 10%，不仅数量上远远达不到市场的需求，即使开设有相关专业的高校在人才培养的质量上也与市场脱节。我国目前的高校提供的还是传统的"正规"教育，普遍采用的是灌输理论的教育方法，然而零售企业需要的更多的是职业培训。正规教育侧重于理论素养的提升，企业急需的是拥有实际操作能力的专业性人才。所以，如何培养、锻造出既懂理论又有实际操作能力的专业人才是目前高等教育体制必须考虑的问题。

（3）企业内部人才培养机制不健全

国内许多零售企业把人才培养局限于岗位培训，缺乏战略眼光。不少企业往往在门店扩张期新员工进驻企业后，开办短期的岗位培训班，而对于人才梯队建设与人才层次培训、开发则缺少关注。这种短期的岗位培训造成员工对企业缺乏归属感，人员流动性过大，从业员工普遍存在"打短工"的思想，人才大量流失。虽然少数国内企业也开始注意到后续培训的重要性，但却很少从开发员工能力的角度帮助其规划职业生涯，培养企业未来发展需要的有潜质的职业经理人。这样的短期行为直接危及企业的竞争力和发展力。根据华南理工大学工商管理学院的调查统计显示，零售企业不管什么职位的人才流动，排在第一位的原因都是个人发展受阻。另外，这种短期的岗位培训还造成了企业人才结构失衡或断层，中高层人才后继乏人。近几年虽然本土连锁企业扩张迅速，但管理理念和手段并没有更新，这与缺乏系统的人才培训规划、健全的培训机制是分不开的，具有现代经营理念的新人难以充实到高层管理岗位上，企业原有的高层管理人员也不能通过培训及时更新观念。

（4）社会培训机构对零售人才培养发展缓慢

近几年来，针对企业对人才培养的力度不够以及高校人才培养的脱节现象，一些人抓住商机迅速地成立了相应的社会培训机构，其增长速度非常快。然而面向零售业的精品培训项目操作难度大，对课程设置、教材、师资等要求很高，这就给成本控制带来一定的难度，而本土零售业对培训费用的承受能力又不高，所以，操作这样的项目往往是"吃力不讨好"。社会性的培训机构以牟利为目的，往往行为短视，滥设培训班。虽然数量增加了，但是培训的质量始终上不去，各类培训项目大多是低水平重复复制。翻开报纸、杂志，打开网站，各种培训名目繁多、五花八门，但是，真正能够给管理者带来实效的培训项目并不多。培训项目鱼龙混杂，客观上既影响了培训市场的正常秩序，更影响到求职者与需求行业对专业培训机构的信任及有效选择。另外，目前我国零售业还没有设立权威的、统一标准的职业认证制度，各种培训班借助参训人员希望进入零售行业的动机，拉人头，发文凭，陷入了"给钱就发证"的怪圈。

（四）连锁零售业人才素质要求

1. 综合素质高

零售人才的生理、心理、社会文化 3 个层次的素质都较好，智商（IQ）、情商（EQ）两者的综合指数较高，具有丰富的想象力和创造性思维能力，尤其具有整合其他各种信息的自我生成能力，善于及时而有效地把社会文化科技知识、社会行为规范、社会实践经验内化为自己的个性心理品质，从而对自己的能力充满信心。

2. 智能结构好

零售人才的知识结构和能力结构具有多重整合的特点，知识之间和能力之间的有机结合、相互渗透，达到融会贯通，并形成各种知识、能力和素质的融合并发挥综合作用。它既有较宽的基础和相关知识，又有较深的专业才能，从而使它更具创造性和适应性，这是其成功实施达成特定目标信念的基础。

3．思维辐射广

零售人才的思维方式主要呈发散型、多维型、非线性。学习兴趣广，并能不断想象成功的场景，传递积极的指导。善于从多角度、多层次、多方面去探索，敏感地把握事物的内在联系和运动规律，具有分析和解决实际问题的能力。

4．思路敏捷、反应快

零售人才在认识活动中坚信自己对活动具有效能，善于联想和迁移，能够举一反三、触类旁通，迅速认识和把握一事物与其他事物的关系。有很强的敏感性和判断力，能够在变幻莫测的国际国内环境中把握商机，抢占市场。

5．社会适应力强

零售人才具有很好的应变能力，在多种社会实践或某种非常复杂的社会实践中，都能游刃有余、充满自信。特别是在学科交叉、专业交叉的职业领域，复合型经贸人才掌握良好的适应技巧，对自己从事不同行业以及实现不同市场目标的探索能力充满自信。

（五）国际知名零售人才培养模式分析

进入我国的零售业跨国大集团已经越来越多，尤其以沃尔玛、家乐福、麦德龙、肯德基、麦当劳、屈臣氏等具有代表性，而且都取得了快速的发展。究其根本原因，归功于这些企业在国际化竞争中经过长时间积累并建立起来的员工培训体系。下面以全球零售巨头沃尔玛为代表分析它们的成功的零售职业化人才培养体系。

1．期初的全面培训

沃尔玛的培训十分全面，各公司必须在每年的9月份与总公司的国际部共同制订并审核年度培训计划。从对刚刚加入公司新员工的入职培训，到普通员工的岗位技能培训和部门专业知识培训，到部门主管和经理的基本领导艺术培训，到商场副总经理以上人员的高级管理艺术培训、传奇顾客服务培训、培训员培训、沃尔顿学院培训，沃尔玛的培训计划几乎涵盖了零售业经营和员工管理的方方面面。

各种培训中又分为很多小的培训。例如，对新员工进行入职培训时，在新员工入职的第1天、第30天、第60天和第90天分别会有4个侧重点不同的培训。因为沃尔玛认为，员工入职后的这几个时间点是非常关键的时期，培训一定要配合员工各个时期的心理变化和员工对公司、业务了解程度的变化。其他培训项目还包括第30天、第60天和第90天的回顾培训，目的是巩固培训成果。沃尔玛看重的是好学与责任感。在一般零售企业，没有10年以上工作经验的人根本不会被考虑提升为经理，而在沃尔玛，经过6个月的训练后，如果表现良好，具有管理好员工、管理好商品销售的潜力，公司就会给他们一试身手的机会，先做助理经理，或去协助开设新店，如果干得不错，就会有机会单独管理一个分店。在企业看来，一个人缺乏工作经验和相关知识没有多大关系，只要他肯学习并全力以赴，绝对能够以勤补拙。而且公司乐于雇用有家室的人，认为他们稳定，能努力工作。而在今日美国，零售业由于大量使用兼职工、非熟练工以压低成本，各公司的员工流失率均居高不下，唯有沃尔玛是例外。注重新员工培训。随着公司在国际上的大举扩张，它现在在全世界的雇员总数超过200万。确保有才能的员工取得成就得到承认，并为他们提供脱颖而出的机会，就成了留住人才的关键。为此，公司将注意力集中在帮助新员工在头90天里适应公司环境上。如分配老员工给他们当师傅；分别在30天、60天和90天时对他们的进步加以评估等。这些努力降低了25%的人员流失，也为公司的进一步发展赋予了新的动力。

培训分为不同的层次，有在岗技术培训，如怎样使用机器设备、如何调配材料；有专业知识培训，如外国语培训、电脑培训；还有全面讲述沃尔玛经营理念的企业文化培训等。

沃尔玛还设有培训图书馆，通过借阅图书馆的图书，员工可以了解各种新闻资料及公司各部门的情况，从而对公司的背景、福利制度以及规章制度有更深刻的了解。

在沃尔玛，在工作表现及办事能力上有特殊表现的员工还有机会参加企业的横向培训。例如，收银员有时会参加收银主管的培训，优秀的员工还会被派往其他部门接受业务、管理上的培训，为今后的提升创造更有利的条件。

沃尔玛还通过专门设立的沃尔顿零售学校、山姆营运学院来培养高层管理人员。根据管理人员的不同潜能对其进行领导艺术和管理技能培训。例如，沃尔玛在美国阿肯色大学有一个专门的沃尔玛学院，在进入沃尔玛之前没有受过高等教育的经理可以到那里进修充电，以便更好地理解自己的工作职责，为迎接以后工作中更多的挑战打好基础。

这种全面的培训系统，使得沃尔玛可以不在乎员工有无从业经验，因为经过培训，几乎所有的新人都能成为沃尔玛的合格员工。沃尔玛还竭力帮助员工迅速成长，在培训6个月后，表现良好的新人就可以从事管理工作。

2．期中的交叉培训

沃尔玛实行世界上独一无二的交叉培训，通过交叉培训，许多沃尔玛的员工都成了一专多能型人才。

所谓交叉培训，就是一个部门的员工到其他部门学习、培训上岗，从而使这位员工在熟练掌握自己的职业的技能的基础上获得另外一种职业技能，用人们常说的一句话就是"一专多能"。交叉培训可以让员工掌握多种技能，使一个员工能做多种工作，提高工作团队的灵活性和适应性。沃尔玛崇尚岗位轮换。对于公司的各级主管，公司经常要他们轮换工作，有机会担任不同工作，接触公司内部的各个层面，相互形成某种竞争，最终能把握公司的总体业务。这样做虽然也可能造成企业内某些主管间的矛盾，但公司认为是对事不对人，每个人应首先帮助公司的其他人，发扬团队精神，收敛个人野心。

具体来说，交叉培训的优点如下。

（1）有利于员工掌握新的职业技能

交叉培训使员工掌握了新的职业技能，从而使员工在整个商店的其他系统、其他岗位都能够提供同事或者顾客希望得到的帮助，促使员工能够完美、快速地解决所面临的问题，从而提高商店整体的工作效率，缓解顾客的购物心理压力，让顾客轻松地度过购物时光。

（2）有利于员工提高工作积极性

零售业是人员流动最大的一种职业，造成这种现象的一个重要原因是员工容易对本身的工作感到厌烦。交叉培训可以去除员工以往只从事一种工作而形成的单调乏味感，减少了员工对本职工作的厌烦心理，有效地减少了沃尔玛的人员流动。

（3）有利于员工在全国的任何一家店相互支援

沃尔玛是世界零售业巨鳄，其分店已经分布世界各地，开新店就如做家常便饭。交叉培训有利于员工在新店开张的时候给予支援。例如，沃尔玛要到某座城市去开店，如果是完全招聘新的员工来完成开店前的准备工作，常常会由于新员工缺乏经验而让顾客对公司的品牌印象大打折扣。而让老员工去支援，就避免了这种不利情况的出现，同时也可能有效地提高员工的工作效率。

（4）有利于员工建立全盘思考的意识

交叉培训能使员工从不同角度对其他部门的情况加以考虑，从而了解到其他部门的实况，整体掌握公司的实际情况。

例如，采购部门员工没有从事过销售，就不知道顾客的需求和哪种商品的销路好，但如果让采购部门的员工参加培训进入销售部门，以后在采购时就能够从不同角度进行全盘考虑，减少公司的损耗。

（5）能够快速完成企业的"飞鹰行动"

"飞鹰行动"是指在周末和节假日，特别是在圣诞节到春节期间这一购物旺季，使不是前台的员工也能够从事收银工作，让顾客快速地离开商场，减少顾客的购物时间。通过交叉培训，使得这种"飞鹰行动"有了可能，杜绝了在其他大型零售卖场节假日购物时让顾客长时间排队等候的现象。

3．特殊培训：培养女性员工

早期的零售行业中有一种成见，认为女性主管不像男性主管那样可以自由迁移，而"男性经理可以干更多体力活"，这就使得很多优秀的女性主管能力得不到很好的发挥。山姆则认为，实际上女性也可以成为出色的管理人员，所以，沃尔玛公司对男女员工一视同仁，并尽一切可能多招收女性从事重要职位的工作，这使沃尔玛很受女性的欢迎。在沃尔玛，女员工占员工总数的一半左右，而女性的管理者占管理人员总数的41%。

在培训方面，沃尔玛还针对女性员工实施了"目标管理者加速培养计划"（简称TAMP计划），这一计划是沃尔玛全球培训体系中最具特色的课程之一，是沃尔玛专门为有潜力并愿意成为公司高级管理者的女员工设立的。

TAMP计划被引入中国沃尔玛后，公司召开了由从全国2万名员工中选出的41位女性员工参加的峰会。在这个计划中，培训内容富有针对性且不失主动有趣。

沃尔玛这项计划的成功推出，不仅使公司的在本国得到巨大发展，而且也影响到世界各地，使世界各地的妇女积极踊跃地加入沃尔玛的销售大军当中。如沃尔玛深圳山姆会员店的总经理杜丽敏女士就是被 TAMP 计划这种生动有趣、别具一格的培训所吸引，最后成为企业的高级管理者的。

此外，在培训中，沃尔玛还会让员工们知道"沃尔玛最大的财富就是员工自身"。而作为沃尔玛的一位员工，其自身要有一定的"财富"，这样的"财富"不一定要天生具有，但要懂得后天积累，只有拥有了自身的"财富"，才能成为沃尔玛的"财富"，而沃尔玛会不断地为各位员工提供这样的"财富"。

4．沃尔玛的人才开发

（1）终身培训机制

沃尔玛建立了一套行之有效的培训机制，培训项目包括任职培训、升职培训、转职培训、全球最佳实践交流培训和各种专题培训等。在每一个培训项目中又包括30天、60天、90天的回顾培训，以巩固培训成果。培训分为不同的层次，有在岗技术培训、专业知识培训、企业文化培训等。一项重要的培训是沃尔玛根据管理人员的不同潜能进行领导艺术和管理技能培训，使这些人成为沃尔玛的中坚力量。

沃尔玛非常重视提高分店经理的业务能力，并且在做法上别具一格。沃尔玛最高管理层不是直接指导分店经理们怎样做生意，而是让他们从市场和从其他分店学习这门功课。沃尔玛采用信息系统，为分店经理提供了有关顾客行为的详细资料，又装置了卫星通信系统，总部经常召开电话会议，分店经理无须跨出店门便能彼此交换市场信息。

（2）重视能力和协作

沃尔玛创始人山姆推崇美国人的努力工作和待人友好的态度，在用人中注重能力和团队协作精神，学历、文凭并不十分重要。在一般零售公司，没有10年以上工作经验的人根本不会被考虑提升为经理，而在沃尔玛经过6个月的训练后，如果表现良好并具有管理员工、擅长商品销售的能力，公司就会给他们一试身手的机会，先做助理经理或去协助开设新店，如果干得不错，就会有机会单独管理一个分店。

（3）内部提升制

沃尔玛过去推行的是"招募、保留、发展"的用人哲学，现在的模式改为"保留、开发、招募"的顺序。这种改变表明了对保留与开发已经拥有的人才的重视。公司期望最大限度地发挥员工的潜能并创造机会使其工作内容日益丰富和扩大，尽可能地鼓励和实践从内部提升管理人员。公司的人力资源部门会对每一位员工的表现定期评估，并与员工进行面谈，存入个人档案。沃尔玛的员工评估内容包括工作态度、积极性、主动性、工作效率、专业知识、有何长处以及需要改进之处等，这些将作为员工日后获得晋职提升的重要依据。

（六）我国零售业人才培养体系分析

目前，我国零售业人才培养体系主要有高等院校、职业中专技校、社会培训机构及大型零售企业培训系统等几种类型。

1. 高等院校

我国高等院校有 2000 多所，其中开设了连锁经营管理专业或方向的有 260 多所，主要包括上海商学院、北京财贸职业学院、江苏经贸职业技术学院、山东商业职业技术学院、重庆城市管理职业学院和黑龙江职业学院等。高等院校连锁经营管理专业主要是面向零售业典型的基层管理岗位，培养高技能型人才，如采购专员、客服专员、食品/百货课长、现场督导、招商专员等岗位。在课程设置上普遍开设了经济学、管理学、市场调查与预测、电子商务基础等专业基础课及品类管理、连锁企业门店营运管理、连锁店开发与设计、连锁零售业商品采购管理、连锁经营管理原理等专业核心课程，毕业生既掌握了熟练的岗位操作技能，又具备一定的管理技能，能够胜任相应的岗位需要。

2. 职业中专技校

职业中专技校以培养操作技能为主，可以为零售业培养更多的职业化的普通员工，由于零售业属于劳动密集型企业，从业人员众多，因此职业中专教育可从整体上提升我国零售业从业人员的综合素质以及从业水平。

3. 社会培训机构

以零售业各项培训为主的社会培训机构，可以更多地从企业的实际情况解决员工遇到的各类问题，迅速地提高员工的综合能力，对企业培训和教育培养职业化零售人才形成有效的补充。不过，按照现状，我国国内专门从事零售业培训的机构非常稀少，据调查了解，专门从事市场营销、物流管理、采购管理和人力资源的我国零售业管理培训中心有超市 168 网店长培训，中国国际商会（CCOIC）、美国城堡全球公司（Castle Worldwide，CWW）、盖博思维（北京）教育科技有限公司（GBS）联合推出的中国零售行业首个全方位培训认证体系"零售管理专业能力水平认证证书体系"项目，这套认证体系有利于零售企业解决日益突出的专业人才紧缺的矛盾。

4. 大型零售企业培训系统

像沃尔玛、家乐福、麦当劳、屈臣氏这样的跨国连锁零售企业之所以能够获得成功，与它们有一套完善的内部培训体系是分不开的。企业培训系统能够更加有针对性地培养人才。企业本身就是一个实践基地，为受训人员提供了将理论知识转化为能力的机会，使得零售人才的理论知识与实践能有机地结合。

二、连锁企业组织结构

（一）连锁企业基本组织结构

连锁经营作为一种被众多行业采用的一种有效的商业模式，连锁企业的经营活动十分复杂，每天都要进行销售业务、商品采购、进销存等一系列活动。连锁企业为了推动企业正常、稳定的运转和保障企业各项管理职能的充分发挥，实现其经营目标和绩效，必须根据企业的实际运作需要，设置管理职能机构和业务经营机构，这些职能机构和业务员机构共同组成连锁企业组织的有机整体。

1. 概念界定

（1）组织结构

组织结构（Organizational Structure）是指一个组织内各构成要去以及他们之间的相互关系，主要涉及企业部门构成、基本的岗位设置、权责关系、业务流程、管理流程及企业内部协调与控制机制等。

组织结构是表明组织各部分排列顺序、空间位置、聚散状态、联系方式以及各要素之间相互关系的一种模式，是整个管理系统的"框架"。组织结构是组织内全体成员为实现组织目标，在管理工作中进行分工协作，在职务范围、责任、权利方面所形成的结构体系，其本质是为实现组织战略目标而采取的一种分工协作体系，组织结构必须随着组织的重大战略调整而调整。

（2）连锁企业组织结构的概念

连锁企业组织结构是指连锁企业全体员工为实现企业目标而进行的分工协作，在职务范围、责任、权力方面所形成的结构体系。

（3）连锁企业组织结构的基本构成

连锁企业基本组织结构是由总部、门店和配送中心（或物流系统）组成，其中总部是连锁企业的最高层组织，是连锁经营的指挥领导层、经营决策层和后勤服务层；连锁门店是连锁经营的基础，承担着具体实施的执行功能，在总部的统一领导下，按照总部的标准化、专业化和集中化管理执行门店的具体营销服务业务；配送中心是连锁企业的物流机构，是连锁企业经营成功的重要保证。

2. 连锁企业组织结构设计的原则

连锁企业组织结构由于业态、门店规模、经营模式不同而各有差异，但各类连锁企业在进行组织结构设置时都会遵循一般原则，这些原则可以概括为以下几个方面。

（1）任务目标

连锁企业组织结构要围绕实现企业目标而合理、科学地配置和组合起来，企业组织结构的内在组合方式及配置形式都必须有利于充分实现企业绩效目标为衡量标准。每个机构和这个机构的每一部分，都与特定的任务、目标有关，否则就没有存在的意义。任务、目标就是机构或机构的每一部分、每一成员要干的企业活动所必需的事情，机构设计以事为中心。因事设机构、设职务、配人员，人与事要高度配合，不能以人为中心，因人设职，因职找事。

（2）专业分工

为提高效率必须分工。把实现任务目标所需要的全部活动，划分成各种基本作业。把各种基本作业，按其职能要求，分配给这方面的专业人员。要合理划分专业，注重使用专家。

（3）分级管理与统一指挥原则

分级管理是指机构分设的自上而下或自下而上的管理阶梯。在总量一定的情况下，管理层次和管理幅度是反向变化。管理幅度越小，管理层次越多；相反，管理幅度越大、管理层次越少。一般来说，在企业最高领导人和最基层的职工之间，如果层次过多，往往会使信息失真，受到歪曲或者过时。因此许多企业主张组织中的层次应尽可能地少。统一指挥是指下级结构只能接受一个上级机构的命令和指挥，一个机构不能受到多头指挥。上下级之间的上报下达，都要按层次进行，一般情况下，不得越级。执行者负执行之责，指挥者要负指挥之责，在指挥和命令上，严格实行"一元化"的联系。分级管理、统一指挥是建立连锁企业内部管理体制的基本原则。随着社会化大生产方式在连锁企业的运用，企业规模越大，部门划分越来越细，管理层次就越来越多，分级管理与统一指挥就越来越重要。

（4）全责对等原则

权力是在规定的职位上行使的权力。领导人员率领隶属人员去完成某项工作，必须拥有包括指挥、命令等在内的各种权力。

责任是在接受职位、职务后必须履行的义务。在任何工作中，权与责必须大致相等。更移责任时，必须同时更移与责任相应的权力；更移权时必须同时更移与权力相应的责任。如果要求一个经理履行某些责任，那就要授给他以充分的权力使他履行责任。如果这些权力是授给他的，但该经理不能承担相等的责任，那么就收回这些权力，或者将派给他的职务作某些更动，或者把这位经理作适应的调动。

（5）才职相称

管理人员的才智、能力与担任的职务相适应。设计了各种职位、职务之后，就要安排相应的人员担任工作，或通过培训，使其胜任工作。每种职位、职务都有其所要求的能力水平。

对每个职工也可以通过考查经历、进行测验以及面谈等，借以了解他的知识、经验、才能和兴趣，在进行评审比较，使企业能做到将现有或可能有的职工的才能和各种职务的要求相适应，使才智相称。

如果遇到缺乏某种工作所需要的职工，而一时又找不到合适的人选时，也可以考虑把工作重新修改、设计、安排，直到可以找到适当的人员来充任为止。设置的机构尽可能使才智相称，人尽其才，才得其用，用得其所。理想的组织机构设计，必须具有修改和调整的可能性，成立的组织机构必须具有灵活性。

（6）效果和效率

效果是指组织机构的活动要有成效、有效果。组织机构不但要能保证企业生产经营活动的进行，同时要使活动有成果。要确立组织目标，集中主要力量于主要目标，不断解决问题，争取更大的效果。效率是指组织机构在单位时间内取得成果的速度，反映在单位时间内取得成果的过程中，各种物质资源的利用程度，工人的劳动效率，工作人员的工作效率，各部门、各层次的工作效率，整个组织机构的工作效率等各方面，都反映组织机构的效率。效率不高，反应迟缓，说明整个机构或机构的某些方面已经不适应客观要求。

（7）弹性原则

弹性是指企业的各部门、各环节及每个工作人员都能自主履行职责，能够根据环境的不安好而自动调整履行职责的方式方法，并自觉完成所承担的任务。一般来说，连锁企业的组织结构必须相对稳定，稳定的组织结构能上组织运作更有效率。但在连锁企业发展的同时，经营的外部环境也在发生变化，组织计划也要相应地调整和变化，连锁企业组织结构保持一定的弹性是组织系统能够在变化的环境系统中生存和发展的重要条件。

（二）连锁企业总部

1. 连锁企业总部组织结构

连锁企业总部是连锁企业的核心，它的组织结构代表了连锁企业的组织类型。确定了企业经营宗旨和战略目标之后，接着就要为实现战略目标设计相匹配的组织结构。根据连锁企业经营活动的复杂性和企业的规模，连锁企业总部的组织结构的基本形式主要有三种类型。

（1）直线制

直线制是连锁企业最早期也是最简单的组织结构形式，是指连锁企业各级行政单位从上到下实习垂直领导，下属部门只接受一个商机的指令，各级主管负责人对所属单位的一切问题负责，它的特点是企业各级行政单位从上到下执行垂直领导。

直线制组织结构的优点是结构比较简单，责任分明，命令统一。主要缺点缺点是它要求行政负责人通晓多种知识和技能，亲自处理各种业务，这种形式比较适用于连锁企业的创业阶段或企业规模门店较小时。

（2）直线职能制

随着连锁企业规模的不断扩大，门店数量越来越多，经营管理的实务也将越来越复杂。经营者由于知识、能力和体力等的限制无法独立完成所有的管理职能，势必会增加管理部门来协助经营者进行管理，直线职能制的组织结构形式就应运而生了。直线职能制也叫经营区域制，或直接参谋制。

直线职能制的优点是既保证了企业管理体系的集中统一，又可以在各级行政负责人的领导下，充分发挥各专业管理结构的作用。其缺点是职能部门之间的协作和配合性较差，职能部门的许多工作要直接向上级领导报告，请示才能处理，这一方面加重了上层领导的工作负担，另一方面也造成了办事效率低。这种形式比较适用于区域型和扩张时期的连锁企业。

（3）事业部制

事业部制最早是由美国通用汽车公司总裁斯隆于1924年提出的，它是一种高度集权下的分权管理体制。当连锁企业的规模扩张到一定程度后，连锁企业管理的范围和幅度就越来越大，内容越来越复杂，许多运作已经很难完全由总部进行直接控制，为了适应企业扩张的需要，许多大型连锁企业都采用事业部制的组织结构。

事业部制的好处是：总公司领导可以摆脱日常事务，集中经理考虑全局问题，事业部实行独立核算，更能发挥经营管理的积极性，更便于组织专业化经营和实现企业的内部协作，各事业部之间有比较，有竞争，这种比较和竞争有利于企业的发展，事业部内部的经营活动之间容易协调，不像在直线职能制下需要高层管理部门过问，事业部经理要从事业部总体来考虑问题，这有利于培养和训练管理人才。事其缺点是：公司与事业部的职能结构重叠，构成管理人员浪费，事业部实行独立核算，各事业部只考虑自身的利益，影响事业部之间的协作，一些业务联系与沟通往往也被经济管理所替代。

2. 连锁企业总部职能

连锁总部是连锁企业经营管理的核心，它除了自身具有决策职能、监督职能外，主要承担整体经营的设计功能，其基本职能是：基本政策制定、连锁门店开发、商品采购管理、商品配送管理、资金运作管理、商品促销管理以及门店营运督导、信息化建设等。

（1）基本政策制定

连锁企业内部的基本政策是本企业连锁经营管理应遵循的方向，主要包括以下几个方面。

①制定发展战略

连锁企业要研究和制定企业的发展战略，如发展单一连锁模式，还是多种连锁模式相结合；由于竞争加剧，连锁经营业态模式也向多元化发展，如超级市场、便利商店、线上线下相结合等。连锁企业总部应根据自己的实力，制定今后一定时期经营业态的选择。

②明确组织形态

连锁经营的组织形态一般有两种：一种是由连锁企业总部管理下属所有门店，一般适用于一些中小型连锁企业或某些区域性连锁企业；另一种是"总部—地区管理部—门店"的组织模式，主要适用于大型连锁企业或全国型、跨国型的连锁企业。

③商品采购政策

连锁经营的基本特征之一，是其商品采购政策实行购销分离，即商品采购完全由总部负责，门店则负责商品的销售。连锁企业总部应明确这一政策。

④确立配送模式

通常小型的连锁企业可以依靠社会配送，或建立单一的配送中心；但对于大型的连锁企业来说，就需要建立自己的配送中心，同时应考虑其配送中心如何划分，是按区域划分，还是按商品划分，或者是两者的结合。

⑤商品销售政策

商品的销售政策主要包括三个方面：一是商品的价格政策；二是商品的促销政策；三是卖场布局与商品陈列政策。

⑥劳动人事政策

劳动人事政策是对整个连锁企业人员的录用、培训、考核、奖励、福利待遇等进行计划、组织、控制和协调等管理工作的一系列标准。它是企业成败的关键，关系重大，涉及面广，直接影响到经营业务的各个方面，因而是连锁经营管理中的重要问题。其基本要求是引进激励机制、竞争机制和约束机制。在精简高效的前提下，尽可能提高员工的报酬和福利待遇。

（2）连锁门店开发

连锁门店开发是连锁企业经营的基础，总部应制定一整套门店开发的标准化作业，主要包括以下几个方面。

①开店操作规范

开店操作规范包括门店选择的各项标准，门店规划标准，工程发包作业准则，门店开发总流程表，以及部门别、项目别工作计划表，开业或评估标准等。

②开店作业流程

明确作业流程各节点的主要工作、任务和时间安排。

③商品采购管理

连锁企业总部应在坚持不折不扣的统一进货制度同时，加强做好采购部经理、采购部工作人员的选择与配备，加强监控，把好商品关，不允许出现采购黑洞和不利于企业发展的潜流；总部应抓好主力商品的选择与培养，狠抓商品的适销率，因为商品的适销率高低最终反映了商品周转率的高低，总部的采购部要对整个连锁企业的销售负责；连锁企业总部还要抓好采购计划的准确性，努力做到以量压价，以降低进货成本，尤其是为保证主力商品货源供应的正常性，应制订主力商品的年度采购计划。

④商品配送管理

在商品配送管理问题上，连锁企业总部主要注意解决好四个方面问题：

第一，配送中心的规模和配送能力要与本连锁企业的发展规模和销售能力相适应，通常要保证配送的能力适当超出门店的销售能力，既不要造成配送能力大量放空的现象，也不要由于库存量过小和运输过紧而影响门店的销售和发展。

第二，不能不计成本，一味强调配送时间的准时性而盲目地增加配送次数，应该有精确的计算，将物流成本细化到单品。当然这种成本的控制，要在确保门店商品销售不缺货的前提条件下进行。

第三，提高商品的拆零组配率，以尽量减少门店的商品库存，减轻门店工作人员的劳动强度，这也是配送中心直接产生利润的重要一环。

第四，界定好配送中心对门店服务的具体标准，如配送次数、订货和配送到达的时间限制和每次最低配送量等。

⑤资金运作管理

连锁企业总部在资金运作管理中要注意三个问题：

第一，安排好进货资金、在途商品、库存商品资金、货款结算资金和发展资金的比例，在资金紧张的条件下，应重点保证进货资金和发展资金的使用。

第二，一刻不放松地抓好销售款项回笼至总部的时间控制，严肃在这一工作中的纪律。

第三，严格履行对供应商商品货款的结算制度，做到准时定额，以树立连锁企业良好的资信。

⑥商品促销管理

现代连锁企业的销售是一种全方位的促销管理。选择和利用适当的促销手段，是增锁企业销售额的重要方法。然而，促销效果未必与促销费用成正比，关键在于管理，通过有效的促销管理，才能确保促销效果，达成促进销售的目的，使销售业绩蒸蒸日上，促销管理主要分以下三个步骤。

第一，设定促销目标。主要有：提高营业额、提高毛利额、提高来客数、提高客单价等。

第二，拟订促销计划。主要应考虑的因素有：顾客购买特征、季节、月份、气候、节令、商品、促销主题、促销方式、宣传媒体、预算、法规、预期效益等。

第三，计划执行与评估。依据促销方案告知各有关部门人员配合执行，并于促销活动结束后进行评估。

⑦门店营运督导

总部对门店的营运过程负有监督指导的责任。通常总部有一批经过专门培训的优秀督导员，由他们负责对连锁企业各门店实行指导和监督工作。督导人员的主要业务项目包括总部与门店的信息沟通；对门店的常规指导；门店的商品管理；门店的经营状况分析等。

⑧信息化建设

连锁总部应建立完善企业的电子信息系统，大力促进企业活动的信息化、智能化和网络化。如建立信息系统和决策支持系统，使企业在经营活动中能及时整理分析各类信息，并依据准确信息对市场进行超前预测和预警预报，避免经营活动的盲目性，提升科学管理的程度等。

连锁企业要提高经营管理的规范化水平，重点应完善连锁企业总部的功能，发展总部在采购配送、经营指导、市场开发、促销策划、教育培训、信息管理等方面的职能；提高总部统一采购配送的比例；完善连锁企业内部各个环节的管理，建立健全各个岗位各道工序、各项作业的规章制度。

为完成以上各项职能，连锁企业总部通常会设置相应的职能部门，通常包括开发部、营运部、采购部、财务部、人力资源部、信息部等。

（三）连锁企业门店

门店是连锁经营的基础，主要职责是按照总部的指示和服务规范要求，承担日常销售业务。因而，门店是连锁总部各项政策的执行单位，即不折不扣、完整地把连锁企业总部的目标、计划和具体要求体现到日常的作业化管理中。

1. 门店的组织结构

连锁企业实行的是商品采购、配送、财务等作业的总部集中性统一管理，因此连锁门店的组织结构相对简单。门店的组织结构要视门店的性质、业态特征、规模大小及商品结构等因素的不同而有所差异。直营店通常由店长直接管理，同时下设副店长、组长等职务。特许店可能又加盟店店主直接管理店内事宜，也可能是由店主另聘店长来管理。

（1）中小型门店组织结构

便利店、小型专卖店门店业务单一，工作重点是商品销售与顾客服务，通常组织结构相对简单。

（2）大型门店组织结构

对于百货店、大型综合超市的连锁门店而言，其工作范围大大超出了商品销售，增加了财务管理、售后服务、促销等职能，所起其组织结构相对复杂一些。

2. 门店职能

门店是连锁企业直接向顾客提供商品和服务的单位，主要业务活动是商品的销售及顾客的服务，除此之外还包括商品进货及商品在店管理，以及门店经营绩效评估等。具体的职能如下。

（1）环境管理

门店环境管理主要包括店头的外观管理与卖场内部的环境管理。

（2）人员管理

人员管理主要包括员工管理、顾客管理以及供应商的管理。

（3）商品管理

门店需根据销售情况定期向总部要货，或者向总部统一规定的供货商要货，并负责该商品在门店的管理，包括商品质量、商品缺货、商品陈列、商品盘点、商品损耗以及商品销售实施等方面的管理。

（4）现金管理

现金管理主要包括收银管理和进货票据管理等。

（5）信息资料管理

信息资料管理主要包括门店经营信息管理；顾客投诉与建议管理；竞争者信息管理等。

（四）连锁企业配送中心

配送中心位于物流节点上，是连锁企业的物流机构，是专门从事货物配送活动的经营组织或经营实体。当前，国内连锁经营发展迅速，配送中心的建设已成为迫切需要解决的题。尤其是那些发展较快、规模大、实力雄厚的连锁企业，要根据发展的规模适时建立配送中心。

1. 配送中心组织结构

配送中心通常采用直线制组织结构，在配送中心经理下，按职能不同，分设检验组、库管组、储运组、信息组和技术组等。

2. 配送中心主要职能

配送中心由分货配货、流通库存（DC）、生鲜加工（PC）三部分构成。配送中心的基本功能可以从经济和服务两个方面来考察。配送中心在物流系统中的价值主要体现在它对整个系统的贡献，即配送中心是建立在成本—效益的基础上的。

如果配送中心的使用可以降低连锁企业物流总成本，那么配送中心就产生了经济利益，也说明了配送中心存在的合理性。配送中心经济方面的功能主要有四个：集中、整理分类、加工和储存。

（1）集中

配送中心的集中功能原来由各供应商 A，B，C，分别将商品送至目标门店，现在通过配送中心先接收供应商 A，B，C 的商品，然后将商品送到某一特定门店。这样把它们整合成单一的一次运输，其好处就是能减少运输费，最重要的是可以减少门店收货时的拥挤现象。

（2）整理分类

大多数供应商需对多个门店送货，这些门店可以同属于一个企业，也可以分属于不同企业。在没有配送中心的情况下，供应商只能小批量装载，分别将商品运至指定门店。如果有配送中心，就可以在这里将商品分类整理成个别的订货，并安排当地的运输部门负责递送至各个门店。由于长途运输转移的是大批量的装运，供应商的运输成本相对较低，连锁商品的进价也可以降低，同时对于大量运输的跟踪也不太困难。

流通型的配送中心在这方面体现的功能更明显。目前，许多零售连锁店广泛地采用交叉站台作业来快速补充、快速转移门店的存货。在这种情况下，配送中心先接收多个供应商整车运来的货物；然后按门店的地点进行分配；接着商品被放置在去特定门店的托盘上；最后通过配载，达到了车辆的合理容积，这些商品就运送到门店去了。在整个过程中，商品交叉穿行于配送中心。于是，配送中心的经济利益体现在从供应商到配送中心的满载运输，以及配送中心到门店及客户的满载运输。对于流通型的配送中心，其经济利益更加明显，由于商品不需要存储，还降低了商品在配送中心的搬运和储存成本。此外，由于所有的车辆都进行了充分装载，更有效地利用了站台设施，使站台利用率达到了最大限度。

（3）加工

配送中心通过对商品的加工，能够扩大经营范围，提高配送水平，满足广大消费者的需要；另外，通过加工，可以提高商品的价值，从而提高连锁企业的经济效益。

（4）储存

有些商品的品种有限或商品的生产具有季节性，所以对商品储存是很重要的。例如，玩具是全年生产的，但主要在儿童节和圣诞节期间内进行销售，为了防止缺货，常常在节日之前就要开始储备；与此相反，农产品在特定的时间里收获，但却在全年消费。所以一定的储存提供了存货缓冲，使配送活动在受到采购和顾客需求的限制条件提高效率。

除了经济效益外，在物流系统中，通过配送中心还可以获得间接利益。这些利益也许并不能降低成本，但可使整个物流系统在空间和时间方面提高效率，改善服务。例如，在靠近顾客的地方增加一个配送中心，在经济上增加了成本，但是由于加快了快递速度，提高了递送频率，使门店的库存大为减少，大大提高了服务水平，增加了企业的市场份额、收入和毛利，从而增加了企业的总利润。另一个利益在于企业形象的提高。配送中心的配送与供应商的直配相比，提供的递送服务更快，也能更快地对门店的需求做出反应。所以，配送的服务，可以提高连锁企业的形象，提高连锁企业的市场份额，从而不断地增加利润。

三、典型连锁企业岗位标准与职业发展

（一）连锁零售企业典型职业活动及工作任务

通过分析回收的调研问卷，选择连锁行业中的典型零售业态（大卖场、标超、便利店、百货、专卖店、专业店）加上餐饮、酒店等 8 家企业进行实地走访验证，对其基层操作岗位及基层管理岗位的工作内容进行分析，同时考虑到越来越多的连锁企业涉足电商领域开设网络零售店（网店），我们将网店的相关岗位一并分析，总结提炼出连锁经营营运相关岗位的典型工作任务包括以下几个方面。

1. 大卖场业态

（1）基层操作岗

收银员：准确回收货款；收银设备维护；孤儿商品回收；解答顾客咨询。

客服专员：处理顾客投诉；促销商品发放；接待办卡申请。

理货员：货架清洁卫生；商品丰满陈列；标识价签规整；顾客现场服务。

防损员：财产人员安全；控制门店损耗；预案培训演练；突发事件处理。

（2）基层管理岗

收银主管：员工日常排班；处理收银特例；控制收银差错；定金核查处理。

客服主管：制定工作计划；维持服务秩序；处理客服特例。

营业课长：制定工作计划；员工排班考勤；跟踪营业指标；控制运营成本；情况上传下达。

企划专员：营销情报搜集；拟定策划方案；方案具体实施。

（3）发展进阶岗

前台经理：提高服务水平；制定工作计划；部门人员管理；日常运行监控。

企划经理：制定年度月度计划；促销效果监控；重大促销活动策划；媒体关系维护；企划费用控制；员工培训及管理。

营业处长：商圈追踪调研；制定营运计划；促销资源谈判；落实日常管理；含人员防损客诉。

2．便利店业态

（1）基层操作岗

收银员：回收货款；收银设备维护；孤儿商品回收；解答顾客咨询；突发事件处理。

理货员：货架清洁卫生；商品丰满陈列；标识价签规整；顾客现场服务。

（2）基层管理岗

门店店长：围绕总部目标制定工作计划；协调部门关系落实工作任务；商品全程管理促销及时跟进；处理突发事件保证经营秩序；协调外部关系维护门店形象；加强员工管理激发工作热情。

3．标超业态

（1）基层操作岗

收银员：准确回收货款；有效为顾客购物提供服务；解答顾客咨询。

理货员：货架清洁卫生；商品丰满陈列；标识价签规整；顾客现场服务。

防损员：财产人员安全；控制门店损耗；预案培训演练；突发事件处理。

客服专员：处理顾客投诉；促销商品发放；接待办卡申请。

（2）基层管理岗

前台主管：处理收银特例；控制收银差错；维持服务秩序；处理客服特例。

营业课长：大类日常管理；陈列和促销实施；销售指标的完成；商品续订货库存管理；控制损耗实施盘点。

（3）发展进阶岗

门店店长：围绕总部目标制定工作计划；协调部门关系落实工作任务；商品全程管理促销及时跟进；处理突发事件保证经营秩序；协调外部关系维护门店形象；加强员工管理激发工作热情。

4．百货商店业态

（1）基层操作岗

导购员：商品的清洁工作；保持商品的清洁以及商品的陈列工作；商品库存的管理工作、进出存的登记，保持样品的完好；销售记录、销售单据整理、意向客户登记、礼品登记等；解决部分售后问题，对竞争品牌的信息资料收集等。

收银员：在收款机上登记收款及退货数据；准确收取营业金；并为VIP顾客积分；将所有营业金安全上缴；负责本银台清洁卫生工作。

客服专员：督促、指导培训各柜组VIP服务、团购和员工规范执行，使商场服务项目增加，顾客投诉下降；组织技能类提升活动，并依计划进行各类提升项目。

（2）基层管理岗

柜组长：组织本柜组导购员开展销售工作，完成本柜组的销售目标。负责本柜组商品的补货、退货存货管理工作，定期反馈；收集并汇报商圈、竞争对手、顾客、商品等方面的信息；按规定审核本柜组各类单据，具备一定的财务知识。

（3）发展进阶岗

企划主管：营销环境分析，制定宣传推广方案；促销方案制定及落实督促跟踪反馈；促销宣传物品的制作发放与回收。

商品部助理：卖场环境卫生、柜台布置、商品陈列、设施维护等硬件的规范管理控制；营业员的考勤、仪容仪表、导购推销、接待服务等软件的规范管理控制；负责处理卖场的一般突发性情况；如：顾客争议、商户纠纷等；监督专柜销售状况，积极分析经营状况和各相关因素并向上级主管反映和请示；定期与专柜商户进行全面、准确的沟通，积极掌握专柜的经营动态。

客服主管：顾客服务管理；会员管理及团购管理；部门员工培训管理；相关机构外联管理；部门间横向沟通及配合流畅。

5. 专业／专卖店业态

（1）基层操作岗

导购员：负责 BV 专卖店所有产品的销售工作，完成销售指标；负责店铺内管辖区域的陈列工作；负责 VIP 客户的建立和维护；负责所在店铺内的货品安全管理。

（2）基层管理岗

店长：负责日常运营，达成销售目标。处理突发事件，确保正常运营。收集业态信息，提交合理建议。控制费用支出，保证资金周转。人员日常管理，维系外围关系。

陈列师：负责品牌的维护和所辖终端店铺良好形象的提升；负责终端店铺新开、整改、换季、促销活动的陈列支持工作；负责协助督导培训部和完成对终端店铺的陈列指导和培训工作。

（3）发展进阶岗

区域督导：指导所负责门店完成公司下达的销售目标；指导并督促所负责门店各项营运标准执行到位；协助店长进行人员管理、商品管理、促销管理、资产管理等，对所负责门店的销售数据进行分析，提出合理化建议；完成分公司下达的各项工作任务。

6. 家电连锁业态

（1）基层操作岗

营业员、促销员：柜台出样、商品陈列及卫生维护工作。现场操作演示产品性能。能熟练操作商场销售、退换货等各类流程。处理客户投诉，如解决不了带至上级部门处理。做好本品牌商品的质检、物价把关工作。

防损员：财产人员安全；控制门店损耗；预案培训演练；突发事件处理。

总台客服：解答顾客咨询，尽力为顾客排忧解难。主动帮助解决顾客投诉或交与值班经理处理。收集顾客意见，将信息反馈至商场管理部。做好对顾客所购商品及赠品的特殊性包扎工作。配合集团总部做好重要来宾的礼仪接待工作。

收银员：准确回收货款；收银设备维护；解答顾客咨询。

（2）基层管理岗

柜组长：柜组的销售和现场管理工作；掌握柜组商品的库存及销售情况，对库存结构的调整提供信息；做好柜组商品的出样和撒样工作；做好每日柜组的对账、做账及柜台库销账工作；柜组的现场布置、人员行为、服务规范的具体管理考评；调研市场、了解市场信息，及时汇总、反馈现场主管。

（3）发展进阶岗

门店督导：承担本部门的销售指标和管理考核；分解、下达销售指标，并带领本部门全体员工共同完成；促销活动的传达、落实、评估、反馈；与事业部、物流、售后等部门沟通、协调，确保本部门销售；本部门投诉的协调解决；负责本部门的人员培训、考评、人才培养。

店长助理：全面配合店长的管理工作；对人员考勤、行为服务规范进行管理、考核；负责本店顾客投诉的管理；物价、质检的管理，资证的审核、档案的建立、各类价签的检查；培训工作的计划、制定、组织与实施，并考核与建档；卫生、安全、消防工作，对突发事件能妥善处理，及时上报。

7. 药店连锁业态

（1）基层操作岗

营业员：顾客用药咨询、商品维护管理；驻店销售、导购。

收银员：准确回收货款；收银设备维护；孤儿商品回收；解答顾客咨询。

（2）基层管理岗

门店店长：对门店营业销售目标的完成率负责；对门店的整体服务质量优劣负责；对商品优化管理负责；对门店团队的有效建设、人才培育及人员离职率负责；对门店各类商品、财务的安全负责，对门店所有安全作业负责。

（3）发展进阶岗

区域督导（经理）：知道所负责门店完成公司下达的销售目标；指导并督促所负责门店各项营运标准执行到位；协助店长进行人员管理、商品管理、促销管理、资产管理等；对所负责门店的销售数据进行分析，提出合理化建议；完成分公司下达的各项工作任务。

8. 餐饮连锁业态

（1）基层操作岗

PA员：根据领班的工作安排，清洁保养所属的公共区域。检查责任区域设施设备和家具的完好情况，及时报告和保修。做好清洁机械的保养和清洁用品的保管和使用，整理好库房。

迎宾员：热情周到地迎送客人，安排客人就座，积极主动引导客人了解本酒店。

传菜员：将整只好的菜肴，传送给相对应台号，加菜单及时的传送到厨房。与楼层员工和厨房内部保持良好的联系，搞好前厅和厨房的关系。值班传菜员负责整理清洁各楼层洗涤间卫生。

服务员：为顾客安排座位、点配菜点、酒水，进行宴会设计、装饰、布置。

收银员：在主管的直接领导下，做好收费结算工作；领取、使用、管理和归还收银备用金；汇总收据、发票，编制相关报表；妥善保管收银设备。

（2）基层管理岗

PA 领班：依照餐厅对清洁和外观的标准为公共区域提供保洁服务；熟悉餐厅所有公共区域，确保及时完成日常保洁工作；有效地处理应急事件。安全正确地使用保洁设备，合理分配保洁用品。

迎宾领班：了解每日的订餐情况，并及时做出相应的安排，并随时检查迎宾的落实情况。热情周到地迎送客人，安排客人就座，积极主动引导客人了解本酒店。随时检查、发现公共区域的卫生清洁情况。

传菜领班：开餐前确定特殊传菜任务，以及重要客人或宴会的传菜注意事项；不断检查菜肴质量和数量、控制传菜速度，做好与厨师长及其他相关部门的沟通工作。营业结束时，收回用具，督导员工进行清洁等收尾工作。

楼面领班：带领员工认真做好餐前准备；开餐后督导服务员做好服务工作并亲自参加服务；及时跟踪、检查台面、上菜，及时催菜；餐后组织服务员及时清台，整理好餐厅桌椅卫生，保持餐厅整洁和环境良好。

收银领班：做好收款准备工作，保证单据等充足。负责员工工作的分配、安排。填写工作记录，交接班手续，检查员工的工作和仪容仪表。向收银主管报告所属员工的工作表现，提出奖惩意见。

营销主管：定期访问客户，与客户保持良好的关系；协调参与重要客人的接待；开发潜在客户，努力拓宽业务。

（3）发展进阶岗

大堂经理：负责前厅服务品质、设备、卫生等事项的监督、检查、指导工作；安排员工班次，对人员进行培训，确保服务标准、营运流程顺畅；与厨师长保持良好的合作，前、后信息及时反馈，保证顾客满意度。

9. 连锁快捷酒店业态

（1）基层操作岗

前台接待员：受理客房预订，为客人办理入住登记手续，安排房间，尽可能满足客人的合理需求；认真细致做好交接班工作，保证工作的延续性；协助前台收银员为客人做好结账工作。

餐厅服务员：在餐厅接待客人，为客人提供早餐服务。

客房服务员：按要求打扫酒店客房及公共区域卫生，协助客房领班做好相关客房工作。

PA清洁员：根据领班的工作安排，清洁保养所属的公共区域。检查负责区域设施设备和家具的完好，及时报告和保修。做好清洁机械的保养和清洁用品保管使用，整理好库房。

（2）基层管理岗

值班经理：协助总经理对宾客服务、质量控制、培训考核、内部管理等方面实施管理和服务工作。包含前台服务员的全部岗位职责。

客房领班：按照领导安排认真做好客房卫生工作。带领客房服务员做好客房工作。

（3）发展进阶岗

酒店总经理：执行集团运营各项指标、年度发展计划，推动并确保营业指标的顺利完成；领导和激励分店管理团队，实现利润最大和服务最优。定期巡视考核分店，指导、培训和支持分店团队改进运营质量。配合实施公司品牌、市场拓展活动。

10. 网店业态

（1）基层操作岗

网店店员：使用即时聊天工具，解答客户问题，进行商品导购；安排顾客的订单；处理各种客户售后问题。

（2）基层管理岗

运营主管：与平台沟通、产品上架及信息更新审核；店铺活动策划、行业和竞争产品观察分析；管控客服团队，有效沟通；网点内紧急事务处理。

推广主管：使用淘宝7大营销工具提升店铺流量；对店铺与标题关键字策略化、橱窗推荐等；配合公司网络推广活动的策划、优化、实施及效果跟踪分析。

（3）发展进阶岗

网店店长：网店的整体营运，包括产品管理、活动策划、广告推广、日常销售等；根据公司下达的目标，制定店铺的年度、季度、月度工作计划；领导运营团队有序的执行工作计划，并督促各项目标的达成；网上店铺的数据分析及做好竞争对手网站的数据采集、评估与分析。

（二）专业人才需要的知识、素质、能力

对以上连锁企业典型工作任务进行分析，得出连锁经营管理专业人才所要求的知识、职业素养和能力如下。

1. 专业岗位人才应具备的理论知识结构

企业认为，从知识的角度而言，商品知识、市场营销和管理实务对学生的重要程度较

高；商务礼仪和法律法规的重要程度紧随其后，同时在日常工作和生活中，礼仪可以说是一个人内在修养和素质的外在表现，企业同样非常关注；而随着电子商务的蓬勃发展以及线上线下一体化的趋势，电子商务知识的重要性也不断提升。

2．专业人才应具备的职业素养

企业认为学生的职业态度最为关键，说明企业认为进入一个行业首先要真正热爱这个行业、喜欢这份职业，然后是认真对待这份职业，这个和企业基层员工较高的离职率有关。排在第二位的是职业道德，说明在该领域里面不单纯要喜欢这个行业和职业，同时不能因为只关注自己的发展而忽略应该重视的道德。

3．专业人才应具备的能力

企业认为管理沟通技能非常重要，在具体的工作中员工首先应该具备的技能是面对顾客的售卖技巧和客户服务；在这之后更为关键的是能够具备报表分析、调研分析的能力，说明在大数据时代，企业越来越看重学生的数据思维以及能够利用数据做好工作的基本能力，视觉营销和商品促销紧随其后，体现了实体店在卖场氛围营造注重体验等方面提升业绩的重要性；收银、补货、盘点、库存控制、防损等作为门店运营的基本技能，企业认为必须具备，但是由于该技能不能直接产生业绩而仅仅是维持门店运营的基础性工作，所以其重视程度仅列在中等。

综上分析，总结归纳连锁经营管理专业人才应具备的知识、素养和能力如下。

（1）知识

①掌握思想政治、大学语文、高等数学、公共外语、大学生心理与健康等相关知识；

②掌握商品流通、市场营销、企业管理、财务会计、人力资源、经济法律法规等专业基础知识；

③掌握连锁经营基本理论以及连锁企业营运、采购、销售等业务的专业知识；

④掌握互联网经济和新零售的基本理论以及新技术、新业态、新模式相关知识。

（2）素质

①遵守行业法律法规和企业规章制度，诚信守法；

②具有耐心细致的工作态度及严谨专注、精益求精的"工匠精神"；

③具有创新能力和创业意识；

④具有信息收集处理和分析等素养；

⑤具备较强的市场意识、成本意识、质量意识和全球意识；

⑥具有系统解决问题的意识与能力；

⑦热爱商业，并具备"重诚信、肯吃苦、有爱心、能负责、知礼仪、懂法规、善沟通、会核计、能创新"的基本职业技能。

（3）能力：

①通用能力

a. 具备计算机、互联网等信息技术应用能力；

b. 具备信息搜集、处理及数据分析的能力；

c. 能熟练应用办公软件，进行文档排版、简单地数据分析与方案演示等；

d. 对社会热点、经济形势和消费市场具有敏感的洞察力，分析商业环境；

e. 具备良好的语言表达和沟通能力，能运用语言交流技巧专业且通俗易懂地开展商业工作；

f. 具备团队合作意识，能有效地与相关部门沟通协作；

g. 具备抗压、解压及心理自我调适的能力；

h. 具备对新知识、新技能的学习能力；

i. 具备时间和资源的管理能力以及资源整合能力；

j. 具备互联网思维、创新思维和创业精神；

k. 具有国际视野及行业趋势洞察能力；

l. 具有一定的创业能力和创新意识。

②专业能力

a. 售卖能力；

b. 商品管理能力；

c. 顾客服务能力；

d. 品类管理能力；

e. 卖场规划与商品陈列能力；

f. 数据分析与应用能力。

（三）典型连锁企业岗位标准与职业发展规划

1. 百货业态

（1）从业人员的基本要求

①能力要求

a. 表达与沟通能力。具有良好的语言组织和表达能力，能清晰明了地向顾客、同事或管理层传达信息并正确领会信息，普通话标准。

b. 顾客服务能力。能甄别并了解不同顾客的需求，以顾客为导向为顾客提供购物经历中所需的服务与支持，同时解决潜在的顾客投诉。

c. 执行力。能快速领悟上级管理层的任务安排并迅速付诸实施，同时可兼顾处理多重任务。

d. 情绪管理能力。善于化解自己及顾客的不良情绪，在一定的心理压力下仍能为顾客提供优质服务。

e.学习能力。能够快速学习岗位所需专业知识，善于补充新知识。

②知识要求

a.大专及以上学历；

b.获取与行业相关的专业资格认证；

c.零售行业专业知识；

d.岗位领域专业知识；

e.具备零售服务行业相关工作经验或同等岗位经验更佳。

③素质要求

a.热情大方，乐于与人交流、合作；

b.细心且富有耐心；

c.能够吃苦耐劳；

d.对零售业感兴趣，具备良好的为内外部顾客提供优质服务的意识；

e.愿意遵循灵活的工作时间。

（2）典型工作岗位

高职学生毕业后，在百货商店的主要工作岗位及职业发展如下：

①服务台员工→服务台柜长→值班经理

②商品营业员→柜长→值班经理

③统收收银员→收银柜长→收银值班经理

（3）职业发展路径

对百货商店人力资源职业发展路径的描述，通常有路径，一是人才梯队培养模型；二是双通道晋升路线。

①人才梯队培养模型

人才梯队培养企业从企业内部和市场中发现优秀人力资源人才，在实践中培养大批人才，同时激发人才的创造精神，形成继任者的人才源泉，为实践企业的愿景和战略目标提供坚实的人才保障。从纵向看，百货业态的人才梯队按职业发展由低到高主要分为一线员工，柜长、值班经理，部长，区总及部门经理，高管等职位。

a.一线员工（营业员\广播员\前台接待员等）：通过新员工入职培训，考核合格后进入基层管理者自荐班（柜长班）；

b.柜长、值班经理：进入基层管理者自荐班（柜长班）学习，考核合格后进入基层管理者技能强化班学习，考核合格后进入管理干部能力提升班（部长班）学习；

c.部长：进入部长技能强化班学习，考核合格后进入管理干部能力提升版（经理助理班）学习；

d.部门经理、区总：进入商场总经理班、区域总经理班学习，考核合格后进入集团中高级职业经理人培训班学习；

e.高管：MBA、EMBA 深造，出国考察。

②双通道晋升路线

百货商店业态根据人才的工作内容和性质与人才的不同特征，将职业发展分为管理线和专业线两类，管理线主要面向管理类人才进行培养考核和晋升，按管理类人才培养方式，将一线员工 2～3 年培养成为中层管理类干部，3～5 年培养为中高层管理干部；而专业线主要面向技术技能类人才，分为初、中、高、资深四个成长和晋升阶梯，专业线发展相对较快，2 年左右成长为中级专业技术人员、3 年左右成长为高级专业技术人员。

2. 超市业态

（1）从业人员的基本要求

①能力要求

a. 沟通能力。通过与顾客的沟通为顾客提供服务与支持，同时解决潜在的顾客投诉；与同事／管理层分享或交流信息；

b. 顾客服务能力。以顾客为导向，为顾客提供购物经历中所需的服务与支持；

c. 与团队合作能力。超市从业者需要与团队成员共同合作完成任务能力；

d. 执行力。能够快速领悟上级管理层的任务安排并付诸实施；

e. 同时处理多重任务的能力。超市的工作特点为工作节奏快速繁忙，因此从业者必须具备同时处理多重任务的能力；

f. 学习能力。能够快速学习岗位所需专业知识的能力。

②知识与技能要求

a. 大专或以上学历；

b. 专业资格认证；

c. 零售行业专业知识；

d. 岗位领域专业知识；

e. 具备零售服务行业相关工作经验或同等岗位经验更佳。

③素质要求

a. 乐于沟通；

b. 热情并富有耐心；

c. 愿意与他人合作，并能够吃苦耐劳；

d. 对零售业感兴趣，并有服务意识；

e. 愿意遵循灵活的工作时间。

零售连锁行业的营业时间应满足所有消费者，如此，在周末的零售对于连锁经营零售公司来说是至关重要的。因此，连锁零售企业从业人员也应适应灵活的工作时间。

④顾客服务技巧

无论从事什么样的零售行业，顾客服务技巧都是必不可少的。其中重要的客户服务质量，零售业员工应能在各种情况及压力下从容地与客户进行互动。

⑤时间管理技巧

超市零售工作的特点就是繁忙与工作节奏快，因此作为员工，需要同时平衡许多不同的任务，同时在有限的时间内完成任务目标，因此需要把握一定的时间管理技巧。

⑥沟通技巧

超市零售业与其他服务行业一样，从业者需要直接与顾客进行沟通并且通过有技巧的沟通为顾客提供卓越的顾客服务从而完成业务目标，因此要求从业人员具备相应的沟通技巧。

（2）典型工作岗位

高职学生毕业后，在超级市场的主要工作岗位如下：

①营运类岗位→营运课长→营运经理→店长

② UPC/ 票据员工→ UPC/ 票据员工主管→经理

③客服部员工→客服主管→客服经理

④采购部专员→品类采购专员→采购经理→采购总监

⑤行政专员→行政组主管→行政组经理

（3）职业发展路径

在校学生通过在校期间到企业参加在岗培训、轮岗培训，经过 1 ~ 2 年的锻炼，毕业后进入企业，入职后通过在岗培训、课堂培训\电子学习、经验交流学习，入职后半年经推荐考核合格担任部门员工指导（办公室文员\助理）；员工指导（办公室文员\助理）入职后一年经过推荐考核通过可晋升商店主管（办公室主管\助理经理）职位，通过在岗\轮岗培训、课堂培训\电子学习、经验交流、具潜力的主管（办公室主管\助理经理）进入商店副店长（办公室经理\专员\高级专员）培训计划（为升任副店长（办公室经理\专员\高级专员）提供快速发展培训计划）；商店主管（办公室主管\助理经理）入职后四年通过测评可晋升副店长（办公室经理\专员\高级专员）职位；在岗\轮岗培训、课堂培训\电子学习、经验交流、个人发展计划；副店长（办公室经理\专员\高级专员）入职后六年通过测评可晋升店长（办公室高级经理\高级专员）职位；在岗\轮岗培训、课堂培训\电子学习、经验交流、个人发展计划。

3. 购物中心业态

（1）从业人员的基本要求

①能力要求

a. 表达与沟通能力。具有良好的语言组织和表达能力，能清晰明了地向顾客、同事或管理层传达信息并正确领会信息，普通话标准。

b. 顾客服务能力。能甄别并了解不同顾客的需求，以顾客为导向为顾客提供购物经历中所需的服务与支持，同时解决潜在的顾客投诉。

c. 执行力。能快速领悟上级管理层的任务安排并迅速付诸实施，同时可兼顾处理多重任务。

d. 情绪管理能力。善于化解自己及顾客的不良情绪，在一定的心理压力下仍能为顾客提供优质服务。

e. 学习能力。能够快速学习岗位所需专业知识，善于补充新知识。

②知识要求

a. 大专学历；

b. 专业资格认证；

c. 零售行业专业知识；

d. 岗位领域专业知识；

e. 具备零售服务行业相关工作经验或同等岗位经验更佳。

③素质要求

a. 热情大方，乐于与人交流、合作；

b. 细心且富有耐心；

c. 能够吃苦耐劳；

d. 对零售业感兴趣，具备良好的为内外部顾客提供优质服务的意识；

e. 愿意遵循灵活的工作时间。

（2）典型工作岗位

高职学生毕业后，在购物中心的主要工作岗位如下：

①楼层管理→楼层主管→楼层经理。

②招商助理→招商专员→招商主管→招商经理。

③统收收银员→收银主管→收银经理。

④客服中心专员→客服主管→前台经理。

（3）职业发展路径：人才梯队培养模型以及双通道晋升路线

①人才梯队培养模型

人才梯队培养企业从企业内部和市场中发现优秀人力资源人才，在实践中培养大批人才，同时激发人才的创造精神，形成继任者的人才源泉，为实践企业的愿景和战略目标提供坚实的人才保障。从纵向看，百货业态的人才梯队按职业发展由低到高主要分为一线员工，柜长、值班经理，部长，区总及部门经理，高管等职位。

a. 一线员工（营业员\广播员\前台接待员等）：通过新员工入职培训，考核合格后进入基层管理者自荐班（柜长班）。

b. 柜长、值班经理：进入基层管理者自荐班（柜长班）学习，考核合格后进入基层管理者技能强化班学习，考核合格后进入管理干部能力提升班（部长班）学习。

c. 部长：进入部长技能强化班学习，考核合格后进入管理干部能力提升班（经理助理班）学习。

d. 部门经理、区总：进入商场总经理班、区域总经理班学习，考核合格后进入集团中高级职业经理人培训班学习。

e. 高管：MBA、EMBA 深造，出国考察。

②双通道晋升路线

百货商店业态根据人才的工作内容和性质与人才的不同特征，将职业发展分为管理线和专业线两类，管理线主要面向管理类人才进行培养考核和晋升，按管理类人才培养方式，将一线员工 2 ~ 3 年培养成为中层管理类干部，3 ~ 5 年培养为中高层管理干部；而专业线主要面向技术技能类人才，分为初、中、高、资深四个成长和晋升阶梯，专业线发展相对较快，2 年左右成长为中级专业技术人员、3 年左右成长为高级专业技术人员。

4. 专业／专卖店业态

（1）基本要求

18 周岁以上，男女不限，男身高 170 cm 以上，女身高 160 cm 以上，身体健康。五官端正，体态匀称，气质佳，举止大方得体，口齿清晰。

①知识与经验要求

a. 高中及以上学历，特殊岗位学历因销售商品品类要求而异。

b. 具有一定的相关商品知识、服务礼仪及相关服务知识。

c. 一年以上零售销售工作经验或连续半年以上同岗位实习经验。

d. 掌握顾客接待、正常销售、样机销售、支票销售、预付款销售、退换货和系统离线销售的标准操作流程。

e. 掌握商品试机、盘点、商品出样、现场投诉处理、市场调研、迎送宾和交接班的标准操作流程。

f. 了解国家及企业相关商品销售与售后服务的政策法规。

②技能要求

a. 普通话标准，语言表达流利。

b. 掌握基本的电脑操作技能，电脑操作熟练。

c. 有一定的沟通能力和销售技巧，能有效促成销售。

d. 有良好的客户投诉处理技巧和解决问题的能力。

e. 掌握商品出样的相关技能，具备一定的美陈知识和相关基本技能。

③素质要求

a. 积极主动，乐观开朗，适应性强，有较强的责任心。

b. 热爱服务性行业，具有良好的服务意识和团队合作精神。

c. 具有一定的抗压能力和吃苦耐劳的精神。

d. 思路清晰，具备一定的判断力、理解能力和应变能力。

e. 具备较好的学习能力，能够快速学习岗位所需的专业知识。

（2）典型工作岗位

高职学生毕业后，在专业／专卖店的主要工作岗位如下：

①销售专员→销售主管→品类主管→副店长→店长

②销售专员→品类买手→销售专家→金牌销售专家

③销售专员→督导专员→行政督导→片区督导

（3）岗位标准

①职责一：销售工作

工作一：熟悉展品知识和性能，熟练掌握各类商品知识、服务承诺，能熟练演示产品性能，并能结合顾客需求，生动形象地将产品介绍给顾客。通过热情、规范和高效的顾问式服务，促进商品销售。

工作二：根据店面需要积极参与市场调研工作，及时反馈市场信息。

工作三：负责本柜台的商品出样工作。

工作四：做好营业前的准备和营业后的收尾工作。

②职责二：服务工作

工作一：做好商场开门和营业结束时的迎、送宾工作。

工作二：接待并协助处理顾客投诉，做好投诉记录。

工作三：根据商品销售要求做好本柜面的促销布置和美化工作。

工作四：负责本柜面的商品、赠品、货架和场地的安全与卫生，做好商品、标价签、商品宣传单页的整理，保持本区域内的清洁。

工作五：按照各项制度、规范和要求，协助做好商品退换工作。

工作六：向问询的顾客介绍本店各类商品和功能区的楼层分布、促销活动等各类相关信息。同城多店的还需掌握其他店面的具体位置和相关信息，以备顾客问询。

③职责三：商品安全的相关工作

工作一：负责商品的盘点工作，确保账实相符。

工作二：做好与对班人员的交接工作，传达当日晨会内容、本班未解决问题，以及相关票据等，做好交班记录。

（4）工作责任

①对所负责品类的销售业绩负责。

②创造更高的顾客满意度，为消费者提供专业、便捷和舒心的服务体验。

（5）职业发展路径

专业/专卖店的一般面积较小，组织结构相对简单，岗位设置也相对较少，但所有岗位都必须从基层销售做起，到达高级销售专员之后根据人才特征分为管理岗和专业岗两条线发展和晋升，其职业发展路径如下表述，分别到达店长管理岗位和金牌销售专家岗位。

销售专员的认证周期为两个月，即销售助理员工上岗资格认证后即晋升为销售专员；高级销售专员的认证周期为1年（社招成熟型销售员工可小于1年）。销售专员在岗满1年后，可具备参加高级销售专员级别认证的资格，各项指标合格后晋升为高级销售专员。此时可以选择管理岗路线或专业岗路线继续发展。

①选择管理岗路线发展

入职 1 年以上入选督导梯队的营业员，经过相关培训和见习实践，考核合格后可晋升为销售督导；入职 1 年以上入选店长梯队的销售督导经过相关培训，轮岗和见习实践，考核合格后，可晋升为副店长；入职 1 年以上的副店长经过相关培训，轮岗和见习实践，考核合格后，可晋升为店长。

②选择专业岗路线发展

销售专家的认证周期为 1 年。高级销售专员在岗满 1 年后，可具备参加销售专家的认证资格，各项指标合格后晋升为专家；金牌销售专家的认证周期为 1 年。销售专家在岗满 1 年后，可具备参加销售专家的认证资格，各项指标合格后晋升为专家。

四、店长岗位标准

（一）店长的含义及地位

连锁企业店长是门店的最高负责人，店长管理质量的好坏将直接影响到整个门店的营运绩效。因此，店长对连锁门店的管理是依据连锁企业总部制定的营运手册来进行的，既与总部保持良好的配合，又需协调与激励全体员工做好连锁门店的作业活动，从而不断地提高连锁门店的经营业绩。

1. 店长的含义

通常对连锁门店而言，连锁门店的最高管理者称为店长。连锁企业门店不是一家单体店，而是连锁店体系中的一分子，所以店长不是法人代表，其工作重点是运营管理而不是经营，是由连锁制经营方式决定的。大凡国外先进的连锁企业，店长对连锁门店的管理是依据连锁企业总部运营管理部制定的店长手册来进行的，这样既能保证连锁企业属下的各门店进行统一管理又能保证店长作业上的标准化和简便性。

2. 店长的地位

这里所指的店长是指连锁公司下属直营店的负责人，其地位或者说其角色定位，表现为以下十个方面。

（1）代表者。店长是店铺的代表者，就公司而言，店长代表公司处理与顾客、与社会有关部门的公共关系；就职工而言，店长是职工利益的代表者，是职工呼声的代言人。

（2）责任者。店内不管有多少部门、多少人员，也不管各部门、各类人员的工作表现如何，其最终的责任者是店长，他对店铺的经营绩效及店铺的形象负有全责。

（3）执行者。店长是公司总部政策及经营标准、管理规范、经营目标的执行者，他必须忠实地执行总部的一切决策。即使店长对总部的决策有异议或有自己的看法，也应当通过正常的渠道向总部主管领导汇报，而不应当在下属员工面前表现出对总部决策的不满情绪或无可奈何的心情。

（4）规划者。为了实现总部所确立的店铺经营目标，店长应对店铺的经营管理活动进行规划，如月度经营计划（营业总目标、部门别营业目标、部门别毛利目标）、促销计划、具体的行动计划、每周业务管理重点等。

（5）指挥者。店长是店铺的总指挥，他必须安排好各部门、各班次从业人员的工作，指挥他们按照总部规范标准和店铺各项计划要求来开展作业活动，通过最好的销售技巧和服务将最好的商品提供给顾客，以提升经营业绩。

（6）鼓动者。店长应时时激励全店员工保持高昂的工作热情和良好的工作状态，使全店员工人人都有强烈的使命感、责任心和进取心。

（7）协调者。店长负有上情下达、下情上传、内外沟通，协调关系的责任。所以，店长应具有处理矛盾和问题、与顾客沟通、与店员沟通、与总部沟通等方面的耐心和技巧。

（8）控制者。店长必须对日常经营管理业务进行强有力的、富有权威的控制，控制的目的是保证实际执行工作与总部的要求，门店计划、外部的环境相一致，店长重点控制的要素是：人员控制、商品控制、金钱控制、数据控制以及环境控制。

（9）教导者。店长工作繁忙，并且常有外出活动，当其不在店内存，各部门的主管及全体店员就应及时独立处理店内事务，以免工作延误。为此，店长也应适当授权，并培养下属的独立工作能力，包括教育下属树立责任感、使命感和进取心，以及训练下属的工作技能，并在工作现场及时予以指正、指导与帮助。全店员工的素质提高了，店铺的管理就能得心应手。

（10）分析者。店长应永远保持着理性，善于观察和收集资料，并进行有效分析以及对可能发生的情况的预见。

（二）店长岗位的胜任能力模型

连锁门店店长是一种具有特殊性质的管理者，他拥有的是范围宽广的职务，他既是门店的全面负责者，但又不是一个具有各方面决定权的决策者，因此，店长这一特殊职务必须具备过硬的能力和素质。

1. 店长应具备的基本素质

（1）身体素质。店长的理想对象是身体健康强壮、精力充沛的年轻人，这样才能更好地承受长期工作中的高负荷运转及紧张的生活节奏所带来的压力，年龄在35岁左右为佳。

（2）积极主动。即对任何事情都积极主动地去面对，无论何时都要去主动的迎接挑战，积极去解决所遇到的问题。

（3）包容性。因为每个人都有失败和犯错误的时候，作为店长也要包容下属，能够容得下店员所犯的过错，要做到真正关心并激励店员，和下属一起成长。

（4）具有足够的忍耐力。店铺的经营活动是一项相当辛苦而枯燥的工作，在营业过程中经常会出现一些难以预料的突发状况与难题，尤其是来自顾客方面的问题，就更需要店长去做耐心地处理。所以说，作为店长必须要有足够的耐心去引导整个团队度过一个又一个的难关。

（5）开朗乐观。在生活中我们不难发现，那些开朗乐观的人总是充满笑容，笑对外面的世界。店长良好的情绪能够起到很好的带动作用，从而使整个店铺的气氛焕然一新，这对于直接接触顾客的店铺式经营是非常重要的，因为所有的顾客都会愿意与那些看起来更友善的人打交道、做交易。

2. 店长应具备的特质

（1）冷静果断。在处理日常经营中的突发事件时，店长应该保持冷静的头脑，做到临危不乱、处变不惊，这样既能够有助于问题的解决，也能在下属面前树立自己的威信，展现个人魅力；在考虑经营策略的过程中要做到谨小慎微，但在需要做出决策时，就要当机立断，而且一旦作出决定，店长就必须要果断的去执行，因为模棱两可或犹豫不决往往会影响决策的最终有效执行。

（2）激励能力。有效的激励下属，对所有的领导者来说都是一种不可或缺的能力，对于店长来说也不例外。当店员有优秀表现的时候，店长必须要及时地给予肯定和鼓励；在发现店员的缺点与失误的时候，也要适时给予指正，并指导他们去改善。

（3）抗压能力。所谓商场如战场，任何店面的经营活动都不可能是一帆风顺的，而必然会在营业过程中产生各种各样的问题，它们会对店铺的经营造成不利的影响。在这种情况下，作为店铺管理者的店长就必须要具备良好的心理素质，要正确地面对经营中出现的挫败，并及时调整店面的经营策略，使店面尽快走出低谷。

（4）冒险与创新意识。市场情况在变化，顾客的需求与偏好也在不断变化，一成不变的店面经营不可能会永远赢得顾客的心。顾客期待看到的是不断更新、变化的店铺，因此作为店长就需要具备一种冒险和创新的精神，使店面的服务、形象不断地推陈出新。

3. 店长应具备的能力

（1）组织领导能力。有效、合理地组织下属，调动店员的积极性，共同完成公司的绩效目标。

（2）经营管理能力。不断找问题，防患于未然，加强管理，使店铺整体运营更为合理；有计划地组织人力、物力、财力，合理调配时间，整合资源，提高效率；信息资料、数据的整理、分析，并在实践中运用，以扬长避短、查漏补缺。

（3）专业技能。店长应该掌握经营店铺的必备技巧和使顾客满意的能力，能够做到快速正确地分析解决问题。

（4）学习能力。在当今社会，知识更新的速度越来越快，店长要想跟上时代的步伐，必须提高自我学习的能力，在工作之余要不断地学习和更新专业知识，不断地充实成长、完善自己。

（5）执行能力。执行能力不仅反映在准确迅速的执行上级的命令上，而且还反映在对市场机遇的及时把握上，因为市场是瞬息万变的，店铺的所有者往往只能从大方向上把握经营决策，而具体的经营策略、经营方针则需要店长自己去把握。所以。店长应该在日常管理中主动去发现店铺经营中存在的各种问题，并寻找市场中隐藏着的各种商机，然后迅速的采取应对之策。

（6）培训辅导能力。能拓展下级的视野，使人尽其才，提高业绩的指导能力；用自己的规范管理培育下级，传授可行的方法、步骤和技能，使其在其职尽其责、胜其任。同时要查漏补缺，帮助下级尽快改正错误并培训他们迅速成长。

（7）诚信的职业道德，作为榜样和承担责任的能力。具有良好的操作和高尚的道德，有凝聚力、向心力、在店员中起到上行下效的作用；一店之长是整个团队的领导，遇事要不推诿，勇于承担。

（三）店长岗位职责与管理重点

1. 店长的岗位职责

（1）执行上级政策。遵守公司各项规定，执行上级指示，完成公司下达任务。如营业目标、毛利、费用及利润目标等。了解品牌的经营方针，依据品牌的特色和风格执行销售策略。

（2）应及情况处理。加强防火、防盗、防工伤、安全保卫的工作；维护店内各种设备的正常运转，消防设施的检核，区域卫生的落实等。

（3）店员管理。根据店铺规模确定店铺人员设置。安排店员工作、人员的选拔和考评；

（4）店员的辅导与培训。协助主管处理与改善专柜运作的问题、协助主管与所在商场的沟通与协调。

（5）财务管理。负责盘点、账簿制作、商品交接的准确无误；做好各项报表的管理。

（6）商品管理。负责店铺内货品补齐，商品陈列；管理商品价格变动、商品的采购、调退货、盘点等。

（7）活动管理。定时按要求提供周围品牌在商场的公关推广活动；制定各种活动的计划。激发导购工作热情，调节货场购物气氛。

（8）信息管理。了解周围品牌销售情况，登记并提供每天店内客流量资料。与消费者建立良好的关系，尽量满足其需求。

（9）日常经营管理。负责管理专柜的日常工作，监督考核导购的工作表现，及时反映员工动态，并对导购进行培训。

店长的管理内容大部分是复杂的例行事务，因此，店长只要把握店内作业环节的重点，就能基本保证店铺作业的正常进行。

2. 店长的管理重点

店长执行连锁企业的门店管理规程必须做到以下三项。

第一，了解上级的方针与计划。

第二，指导下属根据计划而工作。

第三，确认。确认就是检查部下是否根据计划而执行。

店长必须有效地利用和管理门店的人、财、物、信息资源，做好日常销售服务工作，最大限度地使顾客满意，最终实现预定销售计划和利润目标。

（1）人的管理

店长对人的管理，主要是指对顾客、店员和供应商人员这三类人的日常管理工作。

①顾客管理。顾客就是上帝，顾客是店铺绝大部分利润的来源。所以店长必须要了解顾客，比如顾客来了多少及来客数，顾客从哪里来，要知道店铺周围人口、户数、消费行为、年龄、性别等等资料。顾客的需要是什么，超市卖的是日常生活用品，因此店长就需要经常去了解顾客的需求，才能根据其需求或者投诉去向公司反映，采取措施。

②店员的管理。店员管理是店长非常重要的工作。零售业是一个微利润的行业，人员的安排通常很紧凑，每日几乎都有人轮休。如果出现有人突然休假或者缺勤自然会影响工作效率，可能出货、补货、服务等情况都会出现问题。因此，作为店长，就需要对员工出勤人数、休假人数、排班表、迟到、早退等状况，一定非常清楚，才不会影响卖场整体的运营。而且店员的状态、服务素质、人力费用都需要很清楚，才可以保证运营顺畅。

③供应商人员的管理。对于供应商长期派驻门店的人员（促销员）虽然不是由门店发工资，不是公司员工。但对于顾客来讲，只要是在门店的工作人员就是店里的人，所以无论从形象出勤都要统一管理。对于供应商的业务人员，要有长期合作的心态，从他们那里可以知道产品信息，某些品类的发展变化情况，甚至竞争对手的情况，维系好关系，避免以甲方心态去面对他们，除了得到更多的支持外，还会有意想不到的收获。

（2）财务管理

对于连锁企业来讲，店长的财务管理主要是体现在现金管理，尤其是对收银台的现金管理。如：伪钞、顾客欺骗、收银员作弊、给亲友结账少过机等等，都是店长需要管理的重点。

另一个管理重点是收货单据的管理，这些单据是重要的财务凭证，是供应商结款的重要凭证，所以一定要避免单据误差，确保验收正确，签认确实、登录清楚及严禁压单，才可避免损失。作为店长日常也要养成每日检核单据的习惯，亲自或督促或填报相关报表，这一点是大多数店长比较难做到。连锁店的特点决定了门店店长在财务管理的权力相对有限。但一个懂财务的店长绝对能增加自己的自信，无论是费用控制方面还是在利润提升方面，给到上级或商品部门的建议都能以数据说话，言之有据，底气十足。

（3）商品管理

①缺货管理。"缺货是门店营运最大的敌人"。缺货使顾客的需求无法获得立即满足，而且还导致顾客流失。如果卖场常有这个现象，会加大顾客流失，导致营业额自下降。有研究表明便利店缺货3%就会影响1%的销售，可以想象一下缺货对店铺业绩的影响。因此，有效地控制缺货率，是店长管理商品的重点工作。

②鲜度管理。在零售行业，尤其是超市，其主力商品是生鲜食品及保鲜品。严格按照先进先出原则，严禁出现过期近期产品。超市的店长，就需要对商品的鲜度进行管理。如何能使商品自厂商—后场—卖场均能维持在恒温状态下，并以鲜活的状态卖给顾客，而使损耗降至最低，也是商品管理的重点。

③损耗管理。零售业竞争异常激烈，损耗高低也成为是否获利的主要关键，也是节流管理中相当重要的一环。损耗常由于进货不实、顾客偷窃、员工处理不当、残货过多、标价错误、变价不实等导致，这是内部管理控制的重要工作，店长必须关注和改善这些管理漏洞。减少损耗就是增加纯利，店长们一定牢记这个原则。

④卖场活性化管理。主要是如何配合季节主题做好促销活动，把商品的质感、量感、关联性、活性表现出来，让商品周转加快，是店长经营水平的体现。

（4）信息的管理

门店管理核心是人、财、物的管理，那么门店信息管理也还是围绕人财物的信息化管理，如顾客信息管理、财务信息管理、商品信息管理等等。现在零售业里面大部分都在用POS系统，这个系统的各种数据就是各种运营的相关资信，更可以作为店铺运营管理计划、改善、对策等方面的参考信息。店长应重点关注POS系统产生的"购物篮"表单，这些表单包括营业日报表、商品销售排行表、促销效果表、顾客意见表、顾客档案表、费用明细表、盘点表、损益表等等。对这些核心KPI指标加以分析，并找出原因，然后提出改善方案。这对店长来说是很重要管理工作。因此，店长做好了信息管理，那么店铺经营管理问题就解决了一大半。

（四）店长岗位标准

1. 范围

本标准规定了连锁企业实体零售门店店长的任职素质、岗位要求。

本标准适用于连锁企业各专业、业态实体零售门店店长岗位的通用型岗位要求，各专业、业态实体零售门店的店长岗位个性化要求可参考本标准制定附件，以补充完善各专业、业态对店长的特殊要求。

2. 任职素质要求

（1）核心素质

具有诚实、正直、守信品质，有强烈的企业忠诚度和社会责任感，热爱本行业愿意为行业的发展做出贡献。

（2）基本素质

①具备较强的领导力和团队建设能力；较强的执行力和组织计划能力，能不断创新员工激励机制，带领团队完成各项任务。

②具备良好的沟通、协调及解决问题的能力，对突发事件有快速应变及处理能力。

③掌握良好的计算机操作技能和较好的语言、文字表达能力。

④具备较强的学习能力、创新意识和创新能力，对零售行业新技术、新品类、新机制、新模式有较敏锐的认知与内在驱动力。

（3）专业素质

①熟悉本专业零售行业相关政策、法律法规。

②掌握所经营品类行业及相关行业基本知识与市场现状，具备市场调研分析技能。对市场信息具备高度的敏感度，洞悉市场、顾客的需求，具备运用门店已有资源开展全渠道营销技能。

③熟练掌握本专业零售店面的业务运行流程及规范。

④熟练掌握本行业及所管理品类商品的知识及陈列技能，具备商业规划能力，运用品类管理知识与技能，优化品类结构。

⑤具备洞察顾客需求发展变化的技能，具有以顾客为中心的经营理念。

⑥具备目标管理能力，掌握经营计划分解、落实、跟踪、检核并持续改进的技能。

⑦熟练运用门店既有的数据信息，进行管理与指导门店经营。

⑧能运用门店广告、陈列、会员服务、社区关系、媒体等各种资源，促进企业品牌的传播与提升。

⑨掌握基础的财务管理和人力资源管理的知识与技能。

3. 岗位要求

（1）经营管理

①目标管理

具备根据公司下达门店各项经营指标（销售、利润、资金周转等）及任务，按照时间、品类、人员多维度将各项经营指标与任务进行分解，带领团队通过市场调研、市场营销、经营决策执行、业绩考核、营运标准达成等业绩指标的目标管理，实现门店经营目标的能力。

具备对目标和计划执行情况组织定期回顾和评估，及时发现、解决各部门经营目标执行过程中出现的经验与问题，督导促使门店所有部门目标达成能力。

熟练掌握对店内各部门目标达成进行考核的技能，负责店内各部门绩效考核方案审核报批，组织实施绩效的核算和评价。

②市场调研与分析管理

具备组织收集市场信息，了解市场行情，把握市场动态的能力；关注业界相关事件；定期或不定期地向公司高层和相关部门提供市场调研报告。

能根据专业门店经营特性，建立周边商圈档案并固化市场调研机制，分析商圈及消费者群体，优化商品结构，实现精准营销，提高投入产出比。

能组织日常及重大促销时点竞争对手市场调研，及时了解竞争对手主推商品、价格策略、新品情况、货源情况、促销资源、促销手段、销售情况、工厂支持、服务承诺等，并及时沟通调整，以确保竞争优势。

了解互联网新技术，创造和运用大数据使顾客画像与细分更精准和快捷。

更好指导门店经营管理。

③营销方案拟订、执行与评估

具备以顾客为中心的经营理念，能根据市场竞争和门店经营目标，制定年度营销计划和详细执行方案，组织执行各时间节点营销活动；能组织开展营销活动宣传、商品准备、合作伙伴沟通协调、卖场布置、人员上岗与培训等工作，并能配合公司运用新媒体手段进行活动推广，促使营销活动成功实施。

熟悉通过品牌宣传策划，品牌推广活动，提升公司品牌在市场的知名度、美誉度，提升品牌形象。

具备跟踪营销活动过程，对发现的问题及时处理、反映与解决，对营销活动实施后进行总结复盘，对投入产出比进行分析评估的能力。

④商品管理

具备根据门店定位，制定门店商品、业种及业态招商规划能力。

能根据商品、业种及业态招商规划，负责门店商品、业种、业态引进、维护及调整；代表门店与租户 / 供货商洽谈合作关系，并签订有关商品、服务合同。对公司统一采购和洽谈的商品与业种，代表门店提出市场及顾客需求。

具备督导商品 / 业种的经营，以及现场的检查和督促，对整个经营过程和结果进行提升和考核能力。

能根据消费者需求的变化，组织和实施门店消费场景重构，新商品、新业种 / 业态的引进，满足消费需求的升级。

具备根据国家法律法规及相关标准，组织进场商品 / 业种资质、证书检核，定期复查，确保经营商品符合国家法律法规要求的能力。

能熟练掌握收发货、盘点作业流程与标准，督导员工作业符合公司的标准流程和品质要求。能对收到和退回商品 / 促销赠品进行随机抽查，检核门店库存报告，定期组织门店盘点，评估库存损耗报告；具备对不正常损耗制定行动方案并组织执行，并达到目标损耗率的能力。

能根据历史销售数据及市场变化，结合周转现状定期检查订货工作，确保不缺货或囤积过多存货；能检视各商品部门提交的单品动销报告（高周转 / 低周转），采取必要的行动来提升商品周转效率。

能控制和检查各商品 / 服务部门的价格变更执行公司制定的价格策略与制度；能组织对店内价格标签的检查，确保所有价格标签都依照法律法规和公司标准呈现。

（2）人员管理

①能根据公司人力资源政策，组织门店员工招聘。

②具备根据公司培训标准，制定并组织本店员工（包括第三方公司在门店员工）的专业培训、带训与考核能力，使所有员工在门店的培训得以正确执行。

③能组织员工业绩考评和审批工作，有不断探索创新员工业绩评价方法的愿望和行动能力，在授权范围内核定员工的加薪、升职、调动、任免事项。

④能组织员工考勤、工作排班、节假日加班，具备依据公司员工劳动效率标准，优化工作流程和人力配置的能力。

⑤具备领导和激励全店员工，推行企业文化，建设积极向上、乐于服务的高绩效团队的能力。

⑥能为员工提供安全、卫生的良好工作环境。

⑦能遵循公司对管理人员的培训和发展要求，组织门店中层管理者目标管理、考核评估，授权并培训下属处理店内事务。

（3）顾客服务

①顾客服务

具备确保门店所有员工（包括第三方公司在门店员工）执行公司顾客服务标准；组织对员工的顾客服务标准培训，提升员工服务顾客的认知与技能的能力。

能督导员工依据公司标准妥善而又专业的处理所有顾客投诉；把顾客对服务的投诉降至最低。能定期进行顾客全程服务质量分析，梳理影响顾客满意度的因素并提出改进措施。

能督导收银服务的高标准，收银方式多样化，最大化便利顾客，确保收银安全与快捷。

具备组织门店会员服务工作能力，促使员工维护和发展会员顾客，熟悉运用互联网技术，增强与会员的沟通与互动，提升会员忠诚度。能挖掘潜在重点客户，提升会员的贡献度。

能组织员工为顾客提供周到的售后服务，包括退换货、修理和送货等。

能督导有关部门对第三方公司派驻门店导购员的管理工作。

②现场管理

具备监管门店的布局、卫生、灯光、音乐、温度、气味、空气指数等场内经营环境，确保门店经营环境质量优良的能力。

能督察门店经营场地以外的区域卫生、安全监管工作，包括员工休息区（宿舍和食堂）、货物搬运仓储区、行政办公区等，以及门店整体的对外排污、噪音、广告设施安装等情况。

（4）资产管理

①安全管理

具备组织拟定门店安全保障管理的实施细则，指导、监察门店各部门做好安全保障管理，杜绝各类安全保障事故发生的能力。

能定期对员工、顾客做好相关安全培训工作，确保员工工作环境安全；能做好群体活动安全管理预案和救助措施。

能督察门店经营场所消防安全管理。

能确保商品符合国家质量法律法规要求，监管商品保质期管理制度的执行。

具备处理门店各项突发事件和紧要事件的能力，如防盗、防震、防汛、防暴、防抢、防恐。

②资产管理

能严格依照公司的规定，执行公司资产管理的相关制度和规定。

了解店内固定资产、设施设备的使用、维护、保养及安全隐患排除的知识。

能提报各类行政物资、固定资产的申购申请与预算审核。

能督察店内流动资产（存货）、财务资产、品牌文化等非固定资产的安全管理工作，组织门店建立健全商品损耗管理制度和组织。定期对商品损耗率进行分析，提出并落实整改措施。

（5）财务管理

①能核查门店会计报表、综合性财务分析报告，专项财务分析报告。

②能审核店内各项费用预算，核准店内各项费用支出。

③能依据公司财务管理制度，做好门店资金、费用、成本、损耗等方面的管控工作。

④能负责公司财务制度在门店的正确执行。

⑤能监督和审核门店的会计、收银、票据输入等作业，确保财务数据准确。

⑥能监管和审查门店的现金保管，确保现金支付、网络支付、购物卡支付等支付渠道的安全。

（6）公共关系管理

①能与政府职能部门联系、协调工作，以保证门店正常运作。

②能维护门店与媒体间的良好关系，积极宣传企业品牌和门店活动。

③能维护门店与所在社区、居民、相关企事业单位的关系，做好公益事业，提升企业声誉。

④能保持与商业合作伙伴的良好关系，保持与竞争者的沟通和联系，调查竞争者经营情况，努力争取竞争优势。

⑤能不定期拜访重点客户，组织重点客户活动，维护与重点客户之间的业务关系。

⑥能定期拜访门店所属物业业主，保持良好租赁关系，积极稳定物业租赁费用，以及业主对物业的改善投入。

⑦能积极参与社会、行业活动，有效推广企业品牌和经营特点，提高企业的知名度。

第五章　连锁经营管理专业课程标准与课程开发

一、职业教育课程标准

（一）课程标准的内涵与特征

1. 课程标准的内涵

课程标准原是关于课程开设科目、学习时间等的规定，随着"基于标准的教育改革"（standards-based educational reform）运动的兴起，课程标准被赋予了新的含义。它逐渐从对课程科目、内容的规定发展成为对学生学习结果的规定。从一般意义上来理解，所谓课程标准，就是对学生在经过一段时间的学习后应该知道什么和能做什么（what students should know and be able to do）的界定和表述，实际上反映了对学生学习结果的期望。课程标准通常包括了几种具有内在关联的标准，主要有内容标准（划定学习领域）和表现标准（规定学生在某领域应达到的水平）。课程标准这一含义的变化，颠覆了人们对课程教学责任的观念。传统上以时间消耗和学科内容覆盖为特点的课程教学模式难以为继，学生学习结果成为检验课程教学责任担当与否的重要尺度。从按部就班地为遵守教学时间、学科内容体系等的规定而负责转变为取得成果即促进学生学业进步而负责，从而具有更为丰富的内涵。作为治理教学质量的一个工具，它用清晰的行为动词表达学生学习结果，使得教学质量具有可评价性。

2. 课程标准的提出与实施对我国高等职业教育的发展的意义

（1）有助于我国高职教育从传统的教学大纲框架里取得实质性突破

从"教学大纲"到"课程标准"不仅仅是名称的改变，更深层的是教育理念的更替、教育视角的切换。面对新一轮教育改革所需要的教育理论背景的转型、教育政策的变化以及一系列教育观念、教育思想的推广和传播，我们有必要采用"课程标准"一词代替"教学大纲"在内容实质和结构上进行彻底的重新定位和规划设计。

（2）有助于我国高职教育全面推进与具体落实素质教育

素质教育是我国基础教育的理想。而课程标准的制定就是这一系统工程中最为关键的一个环节。如果没有这一环节，素质教育将会变成一句口号，一个没有现实意义的概念。

课程标准就是素质教育在高职教育阶段的质量标准。因此，在这个意义上讲，课程标准的实施将使全面推进与具体落实素质教育成为现实。

（3）为高职人才培养提供了质量评价标准

一直以来我国高职教育沿用教学计划、教学大纲与教科书。随着社会的发展，人们对教育的质量越来越关注，需求越来越多元，教育要满足学生的发展又要满足国家社会和企业需要，但人才培养质量如何合理有效评价一直缺乏有效手段与方法。从主要关注教学内容的"教学大纲"，走向关注过程与体验及结果的"课程标准"，这一转变标志着我国高职教育有了明确而科学的质量标准。这种标准不仅包括学生的学习质量，还包含学生的生活质量、发展质量，以及教材编写、教师教学、课程评价与管理的质量。

（4）为课程教学方式与学习方式的革新提供了标准

依据制定的课程标准，教师可有效采用灵活的教学方式，提供更多学生自主探索、独立获取知识的机会，特别是合作学习的机会。

高校的教师一般都比较熟悉"教学大纲"，其实"课程标准"和"教学大纲"这两个词用哪一个好，国际上也没有统一的说法，主要视各个国家的教育传统与理论背景而定。如最早使用"教学大纲"的德、法等国，现在还在沿用，只是这一词的内涵发生了很大变化，从原来的"教与学的内容纲要"，到现在的"学生的学习结果纲要"。尽管我国到目前为止大多数高校还是用"教学大纲"，但对高职教育来说，考虑到教育类型的转型、改革的推广与传播，现在主张采用"课程标准"一词，来代替原来的"教学大纲"。从而强化教育教学改革的核心价值目标是着眼于学生职业素质的全面提高，并把原教学大纲只关注教师教学内容与课时分配转向关注学生的学习结果与课程实施过程。实际上，"课程标准"并不是一个新词，早在1912年中国南京临时政府教育部就颁布了《普通教育、临时课程标准》，此后，"课程标准"一词在中国一直沿用了40年。新中国成立初期，我国颁布了小学各科和中学个别科目的课程标准（草案）。1952年后，改用教学大纲。这是我国学习苏联教育模式的一个重要表现。现行的教学大纲存在以下弊端：从目标上，只规定了知识方面的要求；内容偏难、偏深、偏窄，对绝大多数学生来说，要求过高；只强调教学过程，忽视课程的其他环节；"刚性"太强，缺乏弹性和选择性。基于我国"教学大纲"的种种弊端，以及课程改革所倡导的基本理念及改革目标，我国现阶段高职课程教学中，以"课程标准"代替"教学大纲"，这不仅仅是一个简单的词语置换。一方面，从课程目标方面来看，课程标准着眼于学生素质的全面提高。现行的教学大纲关注的是学生在知识和技能方面的要求，而课程标准着眼于未来社会对国民素质的要求。随着科学技术的迅猛发展、经济的全球化，未来社会对人的素质提出了新的要求。课程教学以促进学生发展为宗旨，确立了知识与技能、过程与方法、情感态度与价值观三位一体的课程目标，是各国高职教育的共同趋势。另一方面，从课程教学与评价方面来看，课程标准更关注课程实施过程，强调转变教学方式和学习方式，注重学习的过程与方法。以往更多关注的是学习的结果，而忽略了学生是通过什么样的学习方式和策略来学习的，掩盖了学生在学习方式上存在的问题。同时，在教学评价方面，课程标准提倡评价主体的多元化、评价方式的多样化，强调过程评价和评价的教育发展功能；而教学大纲关注的是学生对知识和技能的掌握程度，重视终结性评价和评价的筛选评判功能。

传统的高等职业教育教学大纲主要关注学科知识与技能，体现的是一种知识本位、学科本位的应试型教育，这已远远不能适应现代高职教育的需求。"以能力为中心"的培养模式是高等职业教育培养技术型人才的定位及培养目标所决定，也是办出高职特色的关键所在。这对课程改革提出了新的任务与方向。因此，对于高职教育而言，高职课程标准是与高职专业人才培养方案相配套的指导性文件。它依据高职教育的目标定位与专业人才培养方案，依据《国家职业资格标准》和相关企业与行业标准，以学生综合素质的培养与能力提高为核心而确立的课程设计和教学内容以及考核标准，是对学生经过高职教育之后的预期结果所做的一种基本规范与质量要求，是高职教育教学质量应达到的基本指标，是管理与评价高职教育课程的基础，是教师组织教学和选编教材的直接依据，同时也是检查和评定学生成绩的重要标准。

高职院校课程标准可以理解为根据现代教育教学理论，结合国家基础教育课程标准的理论和实践经验，按门类制定的标准。它规定了本门课程的性质、目标、内容框架，提出了指导性的教学原则和评价建议，规定了不同阶段学生在知识与技能、过程与方法、情感态度与价值观等方面所应达到的基本要求。

课程标准的提出与课程改革是密不可分的。20 世纪 80 年代初期，《国家在危险中：教育改革势在必行》报告的发表，英、美两国率先在基础教育领域开展了"基于标准的教育改革"。在这场规模宏大、影响深远以至于今天仍在继续推行的新的教育改革范式下，课程标准成为驱动整个基础教育改革的核心工具。以清晰的、预期的学生学习结果作为国家和民众的教育期望，并以之为评价学校等利益相关人工作情况的依据，课程标准在整个改革中发挥着核心的作用。在英、美两国的影响下，基于标准的教育改革在发达国家广泛开展起来，以至于成为当今世界范围内的一种被普遍运用的改革范式。在这场改革中，尽管各国的教育传统和理论背景不同，但都不再把课程标准定位为关于教学科目或教学内容的规定，而把它定位为预期的学生学习结果。如：澳大利亚维多利亚州《课程标准框架》中指出：课程标准描述的是学生学习所包括的主要领域及大多数学生在每一学习领域达到的学习结果。《加拿大安大略共同课程省级标准》提出：课程标准是为评价学生学习而设计的一般标准。该标准通过描述期望学生达到的省级标准，为所有学生建立了相称的目标。1992 年在美国举行的亚太经济合作组织成员国（地区）教育部长会议中认为：课程标准描述了一个社会或一种教育体系规定学生在不同年级、不同学科领域应该获得的成绩、行为以及个人发展，以使学生为丰富完满的生活做好准备。

从课程标准的历史演变中可以看出，课程标准的含义是丰富的。简单地把课程标准概括为"学生学习结果的规定"，并不能完全揭示其内涵。在"基于标准的教育改革"背景下，与这场改革相伴而生并成为驱动这场改革的核心工具，课程标准在今天还有着多方面的含义。

（5）课程标准是治理教育教学质量的工具

"标准"作为一种调整社会秩序的规范或者准则，广泛存在于人类生产与生活的各个领域中，其目的在于规范人们的行为，使之尽量符合标准规约的要求，从而建立起有利于社会发展的秩序。《辞海》中对标准的定义是：衡量事物的准则。可以引申为一种规范。1996 年国家技术监督局发布的 GB/T 3935.1—1996《标准化和有关领域的通用术语》第 I 部分"基本术语"中对标准进行了这样的规定：为在一定范围内获得最佳秩序，对活动或其结果规定共用的和重复使用的规则、指导原则或特性的文件。2001 年中国大百科全书出版社出版的《质量标准化计量大百科全书》把"标准"（standards）定义为：在一定的范围内获得最佳秩序，对活动或其结果规定共同的和重复使用的规则、导则或特性的文件。可见，"标准"与质量管理相伴而生，它是为了保证产品的生产质量而对产品的生产规格、程序等所进行的规范，在形式上表现为一种文本性的规定。"课程标准"作为"标准"的下位概念，客观上具有"标准"的内在规定性。当今，大凡与人们的生产生活相联系的领域都建立了相应的"质量标准"。人类由此而进入"标准驱动的时代"。教育作为一个重要领域，自然不可缺少相应的"质量标准"。把学生的学习结果作为质量标准，注重"输出"，不再像以往那样注重学校规模、办学条件等"输入"方面的考核，这就使得基础教育有了全新的质量考核标准，并使学校教育发生深刻变革具有可能性。

（6）课程标准指向教学质量评价

教育教学质量是一个模糊的概念，这源于教育教学作为公共物品具有不同于一般私人物品的特性。对于一般的私人物品，消费者可以通过产品的市场占有率、价格、企业声誉、宣传广告等确定购买与否，生产商可以根据以上信息来调整自己的产品或者服务的种类。而教育教学是公共事务，具有排他性和非竞争性，学校对自己提供的产品或者服务缺少来自市场上的反馈信息。学生和家长作为"消费者"对学生学习结果或教师教学服务的评价如何，他们对教师教学服务的偏好等信息，政府、学校难以充分地掌握，学生和家长也难以判断。课程标准的出现使得教育教学质量走出了难以评价的尴尬境地。作为预期的学生学习结果，课程标准表达了关于教育教学质量的期望，而课程标准作为衡量教学质量的一个工具，必须使"教学质量期望"具有可评价性。也就是说，课程标准是指向"评价"的，这是教学质量治理或者保障的必然要求。当课程标准具有明确的规定并具有可测量的特点时，这就意味着，教育教学质量不再是一个模糊的概念，而是能够测量和评价的。

（7）课程表征突破了学科中心、加强整合、课堂教学职业场景化

课程标准关注企业需求、专业技能，突破学科中心，精选终身学习必备的基础知识和技能，密切教材与职业场景和现代科技发展的联系，打破了学科封闭，加强学科之间的有效整合，使课程设置有利于促进学生发展。

（8）课程标准注重引导学生改变学习方式

各学科课程标准结合本学科的特点，加强过程性、体验性，改善学习方式，引导学生主动参与、亲身实践、独立思考、合作探究，改变单一的记忆、接受、模仿的被动学习模式，

收集和处理信息的能力，获取新知、学会学习，分析问题和解决问题能力交流与合作的能力。

（9）素质教育的理念切实体现在课程标准的各个部分

课程标准在"课程目标""内容标准"和"实施建议"等方面全面体现"知识与技能、过程与方法以及情感态度与价值观"三位一体的课程功能，从而促进学校教育重心的转移，使素质教育的理念切实体现到日常的教育教学过程中。

3. 课程标准的基本特征

课程标准是规定某一学科的课程性质、课程目标、内容目标、实施建议的教学指导性文件。与教学大纲相比，在课程的基本理念、课程目标、课程实施建议等几部分阐述的详细、明确，特别是提出了面向全体学生的学习基本要求。课程标准的基本特征体现在以下几个方面。

（1）将素质教育的观念落实到课程标准中，充分体现课程的基本理念

课程标准在课程目标、内容标准和实施建议中都体现了新教学目标——三维教学目标，即知识与技能、过程与方法、情感态度价值观的有机整合，三维目标的核心是促进学生的发展。把素质教育理念落实到具体的教学实践中。

（2）加强对评价改革的指导

在"评价建议"中，充分体现评价促进学生发展的基本理念，并为评价的具体操作提供可资借鉴的指导性和操作性意见。评价的重心更多地指向学生的学习过程．评价主体互动化、评价方式动态化、评价内容多元化。各学科课程标准结合本学科的特点提出了有效的评价策略和评价手段，引导学校、教师的评价更多地注重学生的学习过程，促进学生全面、和谐、富有个性的发展。

（3）注重拓展课程实施空间

课程标准注重对职业能力要求在某一学习阶段学生应达到的标准的描述，同时对实施过程提出了指导性意见，在实施教育目标的过程与方法知识体系的逻辑结合等方面提供了较大的自由度，为教材的多样性和教师创造性实施提供较大空间，特别是针对学生差异，促进学生个性的发展提供了可能。

（二）课程标准制定的基本原则与要求

1. 课程标准制定的基本原则

高职院校课程标准是根据现代教育教学理论，结合国家基础教育课程标准的理论和实践经验，按门类制定的标准。它规定了本门课程的性质、目标、内容框架，提出了指导性的教学原则和评价建议，规定了不同阶段学生在知识与技能、过程与方法、情感态度与价值观等方面所应达到的基本要求。在课程标准中应体现对学生在知识与技能、过程与方法、情感态度与价值观等方面的基本要求，规定各门课程的性质、目标、内容框架，提出教学建议和评价建议。高职课程标准应以培养学生综合职业能力为宗旨，体现工学结合。其编写的基本原则可概括为以下几点。

（1）高职课程标准的编写不能孤立的进行。课程标准的制定应服从课程结构与各专业人才培养方案的整体要求，并且还应注意即使课程相同，但在不同专业的人才培养方案中，应根据不同专业课程结构与专业能力的要求有所区别，符合"以就业为导向"的专业人才能力培养需要。课程标准制定要注意体现专业整体化的思想，强化专业，淡化学科。要认真处理好理论与实践，知识与能力的关系，注意相关课程的衔接、协调与分工。

（2）高职课程标准中所列出的材料论点必须符合客观规律，在实践上经过检验证明是正确的内容，同时这些内容必须跟上时代步伐并具有一定的前瞻性。应注意把握时代特征，要注意引进与本课程有关的新知识、新技术、新工艺和新方法，引进和创建有利于体现高职特点的教学模式。

（3）制定课程标准应注重突出高职教育的特色，把握好知识、能力、素质三者的关系，把综合职业能力、创新能力、自我发展与自觉获取新知识的学习能力的培养放在重要位置，通过课程教学使学生成为既掌握必备的理论知识和专业技能，又有转岗和继续学习能力的复合型人才，以适应社会发展、科技进步和社会主义市场经济的需要。

（4）高职课程标准应突出该门课程的基本概念、基本理论和基本技能。基础理论教学要以适用、实用为目的，以必需、够用为度，以讲清概念，强化应用为教学重点。专业课教学要与本专业标准、企业生产实际衔接，加强针对性和实用性。要合理分配实践教学与理论教学、课内教学与课外教学的比重，注重高职教育人才培养的适用性、针对性，以更好适应区域经济建设和社会发展需求。

（5）高职课程标准应便于考核和检测。制定高职课程标准的主要目的在于加快以"教"为中心的教育向以"学"为中心转变，从知识传授为主向能力培养为主转变，从课堂学习为主向多种学习方式转变。既让教师能够从以往的"教什么""怎样教"转换到学生应该"学什么""如何学""学到什么程度"方面来。高职课程标准应便于对学生的学业情况进行考核，应尽量选用可观察、可检测的语言来描述学生的学习结果。与此同时，课程标准不能过于宽泛，否则将无法检测学生是否达到了标准。

2. 课程标准制定的基本要求

课程标准与教学大纲相比，在课程的基本理念、课程目标、课程实施建议等几部分阐述的更为详细、明确，特别是提出了面向全体学生的学习基本要求。课程标准主要是对学生在经过某一学段之后的学习结果的行为描述，而不是对教学内容的具体规定，这是与教学大纲的最主要区别。由于课程标准规定的是学生在某方面或某领域的基本素质与能力要求，因此，无论教材、教学还是评价，出发点都是为了课程标准中所规定的那些素质与能力的培养，最终的落脚点也都是这些基本的素质与能力要求。可以说，课程标准中规定的基本素质要求与能力要求是教材、教学和评价的灵魂。课程标准就是课程的核心，无论教材怎么编，无论教学如何设计，无论评价如何开展，都必须围绕着这一基本素质与能力要求服务，都不能脱离这个核心。其编写的基本要求可概括为以下几点。

（1）将职业标准融入"课程标准"中

从当代职业教育发展的趋势来看，以能力为中心的职业教育课程越来越多地通过课程模式与职业资格证书之间的有机融合来实现。"课程标准"应特别注重知识、能力、素质结构的分析和如何达到这些标准的考核方法。只有将职业教育有关的"课程标准"与职业资格证书制度的"职业标准"相协调，才能培养出与实际需求"零距离"的人才。

（2）"课程标准"替代"教学大纲"

教学大纲是学科型教学模式的纲领性文件，对规范教师的教学有很大的指导作用和约束力，但也容易把教师引导到学科本位的路子上去。课程标准强调的是学生的综合能力素质。我们应逐步树立在职业教育中"能力比书本知识更重要"的能力质量观。用课程标准替代教学大纲，建立现代高等职业教育的课程评价质量标准，已显得十分必要。

（3）学习和研究课程标准、课程本身、高职教育及学生的特点，是制定课程标准的前提

要想制定课程标准，首先要深刻理解什么是课程标准。课程标准内容丰富，有必要认真、细致的学习课程标准框架及内涵。其次，要研究课程本身，理顺它与前继后续课程的关系，认识到它在学生能力培养过程中的位置及重要程度。再者，还要研究教育对象的认知、行为特点，只有在充分理解课程标准、自由驾驭课程内容、深刻体会教育对象的基础上，才能谈得上去制定课程标准，从而推动课程改革与建设工作。

（4）采用行为目标的陈述方式

陈述的角度必须从学生出发，行为的主体必须是学生，而不能以教师为目标的行为主体。避免使用"使学生""提高学生""培养学生"等陈述方式。因为这种陈述方式意味着行为的主体是教师而不是学生。

（5）对于学生学习成果的描述

对于学生的学习结果，用尽可能清晰，便于理解可操作的行为动词从知识与技能、过程与方法、情感态度与价值观三方面进行描述。如对于知识的了解，不应以简单的"了解"一词来描述，而是以说出、背诵、辨认、列举、复述、识别等操作性较强的动词来进一步刻画"了解"的具体含义，以便教师在教学和评价过程中把握。对"理解"的具体描述为解释、说明、归纳、概述、推断、区别、提供、预测、检索、整理等；对"应用"的具体描述为设计、辩护、质疑、撰写、解决、检验、计划、总结、推广、证明等。技能目标要求模仿—模拟、重复、再现、例证、临摹、类推、扩展等。独立操作—完成、制定、解决、绘制、安装、尝试等。迁移—联系、转换、灵活运用、举一反三、触类旁通等。体验性目标经历（感受）—参与、寻找、交流、分享、访问、考察等。反映（认同）—认可、接受、欣赏、关注、拒绝、摈弃等。领悟（内化）—形成、具有、树立、热爱、坚持、追求等。

（6）注重学习的过程与方法，制定过程性的目标

强调学生"经历了什么？""体会了什么？""感受了什么？"通过加强过程性、体验性目标，以及对教材、教学、评价等方面的指导，引导学生主动参与、亲身实践、独立思考、合作探究，从而实现向学习方式的转变，改变单一的记忆、接受、模仿的被动学习方

式，发展学生搜集和处理信息的能力、获取新知识的能力、分析解决问题的能力，以及交流与合作的能力。

（7）评价不仅考查学生对知识的掌握，而且重视学习过程和体验

评价应采用多种评价方式，具有更强的指导性和操作性，尤其在过程评价和自我评价的方式方法上重视创新和可操作。例如，测验与考试、答辩、作业（长周期作业、短周期作业）、集体评议等。还可通过学习档案促进学生自我评价，包括作业的样本、自我小结、活动的设计方案与过程记录、活动成果、研究报告、手工制作等，以及他人评价结论、自我评价结果。提倡学生不断反思并记录自己的学习历程，通过记录并反思学生的成长历程，激发学生的学习兴趣和自信心，发展学生的自我意识。

（三）高职课程标准的基本结构与内容

高职课程标准的基本结构一般由课程基本信息、课程定位、课程学习目标、课程主要内容设计、"课程思政"育人元素融入课程教学的途径和方法、课程评价方法、教学资源配置等部分组成。各部分的基本内容说明如下。

1. 课程基本信息

课程基本信息包括课程编码、课程类型、课程衔接、学时安排等内容。

2. 课程定位

阐述课程性质与课程在专业培养中的定位。

3. 课程学习目标

说明学生通过本门课程的学习，所要达到的知识和能力水平。从宏观上描述学生应掌握哪些知识、形成哪些技能、养成哪些素质，特别应突出能力目标。学习目标的描述应该尽可能是可理解的、可达到的、可评价的，而不是模糊不清的，可望而不可即的。文字表述可分为以下两部分。

第一部分：总体描述。即通过本课程学习，学生在专业能力、社会能力、方法能力等方面达到的预期结果。

第二部分：具体说明学生应到的学习目标，用具体、可检验的语言说明学生能达到的学习结果。

4. 课程主要内容设计

结合课程目标，说明学习任务内容与课时安排。并针对不同对教学任务进行描述，按学习领域（或任务或工作项目等）顺序描述课程内容及具体要求，说明学生获得的知识、培养的能力与素质。

5. "课程思政"育人元素融入课程教学的途径和方法

结合"三全育人"的教育理念，挖掘"课程思政"育人元素融入课程教学的内容，并

说明实现途径和方法。

6. 课程评价方法

给出本课程的知识、能力与技能的考核标准及评价办法。

7. 教学资源配置

说明本课程教学使用的教材与教学参考资料，包括主教材，主要参考书及参考资料以及网络教学资源。

8. 其他说明

对该课程的其他情况进行说明。

二、职业教育课程开发

（一）高职教育专业核心课程开发的理念

1. 课程开发遵循"设计导向"的现代职业教育指导思想

设计导向（或称创新导向、构建导向）的现代职业教育强调职业教育培养的人才不仅要有技术适应能力，更重要的是要有能力"本着对社会、经济和环境负责的态度，参与设计和创造未来的技术和劳动世界"。职业教育的培养对象不再仅仅是未来作为"工具"的技术工人，而是在各个社会领域里技术设计和创造的潜在参与者；学习内容不局限在技术的功能方面，而是涉及技术发展的社会过程，一般是职业实践中开放的没有固定答案的学习任务。

2. 课程的目标是职业能力开发

社会需要的"岗位人才""职业人"，能生存能发展的"社会人"，经济全球化要求的"国际人"职业技能培养要注重实用，职业资格培养要注重资质，职业能力培养要注重内化。培养的从业者应该能够依靠自身内化的职业能力在变动的职业生涯中不断获得新的职业技能和职业资格。职业能力从内容角度分为专业能力、方法能力和社会能力；从性质角度可分为基本职业能力（专业和职业特有的能力）和关键能力（跨职业的能力）。课程开发的主要目标是培养高技能人才完成职业任务所需的技术实践能力。

3. 课程教学内容的取舍和内容排序遵循职业性原则

从职业工作（或项目）出发选择课程内容并安排教学顺序。专业核心课程内容应以过程性知识（实践知识）为主，以适度够用的陈述性知识（理论）为辅。课程开发应遵循学生与生俱有的自然形成的认知心理顺序，要与自然形成的工作过程顺序一致。按照从实践到理论的顺序组织每一个知识点，学生通过完成工作任务的过程来学习相关知识，学与做融为一体。

4. 课程方案是理论和实践教学一体化的学习领域课程模式

学习领域是能力描述的学习目标、任务陈述的学习内容和总量给定的学习时间（基准学时），学习领域的课程方案是工作过程导向的，课程方案对有关数学、自然科学和技术的内容以及安全技术、经济、法律规章、企业管理和生态观点的教学，是采用一体化的方式进行的。学习领域课程方案的开发路径为"行动领域—学习领域—学习情境"，包括学校部分的"学习领域"和企业部分的"工作和学习领域"，内容有：职业描述，教育的目标和内容，时间安排等。

5. 课程实施行动导向的教学模式

行动导向的教学过程可包括资讯、计划、决策、实施、检查、评估六个工作和学习步骤。让学生在自己"动手"的实践中，习得职业技能、掌握实践知识，从而建构属于自己的经验和知识体系。行动导向的教学强调为了行动而学习，通过行动来学习。学生作为学习的行动主体，在解决职业实际问题时具有独立地计划、实施和评估的能力。教师是学习过程的组织者与协调人，一个好的教师应该是学习情境的设计者、学习舞台的导演。

（二）高职专业课程开发过程

高职专业课程开发的总体思路是"岗位导向、注重过程"。开发过程可划分为调研分析、课程方案开发、课程标准形成三个阶段。

1. 调研分析

调研分析的目标是疏理确认职业岗位并准确描述，分析归纳对应的职业行动能力，确定典型的工作任务及其工作过程，对课程目标、人才培养规格进行论证。调研分析主要围绕调查区域本行业企业人才需求状况、调查并分析企业的工作流程、部门和岗位设置情况、调查并分析本专业面向的核心岗位及主要工作任务、相关工作过程和核心职业能力三方面内容展开。可采用的方法主要包括问卷、访谈、研讨、头脑风暴等形式。调研分析阶段的关键是明确企业人才需求。

2. 课程方案开发

课程方案开发的目标是确定学习领域课程方案和课程知识内容。主要从典型工作任务的提炼、职业行动领域的确认、确定学习领域课程方案等三个方面，基于认知规律和能力进阶规律（简单到复杂、单一到综合、低级到高级）构建课程路线，基于职业能力细化原则分解体系架构，基于工作过程构建学习领域课程，采用研讨、头脑风暴和专家咨询等方法开展课程方案开发工作。

3. 课程标准形成

本阶段的目标是结合学习领域课程、能力要求、知识点分配等设计课程学习情景、课程单元，基于工作过程构建系统化课程标准，明确工作任务、课程单元、能力考核。

三、连锁经营管理专业核心课程标准《零售与连锁经营管理原理》课程标准

（一）课程基本信息

课程编码	03030108	课程类型（理论或实践或一体化）	理论课	学分	2.5
适用专业	连锁经营管理专业				
先修课程	管理学、企业管理				
后续课程	连锁企业门店营运与管理连锁门店促销与策划				
总学时	42（不包括集中实习16学时）		实践学时	28（包括集中实习16学时）	

（二）课程定位

《零售与连锁经营管理》是连锁经营管理专业的核心技术课程，提供学生从事连锁经营管理所需要的知识，并致力于培养学生的实践能力，是一门理论与实践密切结合的课程。通过本课程的学习，使学生掌握连锁经营管理的基本原理，熟悉连锁经营管理的模式和零售业态，熟悉连锁企业组织结构及岗位作业流程，培养学生连锁经营管理的基本技能和专业素养，为学生获取ERP和品类管理师资格证书提供理论支撑。

（三）课程学习目标

1. 社会主义核心价值观目标

（1）通过学习，使学生具备法制精神，能遵守社会主义法律法规。

（2）通过学习，使学生养成诚信敬业价值准则，能遵守社会主义道德价值。

（3）通过学习，使学生意识商道的千年古训，能遵守中华民族的商道尊则。

2. 情感态度目标

（1）通过学习，使学生具备国际化的视野，提高工作热情。

（2）通过学习，使学生活动良好的行业归属感。

（3）通过学习，使学生获得零售业态的成功体验。

3. 职业素养目标

（1）具有吃苦耐劳、知难而进的工作作风。

（2）具有细心严谨、求真务实的职业素质。

（3）具备积极主动、迎难而上的团队精神。

4. 知识目标

（1）掌握零售业发展相关理论。

（2）掌握连锁经营特点和发展模式、商业模式构成。

（3）零售业态特点、标准和发展理论。

5. 技能目标

（1）能分析零售业发展趋势。

（2）能进行商业模式设计。

（3）能区分业态。

（四）课程主要内容

1. 能力单元与学时分配

序号	能力单元名称	讲授	实作	专家讲座	参观	讨论	其他
1	零售业发展认知	2	2	2		2	
2	连锁经营商业模式认知	4	2	2		2	
3	零售连锁业态认知	4	2	2	2	2	1
4	连锁企业组织结构设计及人员配置	4	2			2	
5	能力单元五：连锁企业部门职责及制度拟定	4				2	
6	零售与连锁经营管理综合认知实习（集中实践）		16				
合计		18	8	6	2	10	1

2. 教学任务描述

能力单元一：零售业发展认知	
教学目的描述	了解零售业发展的历史；熟悉世界零售业发展现状；熟悉中国零售业发展现状
教学重点与难点	重点：中外零售业发展现状分析；难点：世界零售业发展历史进程统计
教学时数	8
教学方法与手段	学生自学、教师讲解、课堂作业、课堂讨论、案例分析、视频讲座
考核方式	小组作业与互评
任务1-1：了解零售业发展历史	
相关知识点	零售业发展背景、指标、发源地与行业的作用
相关实作技能	无

能力单元一：零售业发展认知	
相关实验	无
教师注意事项	课堂适时提问，引导学生有节奏、高效率的自学，避免课堂沉闷和随意性
学习资源	教材、历史资料、统计数据等
任务1-2：世界零售业发展现状认知	
相关知识点	1.世界零售业数据；2.主要发达国家和地区零售业发展概况；3.五百强企业中零售业企业经营概况等
相关实作技能	零售业数据分析：核心指标
相关实验	零售企业——沃尔玛视频案例
教师注意事项	准备好相关数据及分析方法介绍；视频案例准备；世界十大商圈资料准备
学习资源	零售网站、零售企业网站、统计资料
任务1-3：中国零售业发展认知	
相关知识点	中国零售业相关数据；中国零售业发展指标及概况；中国连锁百强数据及典型企业资料
相关实作技能	区域零售业数据分析：核心指标
相关实验	连锁百强榜单分析
教师注意事项	准备好相关数据及分析方法介绍；百强榜单准备；中国十大商业街资料准备
学习资源	网站、统计资料等
任务1-4：视频案例讨论——中外零售业博弈	
相关知识点	无
相关实作技能	团队研讨
相关实验	无
教师注意事项	视频准备，讨论要求及要点
学习资源	视频
能力单元二：连锁经营商业模式认知	
教学目的描述	熟悉连锁经营模式的起源、实质、特点；连锁经营的三种商业模式
教学重点与难点	重点：连锁经营模式实质与特征；三种商业模式；难点：起源背景
教学时数	10
教学方法与手段	学生分析思考、教师组织讨论、专家实践讲座、学生实地参观、教师总结讲授

能力单元二：连锁经营商业模式认知	
考核方式	案例 PPT 和小组打分

任务 2-1：连锁经营商业模式的实质与特点认知	
相关知识点	连锁经营起源背景；连锁经营的实质和特点；直营连锁、特许连锁和自由连锁相关知识
相关实作技能	无
相关实验	无
教师注意事项	引导学生逐一发言提供，并将学生提供的信息逐一记录
学习资源	教材、网站等

任务 2-2：视频案例分析——特许魅力	
相关知识点	特许经营原理；特许加盟流程；特许规范和商业法规
相关实作技能	无
相关实验	特许商业辩论
教师注意事项	引导学生提前整理好问题，并提出聆听讲座相关要求
学习资源	视频案例等

能力单元三：零售连锁业态认知	
教学目的描述	熟悉和区分不同零售连锁业态；熟悉各类业态的发展和特点；争强业态区分和辨识能力
教学重点与难点	重点：业态划分标准；难点：区分业态特点
教学时数	13
教学方法与手段	实地参观、分析总结、学生讨论、教师分析
考核方式	作业＋小组互评

任务 3-1：超级市场业态认知	
相关知识点	1.超市业态产生的背景及概念解读；2.超市业态的特点分析；3.超市的发展与竞争
相关实作技能	无
相关实验	实地参观一家超市
教师注意事项	准备超市的相关资料；联系一家校企合作超市门店
学习资源	教材；教学参考资料；校外实习基地等

能力单元三：零售连锁业态认知	
任务3-2：百货业态认知	
相关知识点	1.百货业态产生的背景及概念解读；2.百货业态的特点分析； 3.百货的发展与竞争
相关实作技能	无
相关实验	实地参观一家百货店
教师注意事项	准备百货业态相关教学资料；联系一家百货商店
学习资源	教材；教学参考资料；校外实习基地等
任务3-3：专业店业态认知	
相关知识点	1.专业店业态产生的背景及概念解读；2.专业店业态的特点分析； 3.专业店的发展与竞争
相关实作技能	无
相关实验	实地参观一家专业店
教师注意事项	准备百货业态相关教学资料；联系一家专业店
学习资源	教材；教学参考资料；校外实习基地等
任务3-4：便利店业态认知	
相关知识点	1.便利店业态产生的背景及概念解读；2.便利店业态的特点分析； 3.便利店的发展与竞争
相关实作技能	无
相关实验	实地参观一家便利店
教师注意事项	准备便利店业态相关教学资料；联系一家便利店
学习资源	教材；教学参考资料；校外实习基地等

能力单元四：连锁企业组织结构设计及人员配置	
教学目的描述	能完整地设计连锁企业组织结构、合理配置人员
教学重点与难点	重点：组织结构设计；难点：人员配置
教学时数	8
教学方法与手段	实地参观、学生设计、学生讨论、教师分析
考核方式	设计企业组织结构方案
任务4-1：设计连锁总部组织结构及配置人员	
相关知识点	1.连锁总部职责；2.组织结构设计原则；3.人员配置原则

能力单元四：连锁企业组织结构设计及人员配置	
相关实作技能	能绘制组织结构图，并给出人员配置原因
相关实验	无
教师注意事项	告知学生组织结构设计及人员配置原则，提供组织结构框图供学生观摩
学习资源	连锁总部职责、连锁总部组织结构、人员配置基本原则、网络信息查询
任务 4-2：设计门店组织结构及配置人员	
相关知识点	1.门店职责；2.门店人员配置基本要求
相关实作技能	能绘制组织结构图，并给出人员配置原因
相关实验	无
教师注意事项	告知学生组织结构设计及人员配置原则，提供组织结构框图供学生观摩
学习资源	门店职责、门店组织结构、人员配置基本原则、网络信息查询
任务 4-3：展示设计完成的组织结构及人员配置并相互评论	
相关知识点	1.组织结构设计基本原则；2.人员配置基本要求
相关实作技能	能有效地展示自己设计的组织结构图并进行清晰地阐述
相关实验	无
教师注意事项	以组为单位组织学生展示成果并引导学生做出评论
学习资源	自制组织结构图及人员配置图、评论主要原则
能力单元五：连锁企业部门职责及制度拟定	
教学目的描述	能根据部门任务拟定规范的部门职责及管理制度
教学重点与难点	重点：连锁企业规范述语及管理规范；难点：拟定管理制度
教学时数	6
教学方法与手段	实地参观、专家讲座、学生拟定、教师讲解
考核方式	案例点评
任务 5-1：实地参观，了解连锁企业部门职责及规章制度	
相关知识点	无
相关实作技能	能有效收集连锁企业部门职责及规章制度
相关实验	无
教师注意事项	告知学生实地参观注意事项，并明确参观任务
学习资源	连锁企业现有的部门职责及规章制度、网络信息

能力单元五：连锁企业部门职责及制度拟定	
任务5-2：根据拟开店的特点及经营理念，拟定本店的部门职责及管理制度	
相关知识点	连锁企业术语规范
相关实作技能	能按规范的格式撰写连锁企业部门职责及管理制度
相关实验	无
教师注意事项	引导学生相互查找制度漏洞，开展规范学习
学习资源	学生自拟的部门职责及规章制度
任务5-3：开展连锁创业竞赛	
相关知识点	连锁经营知识，创业计划书
相关实作技能	综合所学知识，拟定连锁企业创业计划，参与创业竞赛
相关实验	无
教师注意事项	组织创业竞赛工作，提供创业指导
学习资源	学生提供的创业计划书、网络资源

能力单元六：感受零售业	
教学目的描述	深入了解和熟悉零售行业
教学重点与难点	无
教学时数	16
教学方法与手段	实地参观、实岗操作
考核方法	总结
任务6-1：参观商圈	
相关知识点	商圈相关知识
相关实作技能	无
相关实验	无
教师注意事项	告知学生实地参观注意事项，并明确参观任务
学习资源	重庆主城各商圈
任务6-2：参观门店	
相关知识点	门店布局
相关实作技能	无
相关实验	无

能力单元六：感受零售业	
教师注意事项	1.联系好实习参观门店；2.作好纪律安排
学习资源	校企合作企业相关门店
任务6-3：实岗操作	
相关知识点	岗位说明书与操作流程
相关实作技能	到生鲜、食品用品、服装、客服等部门实岗操作体验
相关实验	无
教师注意事项	提前联系和分配门店与岗位
学习资源	门店指导老师

（五）"课程思政"育人元素融入课程教学的途径和方法

序号	知识点	育人元素	融入途径、方式	预期效果	备注
1	商道	商业传承	视频+案例	引起思想共鸣	
2	新零售	社会进步	视频+案例	唤起民族传承	
3	业态更替	周期无敌	视频+案例	惊醒时间的价值	

（六）学习者能力测试指导

采用过程考核与结果考核相结合，具体的考核分数比例如下。

成绩构成	占总成绩的比例
平时成绩	20%
单元考核成绩	30%
期末考核成绩	50%
合计	100%

（七）教学资源配置

1. 主教材

《连锁企业经营管理原理》，居长志编著，高等教育出版社。

2. 参考资料

连锁企业网络信息资源、学生生活知识积累、学生实地参观考察收获、企业提供的学习资料等。

3. 主要设备与设施

（1）多媒体教学设备；

（2）学生学习用电脑；

（3）物流实训中心；

（4）参观学习基地。

4. 主讲教师

×××，专职教师，10 年，重庆城市管理职业学院。

5. 其他说明

四、《连锁企业门店营运与管理》课程标准

（一）课程基本信息

课程编码	03050006	课程类型	理论＋实践	学分	3 分
适用专业	连锁经营管理				
先修课程	零售与连锁经营管理				
后续课程	品类管理、连锁企业促销策划、商品采购管理、零售数据挖掘与应用、顾客服务				
总学时	51	实践学时	25		

（二）课程定位

《连锁门店经营与管理》是连锁经营管理专业的核心专业课，是该专业学生的必修课程。通过本课程的学习，使学生从理论上掌握连锁门店营运与管理的方法，并通过实践，具备门店操作的基本技能，为使学生将来成为有较扎实理论基础、又有较强动手能力的门店管理人员打下基础，提高全面综合素质，增强适应职业变化的能力。

（三）课程目标

1. 知识要求

（1）店长工作职责；店长作业流程；店长作业管理的重点；

（2）理货员的主要工作职责；理货员的作业流程管理；

（3）收银员作业流程；收银作业管理的重点；收银错误的作业管理；

（4）由总部配送商品的收货作业；由供应商配送商品的收货作业；

（5）防损员作业流程；防损作业管理的重点；

（6）顾客投诉意见的主要类型；顾客投诉意见的处理程序。

2. 技能要求

（1）理货员的作业管理；

（2）收银员的作业管理；

（3）收货作业管理；

（4）店长的作业管理；

（5）防损员的作业管理；

（6）顾客投诉与意见处理。

3. 素质要求

（1）具有现代化的服务意识；

（2）具有诚信、务实的职业道德素质；

（3）具有耐心、仔细的工作作风；

（4）具备与他人团结协作的团队合作精神；

（5）具备完善的职业健康安全意识；

（6）具有吃苦耐劳的工作作风。

（四）课程主要内容

1. 能力单元与学时分配

序号	能力单元名称	讲授	实作	专家讲座	参观	讨论	其他
1	门店店长的作业化管理	4		1		1	
2	连锁商店的卖场布局	4	2		2		
3	连锁商店的商品陈列和维护	4	3		2	1	
4	理货员作业管理	4	2	1			
5	收银员作业管理	3	2	2	1		
6	门店进存货作业管理	3	2				
7	门店防损作业管理	4	2	1			
合计		26	13	5	5	2	

2. 教学任务描述

能力单元一：门店店长的作业化管理	
教学目的描述	1. 了解企业门店店长的地位 2. 熟悉店长的主要工作职责和能力要求 3. 熟悉店长的作业时间 4. 掌握店长在每日的工作中每个时段上的工作内容 5. 掌握店长作业管理的重点

能力单元一：门店店长的作业化管理	
教学重点与难点	1. 店长的主要工作职责和能力要求 2. 门店店长的作业流程 3. 店长作业化管理的重点
教学时数	6
教学方法与手段	多媒体讲授、案例分析、小组讨论——如果我是店长
考核方式	角色扮演

任务 1-1：店长的能力要求以及作业管理	
相关知识点	店长的广义定义 不同业态、不同种类、不同规模门店店长的职责和能力要求 店长每日工作中时间段的划分
相关实作技能	角色扮演——店长 不同时段店长检查和巡视门店的重点项目
相关实训	在不同时段对门店的检查重点，并填写检查表
教师注意事项	分小组讨论店长的作业重点
学习资源	1. 书籍：《连锁企业门店营运与管理》教材《连锁》杂志 2. 网络资源：中国连锁经营协会 http：//www.ccfa.org.cn/ 重庆连锁经营协会 http：//www.21ucc.cn/ 中华零售网 http：//www.i18.cn/ 3. 实习实训资源：校外实训基地：永辉超市

能力单元二：连锁商店的卖场布局	
教学目的描述	1. 了解连锁商店卖场布局的作用 2. 熟知连锁商店货架的形式和规格 3. 熟知连锁商店的货架布局规律 4. 掌握不同连锁业态的卖场布局
教学重点与难点	1. 连锁商店的货架及其布局规律 2. 连锁超级市场的卖场布局 3. 卖场布局中磁石理论的具体运用
教学时数	8
教学方法与手段	多媒体讲授、卖场布局展示、案例分析、小组讨论，课堂实作、企业门店参观
考核方式	小组展示

能力单元二：连锁商店的卖场布局	
任务2-1：根据卖场布局中磁石理论布局超级市场	
相关知识点	1. 连锁商店卖场布局的作用 2. 连锁商店货架的相关知识——柜台、货架 3. 主要的零售业态及其卖场布局形式 4. 磁石理论 5. 顾客购物心里
相关实作技能	1. 了解通用货架及柜台的规格 2. 了解货架布局的几种形式 3. 绘制超市卖场磁石点配置图
相关实训	1. 到相关门店进行参观 2. 在实训室认识货架和柜台
教师注意事项	1. 实训之前，提醒学生复习实训的相关知识 2. 实训过程中，要求学生独立完成实训任务
学习资源	1. 书籍：《连锁企业门店营运与管理》教材《连锁》杂志 2. 网络资源：中国连锁经营协会 http://www.ccfa.org.cn/ 重庆连锁经营协会 http://www.21ucc.cn/ 中华零售网 http://www.i18.cn/ 3. 实习实训资源：校外实训基地：永辉超市

能力单元三：连锁商店的商品陈列和维护	
教学目的描述	1. 理解并掌握连锁商店卖场的商品配置 2. 了解商品配置表的功能与制定 3. 理解连锁商店商品陈列的主要要求 4. 掌握连锁商店商品陈列的类型 5. 掌握连锁超级市场商品陈列的基本方法
教学重点与难点	1. 连锁商店商品陈列的类型 2. 连锁超级市场商品陈列的基本方法
教学时数	10
教学方法与手段	多媒体讲授、商品陈列展示、案例分析、小组实作，参观门店
考核方式	小组汇报
任务3-1：根据商品陈列的要求和具体方法正确陈列商品	
相关知识点	1. 商品的归类 2. 连锁门店商品配置的位置及规律 3. 商品配置表的内容 4. 商品陈列的要求和具体方法
相关实作技能	1. 商品配置表的编写 2. 根据商品陈列的要求和方法正确陈列商品

能力单元三：连锁商店的商品陈列和维护	
相关实训	1. 展示连锁门店商品的标准陈列 2. 到门店实地参观商品陈列、分组陈列商品
教师注意事项	1. 实训之前，提醒学生复习实训的相关知识 2. 实训过程中，要求学生独立完成实训任务
学习资源	1. 书籍：《连锁企业门店营运与管理》教材《连锁》杂志 2. 网络资源：中国连锁经营协会 http://www.ccfa.org.cn/ 重庆连锁经营协会 http://www.21ucc.cn/ 中华零售网 http://www.i18.cn/ 3. 实习实训资源：校外实训基地：永辉超市

能力单元四：理货员作业管理	
教学目的描述	1. 熟悉理货员的基本素质 2. 掌握理货员的作业流程和要领 3. 对卖场主要设备的使用与简易保养的能力
教学重点与难点	1. 理货员的主要工作职责 2. 理货员在门店营业各时间段的作业流程和作业要领
教学时数	7
教学方法与手段	多媒体讲授、案例分析、分小组实作
考核方式	小组汇报
任务4-1：操作理货员的作业流程和要领	
相关知识点	1. 理货员的职业道德 2. 理货员的主要工作职责 3. 理货员的作业流程 4. 理货员的作业要领 5. 卖场主要设备的使用与简易保养知识
相关实作技能	1. 熟知理货员的作业流程 2. 掌握理货员操作要领
相关实训	1. 训练理货员作业管理 2. 内容：实际观察、操作理货员的作业流程和要领
教师注意事项	1. 实训之前，提醒学生复习实训的相关知识 2. 实训过程中，要求学生独立完成实训任务
学习资源	1. 书籍：《连锁企业门店营运与管理》教材《连锁》杂志《店长》杂志 2. 网络资源：中国连锁经营协会 http://www.ccfa.org.cn/ 重庆连锁经营协会 http://www.21ucc.cn/ 中华零售网 http://www.i18.cn/ 3. 实习实训资源：校外实训基地：永辉超市

能力单元五：收银员作业管理	
教学目的描述	1. 熟悉收银员的能力要求和工作职责 2. 掌握 POS 收银机的维护、保养和操作能力 3. 掌握收银作业、收银错误的作业管理能力 4. 熟悉收银作业流程 5. 把握金钱管理的注意事项
教学重点与难点	1. 收银作业、收银错误的作业管理能力 2. 收银作业流程
教学时数	8
教学方法与手段	多媒体讲授、案例分析、角色扮演——收银作业，专家讲座——企业收银能手
考核方式	小组展示
任务5-1：操作收银作业流程	
相关知识点	1. 收银主管的能力要求 2. 收银员的主要工作职责 3. 收银员的礼仪服务规定 4. 收银作业流程 5. POS 收银机的操作规程 6. POS 收银机的维护和保养 7. 收银作业管理的重点 8. 金钱管理的注意事项 9. 收银错误的作业管理
相关实作技能	1. 会规范地展示标准的收银员礼仪服务 2. 会流利地操作整个收银作业流程 3. 会正确操作和维护 POS 收银机 4. 会识别真伪钞 5. 会使用各类信用卡
相关实训	1. 收银员标准礼仪训练、标准收银作业流程 2. POS 收银机的使用 3. 真伪钞的辨别及信用卡的知识
教师注意事项	1. 实训之前，提醒学生复习实训的相关知识 2. 实训过程中，要求学生独立完成实训任务
学习资源	1. 书籍：《连锁企业门店营运与管理》教材《连锁》杂志 2. 网络资源：中国连锁经营协会 http：//www.ccfa.org.cn/ 重庆连锁经营协会 http：//www.21ucc.cn/ 中华零售网 http：//www.i18.cn/ 3. 实习实训资源：校外实训基地：永辉超市

能力单元六：门店进货和存货作业管理	
教学目的描述	1. 理解订货、进货及收货作业管理环节 2. 熟悉退换货和调拨的程序和操作规范 3. 了解仓库作业管理及盘点作业管理 4. 熟悉如何进行坏品处理
教学重点与难点	1. 订货、进货的时间和原则 2. 退换货和商品调拨的标准流程
教学时数	5
教学方法与手段	多媒体讲授、案例分析
考核方式	小组汇报
任务6-1：进存货作业管理	
相关知识点	1. 门店进货作业管理流程 2. 门店存货作业管理流程
相关实作技能	门店进存货作业
相关实训	门店进货和存货模拟作业管理 内容：进货、订货作业流程 要求：1. 掌握进货、订货作业流程 2. 熟悉前、中、后的工作
教师注意事项	实训之前，提醒学生复习实训的相关知识 实训过程中，要求学生分组独立完成实训任务
学习资源	1. 书籍：《连锁企业门店营运与管理》教材《连锁》杂志 2. 网络资源：中国连锁经营协会 http：//www.ccfa.org.cn/ 重庆连锁经营协会 http：//www.21ucc.cn/ 中华零售网 http：//www.i18.cn/ 3. 实习实训资源：校外实训基地：永辉超市

能力单元七：门店防损作业管理	
教学目的描述	1. 理解连锁企业门店损耗产生的原因 2. 熟悉防止门店损耗的途径 3. 熟悉门店偷窃事件的防范和处理的方法 4. 了解防盗性的卖场布局与商品陈列
教学重点与难点	1. 连锁企业门店损耗产生的原因 2. 门店偷窃事件的防范和处理的方法
教学时数	7
教学方法与手段	多媒体讲授、案例分析，模拟演练、实地参观
考核方式	小组汇报

能力单元七：门店防损作业管理	
任务 7-1：门店防损作业管理	
相关知识点	1. 门店损耗产生的原因 2. 门店损耗的防止 3. 门店偷窃事件的防范与处理方法 4. 防盗性的卖场布局与商品陈列
相关实作技能	门店防损的训练
相关实训	内容：门店损耗的防止，门店偷窃事件的防范与处理
教师注意事项	实训之前，提醒学生复习实训的相关知识 实训过程中，要求学生独立完成实训任务
学习资源	1. 书籍：《连锁企业门店营运与管理》教材《连锁》杂志 2. 网络资源：中国连锁经营协会 http：//www.ccfa.org.cn/ 重庆连锁经营协会 http：//www.21ucc.cn/ 中华零售网 http：//www.i18.cn/ 3. 实习实训资源：校外实训基地：永辉超市

（五）"课程思政"思政育人元素融入课程教学的途径和方法

序号	知识点	育人元素	融入途径、方式	预期效果	备注
1	理货员的岗位职责	踏实、肯干	教学视频	培养吃苦耐劳的品质	
2	收银员的岗位职责	诚实、守信	教学视频	培养诚实守信的品质	
3	防损员的岗位职责	诚实、守信	教学视频	培养诚实守信的品质	

（六）课程评价方法

采用过程考核与结果考核相结合、校内考核与企业考核相结合。具体的考核分数比例如下。

成绩构成	占总成绩的比例
课堂出勤	10%
课堂表现	20%
平时成绩	70%

（七）教学资源配置

1. 教材、参考书目

《连锁企业门店营运与管理》（最新版规划教材）；《连锁》杂志。

2. 信息化教学资源

网络资源：中国连锁经营协会 http：//www.ccfa.org.cn/ 重庆连锁经营协会

http：//www.21ucc.cn/ 中华零售网 http：//www.i18.cn/

3. 主要设备与设施

校外实训基地：永辉超市、人人乐购物广场、中百超市、校内实训超市、现代物流实训中心。

4. 主讲教师

×××，讲师，10 年，专任教师。

5. 其他说明

五、《品类管理理论与实务》课程标准

（一）课程基本信息

课程编码	03060013	课程类型	理论＋实践	学分	3
适用专业	连锁经营管理专业				
先修课程	零售与连锁经营管理、连锁企业门店运营管理、职业资格证书培训与认证（连锁）				
后续课程	零售业数据分析与应用　跟岗实习　顶岗实习				
总学时	60		实践学时	24	

（二）课程定位

《品类管理理论与实务》是连锁经营管理专业核心课程。本课程在专业培养目标中的定位是：培养学生在商业零售业态大卖场从事品类主管的实际操作能力，为后续课程的学习奠定良好的知识、技能基础和管理潜质。在实际教学中突出教学的灵活性，以基本培养宗旨为纲，根据大卖场对管理技能要求的比重不同，对相应教学内容做细微调整。该课程实践性、应用性强，工学结合特色突出，特别适合高职高专层次的学生学习、掌握。

（三）课程学习目标

随着经济全球化与信息技术的迅猛发展，商品管理工作越来越受到人们的关注与重视，品类管理是企业经营的一个核心环节，是获取利润的重要来源。品类管理对于提高连锁企业成本优势、供应链管理优势、客户满意度等核心竞争力方面具有重要作用。《商品认知与品类管理》是一门介绍如何识别连锁企业进行商品构成与原则，研究如何采用科学的方法提高商品管理与品类质量和效率的课程。

通过本课程的学习，使学生掌握第一模块；商品分类的二八法则；商品的组合；商品结构；商品选择；第二模块；品类管理的原理；品类管理的流程；品类管理战术等内容。在掌握一定理论知识的基础之上，使学生掌握连锁企业商品认知与品类管理的综合技能，以便将来能够胜任各类品类管理工作。学习此课程需要先学习《管理学基础》《商品学》

《物流基础》《供应链管理》等相关专业课程。

1. 社会主义核心价值观目标

（1）具备自由、平等、公正、法治等价值取向；

（2）具备爱国、敬业、诚信、友善等价值准则。

2. 情感态度目标

（1）具备民族团结、社会责任情感等；

（2）具备社会主义公民道德、社会公德和家庭美德意识等；

（3）具备求实的科学态度、积极的生活态度等。

3. 职业素养目标

（1）具有坦实、耐心、仔细的工作作风；

（2）具有良好、严谨的职业素质；

（3）具备良好的团队精神。

4. 知识目标

（1）了解连锁企业商品认知的基本内容；

（2）熟悉商品的组合与商品的结构；

（3）掌握商品选择的有关内容与流程；

（4）掌握商品管理的二八原则；

（5）了解熟记品类管理的基本原理；

（6）掌握品类管理的有关流程与内容；

（7）掌握品类管理过程的战术内容与要求；

（8）重点掌握品类管理战略的四大战术；

（9）重点掌握连锁企业实施品类管理六大要素；

（10）掌握品类管理实施的十个步骤；

（11）熟悉目前连锁企业实施品类管理的困境与机遇；

（12）掌握品类界定的界限与品类角色；

（13）掌握品类管理中的产品细分有关知识与内容。

5. 技能目标

（1）掌握商品品种组合与货架陈列；

（2）熟悉品类角色的分析方法；

（3）重点掌握促销计划书的编写；

（4）掌握商品补货的有关流程与注意事项；

（5）熟悉品类评估与评分表的制作。

（四）课程主要内容

1. 能力单元与学时分配

序号	能力单元名称	讲授	实作	专家讲座	参观	讨论	其他
1	商品认知概论	3					
2	商品的选择与调整	3	2				
3	品类管理原理	6					
4	品类管理流程	8	2				
5	品类管理战术	10	2				
6	实施品类管理	10	2				
7	品类界限与角色	6	2				
8	中国连锁企业品类管理发展趋势			2			
合计		46	10	2			

2. 教学任务描述

能力单元一：商品认知概论	
教学目的描述	通过本章的学习，要求学生了解商品管理的基本原则与基本要求；掌握商品组合的程序；重点掌握商品结构与客层分析
教学重点与难点	1. 商品组合 2. 商品管理的二八原则 3. 商品管理客层分析
教学时数	3
教学方法与手段	多媒体
考核方式	课堂展示、小组作业
任务 1-1：了解商品管理的基本内容	
相关知识点	商品管理的业务内容
相关实作技能	无
相关实验	无
教师注意事项	课前作好教学准备，选择好教学内容；语言精练，重难点突出，讲授以引导为主
学习资源	1. 相关商品管理软件的应用指导用书 2.《人力资源管理师》职业岗位培训认证指导有书 3. 其他有关商品采购的书籍

能力单元二：商品的选择与调整	
教学目的描述	通过本章的学习，要求学生熟悉顾客需求与商品管理的关系；掌握商品品类的构成；熟悉商品规划类别的普遍原则；掌握商品规划与商品结构的深度与宽度
教学重点与难点	1. 顾客需求 2. 商品规划的深度与宽度 3. 商品结构的深度与宽度
教学时数	3
教学方法与手段	多媒体
考核方式	课堂展示、小组作业
任务 2-1：商品规划与商品结构深度与宽度分析	
相关知识点	1. 宽度与深度的相关知识点 2. 分析的流程与内容
相关实作技能	无
相关实验	无
教师注意事项	课前作好教学准备，选择好教学内容，语言精练，重难点突出，讲授以引导为主
学习资源	1. 相关商品管理软件的应用指导用书 2.《人力资源管理师》职业岗位培训认证指导有书 3. 其他有关商品采购的书籍

能力单元三：品类管理原理	
教学目的描述	通过本章的学习，要求学生了解品类管理实施的行业背景；重点掌握"牛鞭"效应；了解品类管理的内涵；掌握品类管理中的 ECR 原理
教学重点与难点	1. "牛鞭"效应 2. 品类管理的 ERC 原理 3. 品类管理的本质
教学时数	6
教学方法与手段	多媒体
考核方式	课堂展示、小组作业
任务 3-1：如何理解 ERC 的 50/50 原理	
相关知识点	50/50 原理
相关实作技能	无
相关实验	无
教师注意事项	课前作好教学准备，选择好教学内容，语言精练，重难点突出，讲授以引导为主

能力单元三：品类管理原理	
学习资源	1.相关商品管理软件的应用指导用书 2.《人力资源管理师》职业岗位培训认证指导有书 3.其他有关商品采购的书籍

能力单元四：品类管理流程	
教学目的描述	通过本章的学习，要求学生了解品类管理的四个步骤；重点掌握品类角色的分析与定位；掌握品类评估、品类评分表的制作与使用；重点熟悉品类管理策略
教学重点与难点	1.品类角色的定位与分析 2.品类管理的流程 3.品类策略 4.品类评分表
教学时数	8
教学方法与手段	多媒体、案例分析
考核方式	课堂展示、小组作业

任务4-1：如何进行品类管理评估？	
相关知识点	1.品类评估的内容 2.评估表的制作
相关实作技能	无
相关实验	无
教师注意事项	课程中要让学生参与讨论分析，注意培养学生的团队协作精神
学习资源	1.《人力资源管理师》职业岗位培训认证指导有书 2.多媒体视频案例

能力单元五：品类管理的战术	
教学目的描述	通过本章的学习，要求学生了解品类管理的四大战术；重点掌握 EA、EPI、EPP 和 ER 战术
教学重点与难点	1.EA 2.EPP 与 ER
教学时数	10
教学方法与手段	多媒体、实作练习
考核方式	课堂展示、小组作业

任务5-1：如何进行促销的品类管理？	
相关知识点	1.品类促销的流程 2.促销计划书的编写

能力单元五：品类管理的战术	
相关实作技能	熟练掌握品类促销的计划书制定与执行
相关实验	制作促销计划书
教师注意事项	师生互动要及时，事后探讨编写过程中出现的问题与对策
学习资源	1.《人力资源管理师》职业岗位培训认证指导有书 2. 多媒体视频 3. 其他有关商品采购的书籍

能力单元六：实施品类管理	
教学目的描述	通过本章的学习，要求学生熟悉品类管理的六要素；重点掌握品类管理实施的十个步骤；熟悉目前国内实施品类管理中的问题与对策
教学重点与难点	1. 品类管理的六要素 2. 实施的十步骤
教学时数	10
教学方法与手段	多媒体、实作练习
考核方式	课堂展示、小组作业

任务 6-1：如何实施品类管理？	
相关知识点	1. 企业评估方法 2. 组织结构的设立 3. 人员培训
相关实作技能	掌握对企业调查的方法 掌握商品品类评价指标体系 掌握建立人员档案
相关实验	网络上机实训操作
教师注意事项	课前作好教学准备，选择好教学内容；注意培养学生实际动手操作能力
学习资源	多媒体视频

能力单元七：品类界定与角色	
教学目的描述	通过本章的学习，要求学生掌握如何界定品类界限；重点掌握界定品类角色；熟悉品类细分
教学重点与难点	1. 品类角色定位 2. 品类细分
教学时数	4
教学方法与手段	多媒体

能力单元七：品类界定与角色	
考核方式	课堂展示、小组作业

任务 7-1：品牌优化	
相关知识点	1. 品牌的细分 2. 角色的定位
相关实作技能	熟练掌握品牌优化的基本技能
相关实验	无
教师注意事项	课前作好教学准备，选择好教学内容；注意培养学生实际动手操作能力
学习资源	1. 相关商品管理软件的应用指导用书 2. 多媒体视频

能力单元八：中国连锁企业品类管理发展趋势	
教学目的描述	通过本章的学习，要求学生了解连锁企业品类管理的现状；掌握连锁企业的品类实施发展方向；重点掌握连锁企业品类管理的最新动态
教学重点与难点	1. 连锁企业品类管理困境的理解 2. 连锁企业品类管理的强大生命力
教学时数	2
教学方法与手段	多媒体
考核方式	课堂展示、小组作业

任务 8-1：掌握连锁企业品类管理的趋势以及如何应对	
相关知识点	1. 矛盾论观点 2. 发展观点
相关实作技能	无
相关实验	无
教师注意事项	事前联系行业专家或者专业人士
学习资源	1. 专家讲授 2. 专家视频

（五）"课程思政"育人元素融入课程教学的途径和方法

序号	知识点	育人元素	融入途径、方式	预期效果	备注
1	商品认知概论	良好严谨的职业素质	课堂案例、小组作业	理解良好严谨的职业素质的重要性	
2	商品的选择与调整	发现问题解决问题能力	课堂案例、小组作业	能够发现并解决问题	
3	品类管理原理	发现问题解决问题能力	课堂案例、小组作业	能够发现并解决问题	
4	品类管理流程	创新能力	课堂案例、小组作业	能够创新	
5	品类管理战术	创新能力	课堂案例、小组作业	能够创新	
6	实施品类管理	细心	课堂案例、小组作业	在学习工作中细心	
7	品类界限与角色	发现问题解决问题能力	课堂案例、小组作业	能够发现并解决问题	
8	中国连锁企业品类管理发展趋势	创新能力	课堂案例、小组作业	能够创新	

（六）课程评价方法

1. 能力测试的方法与手段

序号	能力单元名称	测试的方法与手段			
		鉴定要求	采用方法	鉴定人	鉴定地点
1	商品认知概论	能力单元课程结束前，由任课教师通过课堂随机提问的方式对该单元进行考核。学生要掌握商品组合、商品结构与客层分析。鉴定成绩为优秀、合格、不合格	考核法 讨论法 团队作业法	任课教师	多媒体教室
2	商品的选择与调整	能力单元课程结束时，由任课教师通过作业方式对能力单元进行考核，学生要能掌握商品规划的深度与宽度；掌握商品结构的深度与宽度。鉴定成绩为优秀、合格、不合格	讨论法	任课教师	多媒体教室

序号	能力单元名称	测试的方法与手段			
		鉴定要求	采用方法	鉴定人	鉴定地点
3	品类管理原理	能力单元课程结束时，由任课教师通过作业方式对能力单元进行考核。学生要能够在作业中掌握牛鞭效应；掌握ERC原则。鉴定成绩为优秀、合格、不合格	考核法 讨论法 团队作业法	任课教师	多媒体教室
4	品类管理流程	能力单元课程结束时，由任课教师通过作业方式对能力单元进行考核。学生要能掌握品类管理的六要素；掌握品类评估表的制作与分析。鉴定成绩为优秀、合格、不合格	考核法 讨论法 团队作业法	任课教师	多媒体教室
5	品类管理战术	能力单元课程结束前，由任课教师通过实训模拟方式对能力单元进行考核。学生应掌握品类管理的四大战术，尤其是EPP和EA。鉴定成绩为优秀、合格、不合格	考核法 讨论法 团队作业法	任课教师	多媒体教室
6	实施品类管理	能力单元课程结束前，由任课教师通过作业方式对能力单元进行考核。学生要能掌握品类管理的六要素与品类实施的十步骤。鉴定成绩为优秀、合格、不合格	考核法 讨论法 团队作业法	任课教师	多媒体教室
7	品类界定与角色	能力单元课程结束前，由任课教师通过作业方式对能力单元进行考核。学生要能够掌握品类角色的定位、重点掌握品类细分。鉴定成绩为优秀、合格、不合格	考核法 讨论法 团队作业法	任课教师	多媒体教室
8	中国连锁企业品类管理发展趋势	能力单元课程结束前，由任课教师通过课堂互动的方式对能力单元进行考核。学生应掌握中国连锁企业品类管理的发展趋势以及应对未来风险的措施。鉴定成绩为优秀、合格、不合格	考核法 讨论法 团队作业法	任课教师	多媒体教室

2. 课程成绩评价办法

采用过程考核与结果考核相结合，具体的考核分数比例如下。

成绩构成	占总成绩的比例
平时成绩	20%
单元考核成绩	30%
期末考核成绩	50%
合计	100%

（七）教学资源配置

1. 主教材

《连锁企业品类管理》，高等教育出版社"十二五"规划教材，中国连锁经营协会校企合作小组主编。

2. 教学参考资料

《品类管理理论与实战》《品类管理（内部资料）》等。

3. 主要设备与设施

教学调研和实做主要在校企合作企业永辉超市相关门店完成。

4. 主讲教师

×××，女，7年，专任讲师。

5. 其他说明

六、《连锁门店促销与策划》课程标准

（一）课程基本信息

课程编码	03030111	课程类型	理论＋实践	学分		3
适用专业	连锁经营管理					
先修课程	连锁企业门店营运管理消费者行为分析					
后续课程	视觉营销					
总学时	60		实践学时		30	

（二）课程定位

连锁门店促销与策划课程是我院连锁专业的核心课程。通过该课程的训练学习，以商场、零售连锁企业为教学实践载体，使学生深入掌握连锁门店营销策划的具体内容、工作流程、规章制度、服务标准、岗位设置及职责等技能，培养学生针对不同经营模式和不同

层次的商业企业进行营销策划服务的制作能力。主要针对目标消费群体购买行为的特征，制定营销刺激计划，并以适当的方式和渠道将相关信息传递给受众，激发其潜在需求，促使其产生购买行为。促销策划的基础是企业的市场定位、竞争分析和消费者分析。学生通过本门课程的学习强化学生的营销意识，培养学生在连锁卖场促销策划所需的相应能力。培养学生责任意识及团队合作能力。在教学过程中，以实用性为原则，契合高职高专职业教育特色，同时，实现学生的自我学习能力、团队意识、创新思维等综合素质和能力的培养。

（三）课程目标

1. 知识要求

使学生掌握门店营销策划的方法，逐步形成门店营销策划实务的创意思维，最终能按要求撰写出切实可行的、具有一定商业价值的门店营销策划方案。

（1）能够熟练掌握连锁营销策划的项目、方法、技巧。

（2）能够完成促销活动策划书的撰写。

（3）理解连锁企业公关策划、广告策划、营业推广、人员促销等不同促销方法的实施。

2. 技能要求

（1）能区别连锁企业不同业态；对连锁企业促销模式有一个基本的了解；能针对不同的需求完成促销策划的前期调研工作，并撰写市场调研报告。

（2）能针对不同环境，分析南北方促销差异。

（3）能针对不同的商品类别，进行 DM 单分析。

（4）能针对不同的商业企业业态和市场竞争情况分析市场环境、进行营业推广，能够独立完成营业推广策划案，制作 POP 海报。并能够通过 PPT 的形式进行营业推广策划案的汇报。

（5）能针对不同的商业企业业态、其销售的商品特性和消费者特征读懂消费者的消费心理、制定有针对性的营销策略，开展有效的促销活动，对促销过程进行有效控制，并对促销效果进行有效评估。

（6）能针对不同的商业企业业态、市场竞争情况、销售的商品特性和消费者特征进行有效的营销策略组合策划。

3. 素质要求

（1）具备很好的沟通、交流能力；具备团队合作精神；具备创新精神；具备竞争意识、责任意识、服务意识和严谨的工作态度。

（2）具备法规意识、责任意识；具备审美感、服务观。

（四）课程主要内容

1. 能力单元与学时分配

序号	能力单元名称	讲授	实作	专家讲座	参观	讨论	其他
1	初识促销	4					
2	了解连锁企业策划流程	4	3	1		2	
3	进行连锁企业营业推广	6	4			2	
4	实施连锁企业广告策划	4	4			2	
5	学习连锁企业人员促销	4	2			2	
6	实施连锁企业公关策划与企业形象策划	4	2	2		2	
7	完成连锁企业促销整合策划	4	2				
合计		30	17	3		10	

2. 教学任务描述

能力单元一：初识促销	
教学目的描述	理解促销的概念与内涵
教学重点与难点	促销内涵的理解，认识促销策划的作用
教学时数	4
建议教学方法与手段	多媒体讲解、小组讨论
考核方式	小组汇报
任务 1-1：理解促销的概念与内涵任务描述	
相关知识点	促销的概念与内涵
相关实作技能	无
相关实验	无
教师注意事项	准备大量的相关案例
学习资源	网络信息、教辅资料
任务 1-2：认识促销策划的作用任务描述	
相关知识点	促销策划的作用
相关实作技能	无
相关实验	无

能力单元一：初识促销	
教师注意事项	准备相关案例
学习资源	网络信息、教辅资料

能力单元二：了解连锁企业促销战略与策划流程	
教学目的描述	认识促销的定位，会进行促销活动的设计，掌握促销活动策划书的撰写方法
教学重点与难点	促销活动的设计、促销活动策划书的撰写
教学时数	10
教学方法与手段	多媒体讲解、小组讨论、现场制作
考核方式	小组汇报

任务 2-1：认识促销的定位任务描述	
相关知识点	促销定位
相关实作技能	分析相关案例
相关实验	无
教师注意事项	相关的案例、图片
学习资源	网络信息、教辅资料、企业 / 行业相关的资料

任务 2-2：会进行促销活动的设计任务描述	
相关知识点	促销活动的设计方法
相关实作技能	操作 Office 办公软件
相关实验	促销活动的设计
教师注意事项	准备拟好的促销设计场景
学习资源	网络信息、教辅资料、在线学习

任务 2-3：掌握促销活动策划书的撰写方法任务描述	
相关知识点	促销活动策划书的撰写方法
相关实作技能	操作 Office 办公软件
相关实验	撰写促销活动策划书
教师注意事项	组织讨论、布置作业、进行策划书展示
学习资源	网络信息、教辅资料、在线学习

能力单元三：进行连锁企业营业推广	
教学目的描述	了解价格促销与非价格促销的种类与评价方法，掌握联合促销的概念、原则、形式与评价方法
教学重点与难点	联合促销的原则与评价方法
教学时数	12
教学方法与手段	多媒体讲解、小组讨论
考核方式	小组展示
任务 3-1：了解价格促销与非价格促销的种类与评价方法任务描述	
相关知识点	价格促销与非价格促销的种类与评价方法
相关实作技能	案例分析
相关实验	无
教师注意事项	案例的准备
学习资源	网络信息、教辅资料
任务 3-2：掌握联合促销的概念、原则、形式与评价方法任务描述	
相关知识点	联合促销的概念、原则、形式与评价方法
相关实作技能	案例分析
相关实验	无
教师注意事项	案例的准备
学习资源	网络信息、教辅资料

能力单元四：实施连锁企业广告策划	
教学目的描述	了解大众媒介传播策划与小众媒介传播策划的含义与区别，学会 POP 广告制作
教学重点与难点	POP 广告制作、DM 单分析、橱窗陈列
教学时数	10
教学方法与手段	多媒体讲解、小组讨论、现场实作
考核方式	小组展示
任务 4-1：了解大众媒介传播策划与小众媒介传播策划的含义与区别任务描述	
相关知识点	大众媒介传播策划与小众媒介传播策划的基础知识
相关实作技能	分析相关案例
相关实验	DM 单分析
教师注意事项	相关案例的准备

能力单元四：实施连锁企业广告策划	
学习资源	网络信息、教辅资料、企业／行业相关的资料

任务 4-2：学会 POP 广告制作任务描述	
相关知识点	POP 广告
相关实作技能	绘画、图像处理软件使用
相关实验	POP 广告制作
教师注意事项	准备相应的工具
学习资源	网络信息、教辅资料

能力单元五：学习连锁企业人员促销	
教学目的描述	了解促销人员的构成，掌握促销人员的营销礼仪及人员促销常用的方式
教学重点与难点	人员促销常用的方式
教学时数	8
教学方法与手段	多媒体讲解、小组讨论、情景演示
考核方式	小组汇报

任务 5-1：了解促销人员的构成任务描述	
相关知识点	促销人员的构成
相关实作技能	案例分析
相关实验	无
教师注意事项	案例的准备
学习资源	网络信息、教辅资料

任务 5-2：掌握促销人员的营销礼仪及人员促销常用的方式任务描述	
相关知识点	促销人员的营销礼仪及人员促销常用的方式
相关实作技能	角色扮演
相关实验	情景演示
教师注意事项	情景的准备
学习资源	网络信息、教辅资料

能力单元六：实施连锁企业公关策划与企业形象策划	
教学目的描述	理解企业形象的含义，明确企业公关的目的，掌握企业 CIS 策划方法
教学重点与难点	企业公共策划方法

能力单元六：实施连锁企业公关策划与企业形象策划

教学时数	10
教学方法与手段	多媒体讲解、小组讨论、现场实作
考核方式	小组展示

任务 6-1：理解企业形象的含义任务描述

相关知识点	企业形象的含义
相关实作技能	分析相关案例
相关实验	无
教师注意事项	准备大量的案例
学习资源	网络信息、教辅资料

任务 6-2：明确企业公关的目的，掌握企业 CIS 策划方法任务描述

相关知识点	企业公关的目的，企业 CIS 策划方法
相关实作技能	分析相关案例，操作 Office 办公软件
相关实验	企业公共策划方案设计
教师注意事项	任务场景设计
学习资源	网络信息、教辅资料、企业 / 行业相关的资料

能力单元七：完成连锁企业促销整合策划

教学目的描述	了解年度促销计划的制订内容，会进行多种促销方式组合
教学重点与难点	多种促销方式组合策划
教学时数	6
教学方法与手段	多媒体讲解、小组讨论
考核方式	小组汇报

任务 7-1：了解年度促销计划的制订内容任务描述

相关知识点	年度促销计划的制订内容
相关实作技能	案例分析
相关实验	无
教师注意事项	案例的准备
学习资源	网络信息、教辅资料

能力单元七：完成连锁企业促销整合策划	
任务 7-2：会进行多种促销方式组合任务描述	
相关知识点	多种促销方式
相关实作技能	Office 办公软件操作、手绘
相关实验	多种促销方式组合的促销方案设计
教师注意事项	作业布置
学习资源	网络信息、教辅资料

（五）"课程思政"育人元素融入课程教学的途径和方法

序号	知识点	育人元素	融入途径、方式	预期效果	备注
1	连锁企业人员促销	促销人员的营销礼仪	视频	促销人员的诚实、守信、敬业	
2	连锁企业公关策划与企业形象	企业文化激励	视频	通过正面传递企业文化，激发学生爱岗敬业	

（六）课程评价办法

1. 考核方法

该门课程采用教学过程考核方法。

2. 成绩评定

基本知识、应知考核情况：20%

上课的出勤率、学习态度：20%

平时实践（作业、实训）操作情况：60%

（七）教学资源配置

1. 主教材

《连锁企业促销策划》（2012 年第二版），李建，电子工业出版社。

2. 教学参考资料

《连锁企业促销技巧》（2007 年第一版），张启杰，电子工业出版社；

《高效率促销实训》（2006 年第一版），张少华，电子工业出版社；

《POP 设计》（2009 年第一版），尚震，中国青年出版社；

《店面销售教学做一体化实用教程》（2010 年第一版），王薇，电子工业出版社；

《广告原理与实务》（2009 年第一版），王吉方，机械工业出版社；

中国连锁经营协会 http：//www.ccfa.org.cn/；

重庆连锁经营协会 http：//www.21ucc.cn/；

中华零售网 http：//www.i18.cn/；

超市 168、联商网。

3. 主要设备与设施

校内实训超市、现代物流实训中心；校外实训基地：永辉超市、人人乐购物广场、乡村基。

4. 主讲教师

×××　专职讲师　10 年　重庆城市管理职业学院。

5. 其他说明

七、《零售业顾客服务训练》课程标准

（一）课程基本信息

课程编码	03060031	课程类型	理实一体	适用专业	连锁经营管理专业
学分	3	总学时	60	实践学时	28
先修课程	连锁企业门店营运与管理、零售与连锁经营管理、零售业消费者行为分析				
后续课程	服务与礼仪训练				

（二）课程定位

通过本课程的学习，使学生掌握连锁门店顾客服务的基本概念和理论，熟悉当代服务的特点，并且通过实务、案例分析等多种方式的综合练习，培养学生发现、分析和解决问题的基本方法和手段，加强创新能力的培养，为学习后续课程打下坚实的基础。

（三）课程目标

1. 社会主义核心价值观目标

（1）具备自由、平等、公正、法治等价值取向。

（2）具备爱国、敬业、诚信、友善等价值准则。

2. 情感态度目标

（1）具备民族团结、社会责任情感等。

（2）具备社会主义公民道德、社会公德和家庭美德意识等。

（3）具备求实的科学态度、积极的生活态度等。

3. 职业素养目标

（1）具备爱岗敬业、诚实守信、遵纪守法等职业道德。

（2）具备团队协作精神、创新精神。

（3）具备端正的服务意识。

4. 知识目标

（1）了解什么是服务。

（2）了解优质服务的标准。

（3）了解什么是礼仪。

（4）掌握服务人员仪容、仪表规范。

（5）掌握标准服务流程内容。

（四）技能目标

（1）能整理个人仪容仪表。

（2）能对不同类型的顾客提供优质服务。

（3）能进行有效的商品介绍。

（4）能回应顾客异议。

（5）能有效处理顾客的抱怨投诉。

（6）能提供物品存取服务。

（7）能提供退换货服务。

（8）能提供广播服务。

（9）能提供售后服务。

（五）课程主要内容

1. 能力单元与学时分配

序号	能力单元名称	讲授	实作	专家讲座	参观	讨论	其他
1	领悟服务的真谛	4	4				
2	服务礼仪训练	6	6				
3	岗位服务技能训练	16	12				
4	物品存取服务技能训练	1	1				
5	退换货服务技能训练	2	2				
6	广播服务技能训练	1	1				
7	售后服务技能训练	2	2				
合计		32	28				

2. 教学任务描述

<table>
<tr><td colspan="2" align="center">能力单元一：领悟服务的真谛</td></tr>
<tr><td>教学目的</td><td>明确学习客户服务的学习方法和学习态度，较深入地理解什么是服务的主体与客体，了解高品质服务的特征、优势、极其稀缺的原因，树立正确的服务意识</td></tr>
<tr><td>教学重点与难点</td><td>什么是服务，如何树立正确的服务意识</td></tr>
<tr><td>教学时数</td><td>8</td></tr>
<tr><td>教学方法与手段</td><td>讲授法、讨论法、小组活动法、案例法、实践法、模拟法、课堂展示</td></tr>
<tr><td>考核方式</td><td>小组讨论汇报</td></tr>
<tr><td colspan="2" align="center">任务1-1：了解服务的意义</td></tr>
<tr><td>相关知识点</td><td>服务的含义、其主体与客体的内容</td></tr>
<tr><td>相关实作技能</td><td>培养服务意识</td></tr>
<tr><td>相关实训</td><td>1. 分组：在教师的指导下，把学生分成若干小组，进行人员分工；
2. 观看视频和案例。同学交换身份进行角色扮演，体验服务的意义；
3. 分析总结：根据学生自己的切身体会总结什么是服务，服务意识的重要性；
4. 组织课堂讨论：各组将结果进行课堂讨论交流</td></tr>
<tr><td>教师注意事项</td><td>实训过程中以学生为主体，组长负责组织，教师给予必要的指导。让学生体会集体合作、自主学习、过程管理的重要性</td></tr>
<tr><td>学习资源</td><td>网络信息、教辅资料、角色设置</td></tr>
<tr><td colspan="2" align="center">能力单元二：服务礼仪训练</td></tr>
<tr><td>教学目的</td><td>通过学习，要求学生掌握基本的服务场所仪容仪表</td></tr>
<tr><td>教学重点与难点</td><td>服务场所仪容仪表规范</td></tr>
<tr><td>教学时数</td><td>12</td></tr>
<tr><td>教学方法与手段</td><td>讲授法、讨论法、小组活动法、案例法、实践法、模拟法、课堂展示</td></tr>
<tr><td>考核方式</td><td>仪容仪表规范演练展示</td></tr>
<tr><td colspan="2" align="center">任务2-1：仪容仪表规范训练</td></tr>
<tr><td>相关知识点</td><td>服务员仪容、仪表（含饰物佩戴）规范</td></tr>
<tr><td>相关实作技能</td><td>服务场所仪容仪表规范训练</td></tr>
<tr><td>相关实训</td><td>按照要求规范学生仪容仪表、进行案例分享，让学生寻找问题，并进行分析、改正；学生进行现场演练展示</td></tr>
<tr><td>教师注意事项</td><td>为学生做出正确示范，并在分组演练时进行指导说明</td></tr>
<tr><td>学习资源</td><td>网络信息、教辅资料、视频材料</td></tr>
</table>

续 表

能力单元二：服务礼仪训练	

任务2-2：服务姿态训练

相关知识点	服务言谈举止规范
相关实作技能	服务姿态、礼貌用语规范训练
相关实训	按不同的岗位要求，规范学生作为迎宾、导购、柜台服务时的姿态及礼貌用语，要求学生每人逐个演练，小组成员相互评价，相互找问题，并进行改正
教师注意事项	为学生做出正确示范，并在分组演练时进行指导说明
学习资源	网络信息、教辅资料、视频材料

能力单元三：岗位服务技能训练

教学目的	通过学习，学生能够掌握各岗位服务技能
教学重点与难点	服务过程行为规范、商品介绍、与顾客保持良好关系
教学时数	28
教学方法与手段	讲授法、讨论法、小组活动法、案例法、实践法、模拟法、课堂展示
考核方式	案例分享，小组讨论汇报

任务3-1：服务过程行为规范

相关知识点	卖场营业前操作要求、营业中辅助工作要求、营业结束准备操作要求
相关实作技能	整理商品、检查商品价格标签、添补商品、续补商品上柜上架摆放、送宾
相关实训	以分小组的形式，按卖场营业前操作、营业中辅助、营业结束准备三方面规范学生的服务行为，要求学生每人逐个演练，小组成员相互评价，相互找问题，并进行改正
教师注意事	为学生做出正确示范，并在分组演练时进行指导说明
学习资源	网络信息、教辅资料

任务3-2：商品介绍规范

相关知识点	总则、商品特点、商品用途、新上市商品、进口商品
相关实作技能	商品介绍规范
相关实训	根据不通的产品特色，规范学生的介绍行为，要求学生每人逐个演练，小组成员相互评价，相互找问题，并进行改正
教师注意事项	为学生做出正确示范，并在分组演练时进行指导说明
学习资源	网络信息、教辅资料、视频材料

任务3-3：与顾客保持良好关系操作（一）

相关知识点	客户需求、客户心理、商品动机

能力单元三：岗位服务技能训练	
相关实作技能	购物参谋规范
相关实验	根据不同客户需求及产品特色，学会察言观色，掌握顾客消费心理，有的放矢做好导购工作，要求学生每人逐个演练，小组成员相互评价，相互找问题，并进行改正
教师注意事项	为学生做出正确示范，并在分组演练时进行指导说明
学习资源	网络信息、教辅资料
任务 3-4：与顾客保持良好关系操作（二）	
相关知识点	客户特征、接待规范
相关实作技能	接待规范
相关实验	根据客户的不同特征（年龄、性别、健康等），规范接待行为，吸引顾客购物，要求学生每人逐个演练，小组成员相互评价，相互找问题，并进行改正
教师注意事项	为学生做出正确示范，并在分组演练时进行指导说明
学习资源	网络信息、教辅资料
任务 3-5：回应顾客异议	
相关知识点	回应顾客异议
相关实作技能	回应顾客异议
相关实验	分析顾客意义产生的原因，分享相关异议回应方法，并通过案例分享，让学生分小组进行讨论，找出问题并进行分析和改正
教师注意事项	为学生做出正确示范，并在分组演练时进行指导说明
学习资源	网络信息、教辅资料、视频材料
任务 3-6：处理顾客的抱怨投诉	
相关知识点	处理顾客抱怨投诉
相关实作技能	处理顾客抱怨投诉
相关实验	分析顾客抱怨投诉的心态，理清抱怨投诉步骤，并提出相应的处理原则和处理方法，并通过案例分享，让学生分小组进行讨论，找出问题并进行分析和改正
教师注意事项	为学生做出正确示范，并在分组演练时进行指导说明
学习资源	网络信息、教辅资料、视频材料

能力单元四：物品存取服务技能训练	
教学目的	通过学习，学生能够掌握物品存取的服务技能
教学重点与难点	熟悉一般物品存取规范，掌握特殊情况的处理
教学时数	2
教学方法与手段	讲授法、讨论法、小组活动法、案例法、实践法、模拟法、课堂展示
考核方式	小组成员演练互评
任务 4-1：存取包流程处理	
相关知识点	操作规范、特殊情况处理
相关实作技能	存取包流程规范
相关实训	要求学生每人逐个演练存取包流程，小组成员相互评价，相互找问题，并进行改正
教师注意事项	为学生做出正确示范，并在分组演练时进行指导说明
学习资源	网络信息、教辅资料、视频材料

能力单元五：退换货服务技能训练	
教学目的	提高退换货服务水平，提升顾客满意度
教学重点与难点	掌握退换货的基本规定、熟悉退换货流程
教学时数	4
教学方法与手段	讲授法、讨论法、小组活动法、案例法、实践法、模拟法、课堂展示
考核方式	小组成员演练互评
任务 5-1：退换货流程规范	
相关知识点	退换货一般性规定
相关实作技能	退换货流程规范
相关实训	要求学生每人逐个演练退换货流程，小组成员相互评价，相互找问题，并进行改正
教师注意事项	为学生做出正确示范，并在分组演练时进行指导说明
学习资源	网络信息、教辅资料、视频材料

能力单元六：广播服务技能训练	
教学目的	掌握广播技能
教学重点与难点	播音基本技能和广播室的管理
教学时数	2
教学方法与手段	讲授法、讨论法、小组活动法、案例法、实践法、模拟法、课堂展示

能力单元六：广播服务技能训练	
考核方式	小组成员演练互评

任务6-1：广播服务规范	
相关知识点	播音的原则、播音的内容
相关实作技能	播音基本技能规范
相关实训	要求学生每人逐个演练播音流程，小组成员相互评价，相互找问题，并进行改正
教师注意事项	为学生做出正确示范，并在分组演练时进行指导说明
学习资源	网络信息、教辅资料

能力单元七：售后服务技能训练	
教学目的	加强员工的售后服务意识，提高售后服务技能
教学重点与难点	实行"三包"的具体要求与售后服务基本内容
教学时数	4
教学方法与手段	讲授法、讨论法、小组活动法、案例法、实践法、模拟法、课堂展示
考核方式	小组成员演练互评

任务7-1：售后服务技能规范	
相关知识点	实行"三包"的具体要求、售后服务基本内容
相关实作技能	售后服务技能规范
相关实训	要求学生每人逐个演练售后服务流程，小组成员相互评价，相互找问题，并进行改正
教师注意事项	为学生做出正确示范，并在分组演练时进行指导说明
学习资源	网络信息、教辅资料

（六）"课程思政"育人元素融入课程教学的途径和方法

序号	知识点	育人元素	融入途径、方式	预期效果	备注
1	服务意识	服务意识	案例分享、小组讨论	端正服务意识	

（七）课程评价方法

课程成绩＝课堂出勤10%＋书面作业15%＋课堂表现15%＋项目测试60%

（八）教学资源配置

1. 教材

《顾客服务技能培训》（自编讲义）。

参考书目：

（1）《商场超市卖场服务与管理》，华蕊，李楠主编，化学工业出版社；

（2）《跟我学做超市金牌服务员》，萧野主编，中国纺织出版社；

（3）《商场超市管理制度范本》，杨春、穆涛主编，广东经济出版社；

（4）《超市服务员（职业技能短期培训教材）》，周申磊主编，中国劳动社会保障出版社；

（5）《商场超市卖场管理与服务（商场·超市经营管理操作实务）》，杨哲主编，海天出版社。

2. 信息化教学资源

在线开放教学平台、微课资源等。

3. 主要设备与设施

多媒体教室等。

4. 主讲教师

×××，副教授，重庆城市管理职业学院专任教师。

5. 其他说明

第六章　连锁经营管理专业现代学徒制标准与制度

一、现代学徒制标准体系意义与现状

（一）现代学徒制标准体系意义

现代学徒制是适应现代职业教育发展需要的旧物新用，根源于学徒制，于西方发达国家重新兴起，近年来也在我国产生巨大反响，有学者认为现代学徒制是历史经验结合现实条件和需要产生的新的职业教育制度，也有学者认为现代学徒制是一种新型的工学结合的教育模式，无论是制度还是模式，基本上可以确认的是，现代学徒制是职业教育领域历久弥新产生的拥有一套自身理论和实践体系、带有历史烙印的同时又反映现实需要的科学概念。既自成体系，现代学徒制自然有一套适应于其自身生存和发展需要的管理、教学和评价制度，而一套高质量的标准体系则能为整个现代学徒制的运作和发展提供目标上的指导，衡量上的参照和质量上的保证。

1. 现代学徒制标准体系建设是推进现代学徒制试点改革的重要内容和抓手

现代学徒制专业教学标准是校企双方共同开展现代学徒专业教学的基本文件，是明确培养目标和规格、建构课程体系、组织实施教学、规范教学管理、加强专业建设、开发教材和学习资源的基本依据，是评估教育教学质量和专业人才水平的主要标尺，因此，"标准先行"对于政府、行业企业、职业院校等现代学徒制利益相关主体开展现代学徒制试点工作，切实解决现代学徒制关键环节，规范现代学徒制招生、人才培养、教学实施、质量保障等全过程，激发利益各方参与积极性具有重要意义。

2. 现代学徒制标准体系建设是稳固现代学徒制试点成果，进一步深化现代学徒制改革的需要

我国试点现代学徒制仍处于起步阶段，随着国家首批现代学徒制试点的不断深入，一些典型性问题也随之涌现出来，主要体现在"学徒制"的运行不规范，制度不健全，要破解上述典型性问题，以现代学徒制标准研制为突破口，一方面通过对合作企业准入标准、学徒岗位与可持续发展岗位等进行有效确定，激发企业对岗位层级提升、人才高端培养的需求，避免学徒沦为企业的廉价劳动力，引导校、企实施真正的"现代学徒制"；另一方

面，在已有试点的基础上，通过校、企共同开展现代学徒制标准体系建设使学徒培养过程更为系统，教学实施与管理更加规范，更符合学徒制校企双主体育人、工学交替、实岗培养。为此，加强现代学徒制标准体系建设对解决现代学徒制试点改革中遇到的理论与实践难题，进一步深化现代学徒制的试点工作具有重要意义。

3. 现代学徒制标准体系建设是推广现代学徒制试点成果，扩大试点范围，提高试点成效的举措

标准体系建设是现代学徒制规范化、科学化发展的重要标志，教育部在《职业教育与继续教育 2017 年工作要点》中对于启动第二批现代学徒制试点工作作了明确要求，建立现代学徒制专业教学标准、学徒岗位标准、企业准入标准、企业师傅标准、学徒评价与出师标准等，有利于在总结已有试点成果基础上，形成可示范、可借鉴、可复制的试点成果，为下一步扩大试点范围，保证现代学徒制推广应用，提高人才培养质量和针对性至关重要。

（二）现代学徒制标准体系研究现状

国内学者对于现代学徒制的研究主要集中在近几年，特别是 2014 年《国务院关于加快发展现代职业教育的决定》和教育部印发《关于开展现代学徒制试点工作的意见》之后，国内学者对于"现代学徒制"的研究迎来爆发期，经文献研究查找，2004—2013 年"现代学徒制"论文数量为 170 篇，而 2014 年一年的论文数量达到 180 篇，2015 年更是达到 661 篇，2016 年 1208 篇，2017 年 1610 篇。关于"现代学徒制"主题论文爆发式增长，研究领域主要集中在"现代学徒制的国际经验""现代学徒制有效模式""现代学徒制核心思想""中国特色现代学徒制理论体系构建与实践研究"等方面。关晶、石伟平指出现代学徒制的典型特征包括：国家战略层面的制度管理，多元参与的利益相关者机制，以企业为主、工学结合的人才培养模式，以学徒为主的双重身份，统一规范的教育培训标准和与国家职业资格体系的融通等，继而提出在深化职业教育工学结合改革方面借鉴现代学徒制。李梦卿等从"背景要素支撑功能"角度，指出经济条件、技术进步程度、现代教育理念以及法制、管理和经费支持等因素都对学徒制的发展有重要影响，这些要素所发挥的功能对学徒制的现代化进程起到关键性的作用。黄晶晶对典型职业教育模式下现代学徒制的形态与特征进行研究，认为现代学徒制教育最本质的特征是培养对象掌握知识和技能，成为高素质技术技能人才。宾恩林、徐国庆从市场化维度切入，对现代学徒制的"现代性"内涵进行剖析，总结出更加本质的学徒制"现代性"内涵。学界对现代学徒制内涵和特征等的界定为学徒制试点和实践奠定了更加扎实的理论基础。

与国外学者比较而言，国内学者相对热衷于现代学徒制模式研究。胡秀锦首次提出"现代学徒制"人才培养模式是以校企合作为基础，以学生为培养核心，以课程为纽带，以学校、企业的深度参与和教师、师傅的深入指导为支撑的人才培养模式。2011 年新余市现代学徒制试点开启现代学徒制人才培养模式的新阶段。鲁婉玉等对如何构建具有中国特色的现代学徒制人才培养模式开展实践探索，提出"应在政府、企业、学校和社会四个平台

的支持和合作基础上构建具有中国特色的现代学徒制人才培养模式"。郭全洲等以河北省职业教育"工学结合"问题为入口，最终提出培养目标、培养内容、培养方式、质量评价体系四位一体的中国特色现代学徒制职业教育模式框架。从2011年试点开始，建筑、食品、会计、物流、机电、护理、工程等近50个高职专业从各自不同的专业人才培养目标出发，结合专业特点，纷纷开展现代学徒制人才培养模式研究与实践，为相同及相近专业提供大量经验。2014年8月，教育部正式发布《关于开展现代学徒制试点工作的意见》，标志着我国对于现代学徒制的实践探索进入了新的里程。成洁通过分析现代学徒制人才培养模式改革的基本特征，提炼了现代学徒制实践六要素："培养形式""课程建构""基地建设""师资培养""教学实施"和"质量监控"，并阐释了如何构建现代学徒制学校实践模型。徐国庆基于智能化时代背景，构建基于深度校企合作的高端现代学徒制。陈建国以教育部批准的首批现代学徒制试点中山市为研究对象，分享现代学徒制本土化经验，为其他试点地区提供可借鉴的经验。

搜索"现代学徒制标准体系"主题研究，2013—2018年共计论文24篇，可看看出，学者们对标准体系构建研究比较缺乏，但国内外学者都认为现代学徒制标准体系建设是现代学徒制重要组成部分，"标准"是现代学徒制推进的前提和基础；德国、英国、澳大利亚等发达国家将其纳入职业标准研究范畴，认为职业标准是职业教育人才培养目标定位、课程开发的重要依据。随着首批试点单位的探索试点，对于现代学徒制的标准体系建设认识较为统一，认为现代学徒制标准应该包括"专业教学标准""课程标准""试点企业标准""学徒岗位标准""企业师傅标准""学徒质量监控标准"以及相关实施方案等几个方面，其中根据专业特色形成的专业教学标准是系列标准的重中之重。广东是我国现代学徒制探索的先行者，以清远职业技术学院、广东番禺职业技术学院、广东建设职业技术学院等为代表的高职院校经过近几年来的实践探索，形成了现代学徒制的"广东模式"，广东经验认为专业教学标准由14部分构成，这些内容有机联系构成整体，其中培养目标及人才规格是主导，课程结构及内容是核心，教学基本条件是保障，教学实施建议是指导。

二、现代学徒制标准体系构建的国际经验

现代学徒制标准制定是构成现代学徒制和保证其教育教学实施质量的重要环节，西方发达国家以英德两国为例在其学徒制的长期发展中形成了各自适宜性较高且实施有效的学徒制标准框架体系，这些标准框架体系蕴含实践性原理及其经过多年实践检验的操作性经验，对于依旧遵循原有综合教学标准和职业资格标准的我国学徒制来说是具有借鉴和启示意义的。

英国是学徒制的发源地，也是现代学徒制发展程度较高、制度建设较为完备的国家。英国的《现代学徒制框架》作为国家层面的专有文件为其现代学徒制的运行和发展提供了最核心的指导，该框架在为英国各行各业的学徒制人才培养划定最低标准的同时，又与英

国国家资格框架相关联，为其技术人才的职业生涯发展提供了通路。德国双元制作为适应德国工业发展独具德国特色的现代学徒制也配有一套高质量的标准体系。相对于英国现代学徒制中市场和行业起主导作用的特点来说，该国联邦和地方政府则取代这一角色成为德国现代学徒制标准制定和实施过程中权威者，政府为其现代学徒制的标准制定、实施乃至质量保障都规划出了一套完整的方案，企业和学校"照章办事"就可以取得很好的培训和教学效果。英德两国现代学徒制标准制定和实施经验有值得我们参考的地方。

（一）英国现代学徒制标准体系构建

1. 导向明确的制定流程

英国学徒制框架是对英国学徒制项目中学徒接受职业教育与培训后应该要达到的标准的规定。以学徒从事的职业、行业为对象，学徒制框架是该职业行业对学徒职业专业能力、知识素质以及通用能力的标准要求导向明确的制定流程，英国的学徒培养非常强调以雇主为导向。正常程序的学徒制框架制定首先是由雇主或是行业机构根据自身发展对于学徒培养的需要提出学徒制框架的草案，草案经过审核通过，则由行业技能委员会在此基础上开发专业性较强、涵盖学徒多方面能力发展的学徒制框架，最后交由第三审核机构审核。审核通过则由国务大臣颁布，一经颁布，该学徒制框架涉及的各方包括学徒需求方即雇主、培养方即企业、培训机构、学校以及学徒自己都需遵照其相关标准要求参与到学徒培养的进程中。

2. 便于操作的内容框架

学徒制框架最核心的内容就是对学徒的能力标准的规定，该能力标准可以划分为三个方面：能力本位要素、知识本位要素以及可迁移要素，这三类能力要素分别指向了职业资格证书、技术证书和关键技能资格等级三类对应的标准评估结果。英国的学徒制根据行业岗位性质和能力要求的不同将学徒能力标准分为 1～5 等级，每个等级从低到高都有相应的能力、知识和迁移能力的要求。其中对学徒的能力本位要素的要求直接与英国的国家职业资格框架挂钩，比如中级学徒需要获得国家职业资格二级证书，高级学徒需要获得三级证书等，对学徒的能力本位要素的标准要求是学徒制的核心，学徒制的级别实际上就是由与其相对应的国家资格的等级决定，能力要素反应学徒从事某一职业所需的基本能力。国家资格证书主要是由行业技能委员会和资格及考试监督办公室负责制定及认证。知识本位要素是一种学院本位的能力标准要求，反映了学徒从事某一职业所需的理论知识和理解力，评定其能力标准的技术证书主要是由行业技能委员会以及行业机构制定，行业自主性较大。可迁移要素是指学徒所具备的从事任何职业都可迁移的基本工作能力，目前主要由交流、数字应用和信息技术三项主要核心能力和团队合作、问题解决和学习的自我管理三项广泛核心能力构成，也是以等级的形式呈现，学徒只有达到以上所有方面要求才算是完成了完整的学徒制项目，才具有从事职业的资格。除了对学徒各方面能力的标准要求，英国的学徒制框架还包含对参与学徒制培养的两个重要主体即雇主和学徒的权利和责任方面的规定，一般会以编辑成册的形式呈现，雇主和学徒双方都需以此为参与学徒制的行为规范。另外，英国的学徒制框架对各级标准对应的职业教育教学、培训的课程内容、学时、学分也有较为具体的规定。简单来说，英国的学徒制框架就是所对应职业的职业标准融合教育元素在学徒制培养中的具体反应。

除学徒制框架以外，英国也有专门的职业教育专业教学标准。它是英国包括现代学徒制项目在内的所有职业教育的专业建设、课程设置以及教育教学都要遵守的标准。不同项目、专业具体标准内容有所差异，但各标准基本的制所需的基本能力。国家资格证书主要是由行业技能委员会和资格及考试监督办公室负责制定及认证。知识本位要素是一种学院本位的能力标准要求，反映了学徒从事某一职业所需的理论知识和理解力，评定其能力标准的技术证书主要是由行业技能委员会以及行业机构制定，行业自主性较大。可迁移要素是指学徒所具备的从事任何职业都可迁移的基本工作能力，目前主要由交流、数字应用和信息技术三项主要核心能力和团队合作、问题解决和学习的自我管理三项广泛核心能力构成，也是以等级的形式呈现，学徒只有达到以上所有方面要求才算是完成了完整的学徒制项目，才具有从事职业的资格。除了对学徒各方面能力的标准要求，英国的学徒制框架还包含对参与学徒制培养的两个重要主体即雇主和学徒的权利和责任方面的规定，一般会以编辑成册的形式呈现，雇主和学徒双方都需以此为参与学徒制的行为规范。另外，英国的学徒制框架对各级标准对应的职业教育教学、培训的课程内容、学时、学分也有较为具体的规定。简单来说，英国的学徒制框架就是所对应职业的职业标准融合教育元素在学徒制培养中的具体反应。

（二）德国现代学徒制标准体系构建

1. 教育与培训标准

德国的现代学徒制就是其普遍实行的双元制职业教育与培训制度，这是一种由政府部门、行业企业、学校及培训机构之间紧密合作运行的职业教育模式。德国现代学徒制中的人才培养标准主要由教育职业培训条例、框架教学计划以及德国的国家资格制度等构成。包括以上标准在内，德国所有职业教育适用的对象都是被称为"教育职业"的职业，这是一种被认为需要和可以开展职业教育的职业，它是通过职业分析的方法，对社会职业的职业群或岗位群所需要的共同的知识、技能与态度归纳后的一种科学编码，是一种建立在职业分析基础上获取职业资格、职业能力的教育载体。它来源社会职业，又因为其较高职业素质能力要求，需要经过系统的职业教育教学和培训才能取得相应的执业和就业资格。教育职业数量基本维持在 340 个左右，各专业都有自己的相应的教育和培训标准。按双元制体系下对企业和学校两大体系的划分，德国教育职业的相关标准主要有面向企业的职业培训条例和面向学校的框架教学计划两种。

2. 职业培训条例

德国职业培训条例是在全德具有法律效力，以教育职业的企业培训为对象，以培养高质量的技术人才为目标，内容上包含了对企业培训的名称、时间和框架的要求，具体课程内容，教学计划的实施安排以及对标准、考试和评估的明确规定的一个完整体系。它是各参与培训企业需要依循和参照的总体要求和框架。

（1）法定清晰的制定流程。德国职业培训条例从倡议、制定到最终颁布成为法律文件大致经历了以下流程：首先是由雇主、雇员、专家、教师等各职业教育与培训的利益相关者向联邦职教所提出倡议，倡议的内容是经济技术和职业发展对教育职业和技术人才产生的新需要和其他需要调整的地方。联邦职教所受理，然后进行调研，并形成项目研究报告上交至联邦经济部委。相关联邦经济部委举行由联邦、州、工会和雇主协会参加的大会，确定培训条例的主要参数（名称、时间、方式、内容等），然后由相关专家进行培训草案拟定工作。然后与同时制定的以职业院校为对象的框架教学计划进行协调，直至达成一致意见，交由联邦职教所表决。表决通过再送至联邦经济部委审定，由联邦教育与研究部审批，最后再由经济部委颁布，并纳入国家承认的《培训职业目录》。职业培训条例一经颁布，地方及企业开展相关培训就需以此为依据，在遵守其基本规则的基础上才能制定适应自身需要的具体条例。

（2）健全且分层的内容框架。联邦层面的职业培训条例包括了总体性培训规划和具体性培训实施两个方面内容。前者主要由国家承认的教育职业名称、培训的目标、达到该目标需要的培训期限、一般以年为单位划分任务的培训结构、培训记录册的相关规定以及中间和毕业两大考试等共同构成，每个项目下面都有针对该教育职业特征所需的详细安排。以上方面基本囊括该教育职业培训的所有环节，保证了该教育职业培训从学员进入、实施培训、学习结果评估整个流程的顺利进行。联邦层面的具体实施标准以企业培训过程为对象，实质是对企业培训教学计划的制定，因此被称为"培训框架计划"。该计划是整个培训条例的核心，企业培训要教授的知识技能、培训时间以及进度安排都是出自此框架计划。两级分层的职业教育条例有效衔接，为德国教育职业的企业培训确立了最根本的课程标准、教学标准以及职业标准，进而直接影响了培训的课程内容、教学实施和评估结果。

（3）依需产生的类型划分。按能力通用程度和专门化程度进行划分，可以将德国的职业培训条例分为三大类：单一职业培训条例，以培养能够适应不同工作和场所的初级通用的职业能力为目标；专门化基础职业培训条例，在前者基础上增加了区分就业方向的专门培训；分级职业培训条例，与不同层次职业资格相对应的具体职业能力的培训。德国培训条例的三类划分与其国家职业资格制度对能力标准的相关规定挂钩，反映了劳动力市场对技术人才共性和差异性的需求。

（4）贯穿始终的原则规定。德国的职业培训条例从制定到实施始终遵循了职业性、全面性、协调性和适应性这几个原则。职业性是根本性原则，是指德国的整个职业培训条例的制定都是以职业、工作为导向，以培养职业需要的技术人才为目标的，具体的课程和教学标准也是依据职业和工作过程制定的；全面性是指该条例的制定考虑了从中央到地方到企业各级，从雇主到雇员到专家教师各方利益相关者的诉求和建议，力求保证颁布的条例符合多方利益，并且都能被很好地理解、接受和执行；协调性主要是指在双元制体制之下企业的职业培训条例与职业院校的教学框架计划之间的协调，两者合作方能培养出全面发展的技术人才；适应性原则不但要求职业培训条例根据职业发展情况在相关内容上有所调整，也要求地方和企业的具体职业培训要在总的职业培训条例规定的基础上做出适应性变化，以满足实际培训需要。

3. 框架教学计划

德国的框架教学计划与我国职业院校的专业教学标准在职业院校教育教学中发挥的作用类似。主要是对双元制职业院校的教育教学目标、教育职业课程设置、具体的教育教学过程给予规范性的指导，其中对职业院校课程标准设置的指导是最为直接和具体的，因此框架教学计划也被称为德国的职业院校课程标准德国的框架教学计划是与职业培训条例在同一时间颁布，共同纳入职业教育法的规定当中。两者承担的是同一教育职业所需技能人才培养在企业和学校的不同分工，所以前期对该教育职业具体情况的调查以及总体培养框架的制定是两个标准制定都要进行的环节。一旦主要参数基本确定，两者便开始各自的草稿拟定工作，企业方面主要由联邦职教所负责，而学校方面的框架教学计划则下放至各州，由各州州文化联席部长会议制定并颁布，州内部的职业院校再以此为指导制定自己的学校教学计划。德国的框架教学计划是在对相应教育职业进行职业分析的基础上，由工作过程导出行动领域，再经教学整合形成学习领域，然后通过具体的教学情境结合个体特征实施教学，如此才能保证职业院校的教育教学是基于职业领域、以工作过程知识为教学内容、按工作过程规律组织实施的，这是保证职业院校人才输出符合职业对人才需求的最关键步骤。

德国的框架教学计划和职业培训计划共同构成了德国教育职业的完整的教育条例。其中前者以双元制体系下的职业院校为对象，注重学生一般能力、理论基础和个体综合素质的培养；后者以培训企业为对象，注重学徒职业、专业能力的培养。两者在培养目标上一致，在培养内容上互补，在培养方式上根据内容和自身优势的不同有所区别。德国双元制体系下的学徒在同时达到这两个标准要求的情况下就可以获得对应职业的从业资格，这是其他全日制职业院校学生所不具备的优势。

（三）德英现代学徒制标准制定对我国的启示

现代学徒制作为我国当前职业教育领域实现职业教育专业设置与产业需求对接，课程内容与职业标准对接，提高人才培养质量的重要改革举措，在目标制定、招生工作、课程设置、教学安排、师资建设等职业教育教学核心要素上都有重要的突破，唯独在针对性标准的制定上少有成果。我国当前的现代学徒制进行的相关标准基本从属于甚至等同于整体职业教育的标准，职业教育的一般标准应是其下属的具体职业教育项目要遵守的最低标准而不是全部标准。现代学徒制作为职业教育适应社会经济发展需要产生的新制度、新模式，应该要有一套基于一般专业教学标准和职业标准的同时，又能反映自身发展需要的特有标准，其具体标准制定还需从以下几个角度探讨可建构之处。

1. 现代学徒制标准效度上的统一性

标准效度上的统一性包含了两层含义，一是指范围上，标准所辖定的对象越多，相应该领域标准衡量的统一度也就越高；二是指质量上，以对其所辖对象的指导和指示效果为准，效果越好标准的效度也就越高，范围和质量之间要达到平衡状态。德国的职业培训条例和教学框架计划从制定之初就将这一点纳入了考虑范围，其标准是在各方认可的前提下通过官方程序颁布的，标准范围内的人才培养过程和结果的评定均需以此为依据，联邦和地方层面标准在应用范围上有差异，效果维度上的要求是一致的。英国的学徒制框架是由国务大臣颁布，这本身就是学徒制框架标准效度和尊严的一种象征，经颁布的学徒制框架将会在全国的学徒制培养中发挥着统一的指导作用。另外英国学徒制标准与国家资格框架直接挂钩的政策，也在法律和制度上保证了学徒制标准效度的统一性。相比较而言，我国职业教育领域考虑到经济发展的适应性，将职业学校教学标准的制定下放到地方，甚至是学校层面，中央、地方的职业教育管理机构、职业教育教学与培训机构之间尚未建立起自上而下的有效衔接体系，全国统一的职业标准也有着质量和管理规范上的双重问题，且不论尚未形成专有的现代学徒制标准，现有标准也存在着严重的效度欠缺的问题。当前我国职业教育界，除了要继续完善现有的标准体系，提高现有职业教育教学标准效度，保证各级各类标准在获取与其范围相匹配的标准信度外，还应以此为基石构建全国范围的现代学徒制的专有标准，以发挥对现代学徒制教与学实践的切实指导作用，为人才培养的质量保障奠基。

2. 程序规范性和实施灵活性的有机统一

制定程序上的严格规范和具体实施过程的灵活变通相结合是一项政策能够长期存活的关键。德国人向来以严谨著称，其职业条例的制定，从倡议到调研、立项、拟定、协调、颁布，每一个环节都有对人、事、物的严格规定，并且伴有标准化的质量监督体系，保证了条例一"出厂"就是符合国家检验要求，同时又是满足个体需求的高质量产品。德国的学徒制标准包含培训条例、培训框架计划和教学框架计划三套不同的体系，总体上前一者是后两者制定的基础和要达到的最低标准，制定程序上的规范性是三者的共同要求，三者之间呈现出的总体和个别、上下层之间的协调衔接关系使得标准在实施过程中具有一定的变通灵活性。英国学徒制框架在制定过程中更是纳入了反复审核的环节，确保框架具有较高的市场认可度并保障后期顺畅运行。我国在这方面尚存在的问题有：一是制定程序上缺乏规范性和创新独立性，二是实施过程又统整过度，难有地方和学校自主性的发挥，三是这两者之间也缺少了有效的协调。制定程序的规范性保证了标准本身的质量和认可度，而实施过程中的灵活性则保证了标准的使用质量和适用程度。现代学徒制标准在制定之初就要考虑两者融合衔接问题，要严格规范标准的制定程序，对于参与制定人员、主体职责、制定环节、反馈监督机制都要成文成册的规定，以保证标准成果具有法律法规上的效度。同时，在保证统一的标准框架足以划定人才培养基本标准线的基础上给予地方、学校、机构适度的灵活运用范围，以提高统一标准使用效度。

3. 强烈的市场导向性

德国学徒制标准强调职业性，以工作过程为导向，英国则以雇主为导向。前者指向市场的一个核心运行环节，后者则指向市场的重要控制主体，体现的都是维持市场经济运行，实现人力资源的"供"与市场的"需"相平衡的要求，这种供需平衡体现在数量和质量两个方面。德国的教育条例本身就加入了教育教学要求的职业标准，其教育职业无论是从专业名称的确定、课程内容的选择还是具体教学过程的安排都是以工作过程为导向规划出来的。德国职业培训条例以职业、工作过程分析为起始，以达到职业标准，获取从业、执业资格为终结，形成了一个与职业需求相匹配的良性循环。英国学徒制标准以雇主为导向，雇主需求是学徒制框架制定的依据和重要的构成内容。相对于德英学徒制制定标准强烈的市场导向性来说，我国已有标准的制定尚有以下不足之处：一是前期市场、职业需求情况调研不足；二是制定过程中职业分析、转化质量有限，科层制意志明显；三是尚未形成有效的标准化市场运行机制。我国现代学徒制标准的制定首先是要树立一种市场导向的意识，其次是要将这种意识反映到标准制定的各个环节。反映市场的需求，以职业、工作过程分析为核心和基础环节，企业、行业人员参与，与人力资源市场建立伙伴关系，这些都是提高标准市场导向性的有效措施。

4. 与职业资格直接挂钩的等级类型划分

德国的职业培训条例有单一、专门化以及分级三个类别，包含了对个体能力的总述、细化以及对前两者能力的等级评估，评估的结果直接与国家的职业资格制度直接相关。这既是对学徒制体系及标准的认可，也是实现育人和用人环节有效衔接的重要措施。英国的学徒制框架以个体能力为对象进行了五级三类的划分。在这个框架之下，个体只有达到相应等级所有三类资格的要求，才能从事国家职业资格框架规定的相应职业。职业教育标准体系与资格体系之间的有效衔接是提高职业教育地位，实现人才有效流通的重要举措。目前我国正在尝试进行相关方面的融合工作，但是由于各自双方内容、程序、质量保障上多重欠缺以及两者之间协调沟通机制依旧模糊，我国包括学徒制标准在内的职业教育标准体系实现完全资格化还需时日。我国现代学徒制标准和职业资格标准在各自建立、完善的同时，还需要构建起两者交流融通的桥梁，为学徒的学业和职业生涯的发展提供多种可能性和上升的机会。

5. 多元主体的参与

总结德英两国标准制定流程，参与标准提出、起草、发行、监督的主体主要包括以下四个方面：政府专门机构和专业人员、市场相关及专业人员、工会行业人员以及培训学校人员。德国职业培训条例是在政府相关部门组织领导下由市场、行业协会、学校和专家代表全程共同参与制定出来的各主体职能范围的侧重阶段有所差异，前期的需求调研和主要内容参数确定由各方分工合作，在充分协商的基础上形成，中期的编写工作则由专家代表完成，政府的相关职能部门则负责最后的确定、颁布和执行监督工作。值得一提的是德意志联邦政府相关职能部门在标准的制定中发挥了重要的作用，正是其有效的组织协调和权威控制才保证了标准制定的高质量完成。英国的学徒制框架同样是在多主体的协作下完成，相比较德国而言，英国的商业雇主及其相关行业机构在学徒制框架制定过程中发挥的职能和作用更大。我国统一标准的制定向来以政府的职能部门为主导，随着市场经济及政治体制改革的不断发展，在政府部门有意识地将市场、行业协会、学校等多方代表逐渐纳入到标准的制定中，一家之言的情况有所改善，但同时也出现了以下的问题：政府职能部门权威难以撼动，其他主体虽列席参与，但仅发挥提供资料和意见的作用，核心环节较难涉及；行政管理改革过快，大幅度地将标准制定权下放至地方、学校，一定程度上降低了标准的效度和质量。现代学徒制标准制定除了要继续贯彻多方参与的基本方针，尤其是要加强市场、行业企业代表人员的话语权以外，也要建立起有效的参与监督机制，保证其质量底线。

6. 较高契合度的理论基础

理论不是束之高阁的欣赏之物，真正的理论创新应是在前人研究的基础上反映现实、结合实践需求而产生的。理论与实践保持较高的契合度，能够运用到实践当中，进而提高实践的质量，是理论的意义所在。德国培训条例的建构包含了其对职业教育"职业性"，职业科学的深刻认知。从"行动导向"到"学习领域"的理论研究更是为标准核心内容的确立奠定了最坚实的基础。英国学徒制理论的研究与其实践经验一样历史悠久，立足于此，英国现有的以雇主为导向的现代学徒制研究与其当下现代学徒制发展的需要是较为契合的。现代学徒制在我国发展时间有限，相关理论研究也是在近几年才呈现出蓬勃之势，标准方面的研究更是较少涉及，总体而言尚存在理论研究扎根不足，多借鉴于他国，创新性有限，理论指导实践效度较低等问题。因此，我国现代学徒制标准制定工作的开展需要职业教育界学者及相关专业人员认识到标准构建在完善现有学徒制实践发展中的基础性作用。应以此为导向，以教育教学及相关学科理论为基，扎根于我国现代学徒制教育教学与培训现实，融合他国先进理论，创造及完善适用于我国现代学徒制发展的本土理论，引领、指导现代学徒制在我国的跨越式发展。

三、我国现代学徒制标准体系构建

（一）我国现代学徒制标准体系构建依据

《教育部第三批现代学徒制试点工作方案》中明确指出"完善人才培养制度和标准"是深入试点的重要内容。按照"合作共赢、职责共担"原则，校企共同设计人才培养方案，共同制订专业教学标准、课程标准、师傅标准、质量监控标准及相应实施方案。校企共同建设基于工作内容的专业课程和基于典型工作过程的专业课程体系，开发基于岗位工作内容、融入国家职业标准的专业教学内容和教材。

（二）我国现代学徒制标准体系构建的内容

教育部现代学徒制专家委员会主任赵鹏飞教授指出现代学徒制的标准体系建设是推进现代学徒制的重要内容和重要抓手，现代学徒制的标准体系包括专业教学标准、课程标准、企业标准、师傅标准、评价标准，等等。其中，现代学徒制专业教学标准是校企双方共同开展现代学徒专业教学的基本文件，是明确培养目标和规格、建构课程体系、组织实施教学、规范教学管理、加强专业建设、开发教材和学习资源的基本依据，是评估教育教学质量和专业人才水平的主要标尺。

1. 专业教学标准

现代学徒制专业教学标准的研制工作是现代学徒制试点单位推进试点工作的重点，同时由于各个专业的差异性及不同学校所在地区的特点，对于现代学徒制专业教学标准研制的对接企业、岗位范围等，都需要按照标准流程要求，进行深入的彻底的调查、研究、讨论并成文。在现代学徒制专业教学标准建设中必须坚持"能力核心、系统培养"的指导思想，体现现代学徒双重身份、双元育人、在岗培养、岗位成才的重要特征，遵循标准化原理，走标准化的建设路径，形成标准化的成果。

2. 课程标准

课程是实现目标的载体，专业人才培养目标直接指向职业能力的培养，因此，课程标准内容必须对接职业能力要求。学徒在企业的工作应该是学习性工作，每一项工作都需要有明确的学习目标和学习结果。现代学徒制课程标准应该规定学徒在企业工作的目标、任务、流程、时间和具体成果，并建立严格的质量监控机制，从制度上防止学徒变为廉价劳动力。具体表现在现代学徒制专业教学标准中，在典型工作任务及职业能力和课程内容及要求对每一门课程的描述，除学科课程外，专业课程必须列明该课程与哪些典型工作任务及职业能力对接，并据此概述该课程的主要教学内容和要求，这些是编制课程标准及开发课程内容的重要依据。此外现代学徒制课程体系构建也是课程标准重要内容，现代学徒制课程体系中公共基础课程与普通高职教育的公共基础课程基本相同，专业课程分为专业技术技能课程、学徒岗位能力课程、专业拓展课程三类。专业技术技能课程，即专业核心课程，是针对职业岗位（群）共同需要的职业能力，是为解决实际工作问题而设置的课程。该类课程以工作领域的典型工作任务转化为学习领域的工学结合课程为主，也包括少量的学科课程和技能训练课程，以及综合实训课程、毕业设计或毕业论文。学徒岗位能力课程，即专业方向课程，是指根据学徒岗位的特定要求而专门设置的岗位课程，对于生源为企业员工的学徒岗位能力课程要更加突出创新创业能力培养。在标准制定中遵循简化原理，规定主要的课程，不安排满学时，给予各校一定的自主安排课程的空间。

3. 合作企业标准

自教育部开展现代学徒制试点工作以来，越来越多的企业感受到现代学徒制对企业选人育人用人留人的现实意义，参与现代学徒制的积极性显著增强，但即便是在德国这样的职业教育强国，也不是任何企业都可以实施现代学徒制的。一个接受学徒的企业必须在行业内具有代表性，让学习者接受未来工作所采用的先进技术。我国企业正处于转型升级之际，只有率先完成，符合标准的企业才可以收徒，达不到标准要求的企业参与职教免不了会误人子弟。所以现代学徒制这一校企合作办学、合作育人的教育模式能否成功，关键在于是否发挥企业的重要主体作用，而企业是否具有"教育性"，具备实施现代学徒制的条件则是重中之重。

4. 师傅标准

校企共建师资队伍是现代学徒制试点工作的重要任务。现代学徒制的教学任务必须由学校教师和企业师傅共同承担，形成双导师制。《教育部关于开展现代学徒制试点工作的意见》指出，要促进校企双方密切合作，打破现有教师编制和用工制度的束缚，探索建立教师流动编制或设立兼职教师岗位，加大学校与企业之间人员互聘共用、双向挂职锻炼、横向联合技术研发和专业建设的力度。合作企业要选拔优秀高技能人才担任师傅，明确师傅的责任和待遇，师傅承担的教学任务应纳入考核，并可享受带徒津贴。将指导教师的企业实践和技术服务纳入教师考核并作为晋升专业技术职务的重要依据。现代学徒制的一个重要教学主体是师傅，学徒制企业没有合格的师傅就如同学校没有合格的教师一样。一名合格的师傅，不仅要掌握现代生产技术，还要具备职业技术教育知识。但目前多数企业不仅缺乏足够的现代师傅，而且国家也没有相应的职业标准和培养师傅的专门学院。所以，应该像重视学校教师队伍建设一样，高度重视企业师傅队伍建设，培养一支既有娴熟的专业技术，又懂得教育规律，能传道授业解惑的"匠师"。

5. 评价标准

培养社会需要的高素质人才是学校的立足之本，无论哪种人才培养模式，对学生学业的评价都必须遵守这种人才培养目标，现代学徒制也不能例外。现代学徒制人才培养模式可以很好地融入社会和用人单位对于人才的需要，实现学校和企业的无缝连接。学生学业评价体系的构建主要是为了促进学生学习的主动性，帮助学生了解自己在专业理论知识和实践技能中存在的不足之处。学业评价的构建，首先要制定评价标准。在现代学徒制人才培养模式下，评价标准应该是科学的、简练的、易操作的，评价标准要从对其掌握的知识、具备的技能和拥有的学习和工作态度、价值观以及情感等方面均提出要求，评价标准应适应需要。其次，制定评价任务。设置评价任务是为了体现学业评价体系的科学性和公开性以及公平性，更能够体现学生对所学知识的运用能力以及竞争能力。因此，评价任务的选择要联系教学目标，结合现实生活问题，准确清晰地表达其主要内容，以及任务要达到的效果。再次，构建评分细则。评分细则是对评价指标的量化，通过评分细则可以差异化各个等级，使学生更清楚地认识到自身对于任务的完成情况以及和其他同学之间的差距，方便学生进行自我评价，也更直观地展现每个学生的水平。现代学徒制学业评价体系指标的构成有以下几个方面：职业素养、学习能力、实践能力、就业能力。现代学徒制下不能把单一课程成绩作为评价一个学生的标准，而要把其职业素养也作为其评判的标准，健全的人格，高尚的道德素质都是考验学生的标准。而学习能力是学生今后长远发展的基础。现代学徒制的目标就是为了促进学生的实践能力，而促进学生的实践能力就是为了提高学生的就业能力，尽管学徒制的特点就是招生即招工，但并不意味着不需要考虑其就业能力的培养。通过对其多元化的评分细则的汇总，得出学生的评价结果，并让学生对其结果进行讨论，认识自己的不足，提出改进方法和思考，确定努力方向。

四、连锁经营管理专业现代学徒制标准与实施方案

（一）连锁经营管理专业现代学徒制合作企业标准

教育部关于开展现代学徒制试点工作的意见指出，现代学徒制的实施应坚持因地制宜的原则，根据不同行业、企业特点来选择和确定试点专业。开展现代学徒制人才培养必须满足一定的行业企业条件才能试点实施，而这一条件首先应是行业企业发展对人才需求量大，其次是行业企业发展需要高素质技能型人才。连锁经营管理专业从零售连锁行业发展和零售连锁企业两个方面对实施现代学徒制的准入条件构建标准。

1. 行业分析

根据国家统计局和中国连锁经营协会发布的相关数据，2011—2017 年社会零售总额增长和连锁百强增长都大于当年 GDP 的增长速度，而连锁百强门店数量增长虽然出现下降趋势，但与 GDP 的增长基本持平。行业的发展与连锁企业门店数量的增长直接带来专业人才的需求数量的增加，以标超为例，每个门店配备营运管理人员为 40 人左右，如一个企业每年门店拓展为 20 家，那么所需管理类人才需求为 800 人。2013—2017 年，连锁百强企业新增门店 6600 余个，直接带来管理类人才需求为 26 万。而根据国家信息统计中心有关调查数据显示，中国零售业在未来几年各类专业人才的需求量约为 1000 万人，而市场供应量仅有 400 万人左右，专业人才缺口巨大，人力资源与社会保障部中国就业指导中心相关负责人表示，全国零售连锁业管理型人才缺口至少 65 万人，而且还在以年 35% 的速度增长。通过分析得出这样的结论，未来零售连锁业对管理层的需求依然强劲，"店长奇缺""经理主管短缺"依然是整个零售连锁行业发展过程中体现在人才需求方面的一种常态。

2. 合作试点企业标准

坚持"高大上"原则选择优质的学徒制试点合作企业。优质的合作企业伙伴是试点现代学徒制成功最为关键的一环，在试点实践中，我们始终坚持"高大上"原则选择现代学徒制试点合作企业，及合作企业品牌具备"高知名度"、企业规模具备"大型化"、企业发展处于"上升期"，构建了基于"企业实力""发展速度""人才培养体系""校企合作经验"和"训练基地距离"5 因素的合作企业选拔机制，择优选择学徒试点企业；从 2014 年起，从已有合作企业中精挑细选其中的 3 家企业——麦当劳餐厅食品有限公司、华润万家生活超市有限公司，永辉超市有限公司作为连锁经营管理专业现代学徒制试点的合作企业，合作伙伴有如下几个优质特征：

（1）合作伙伴实力强，品牌响、影响大。麦当劳和华润万家分别是世界 500 强企业、最佳雇主企业，永辉超市是中国连锁 10 强企业，3 家企业都是上市企业并在行业处于领导地位的龙头企业。

（2）合作伙伴发展迅速，对管理类人才需求量大。3 家企业都处于中高速发展期，企业发展带来对人才，特别是中层管理人才的需求旺盛，每年 3 家企业发展需要 1500 余个管理类岗位。

（3）合作伙伴人才培养体系完善，学生晋升快和可持续发展性好。3 家合作企业都具有完善的人才培养、培训和考核晋升机制，企业带训教练组制度和相应的一对一带训教练考核与晋升制度，在公司形成了重视校企联合培养、人才是战略性宝贵资源的共识与氛围。师傅带徒弟培养模式专业且成熟。

（4）校企合作有积累，经验丰富。连锁经营管理专业在示范骨干院校期间"订单式"人才培养模式改革，与 3 家公司合作过程中积累了丰富的"师徒制"经验，与现代学徒制要求高度吻合。

（5）连锁企业分布在学校及主城区的连锁门店，为开展全过程一体化合作育人的现代学徒制提供最真实的训练和培养场所，保障现代学徒制"工学交替、实岗育人"落地。

（二）连锁经营管理专业现代学徒制双导师标准

为贯彻全国职业教育工作会议精神以及《国务院关于加快发展现代职业教育的决定》《教育部关于开展现代学徒制试点工作的意见》等文件，深化产教融合、校企合作，进一步完善校企协同育人机制，创新高素质技能人才培养模式，发挥职业教育为社会、行业、企业服务的功能，提高人才培养质量和针对性，连锁经营管理专业与麦当劳、永辉超市、华润万家、7-11 等知名零售连锁企业试点现代学徒制人才培养模式改革。

校企共建师资队伍是现代学徒制试点工作的重要任务。现代学徒制的教学任务必须由学校教师和企业师傅共同承担，形成双导师制。《教育部关于开展现代学徒制试点工作的意见》指出，要促进校企双方密切合作，打破现有教师编制和用工制度的束缚，探索建立教师流动编制或设立兼职教师岗位，加大学校与企业之间人员互聘共用、双向挂职锻炼、横向联合技术研发和专业建设的力度。合作企业要选拔优秀高技能人才担任师傅，明确师傅的责任和待遇，师傅承担的教学任务应纳入考核，并可享受带徒津贴。将指导教师的企业实践和技术服务纳入教师考核并作为晋升专业技术职务的重要依据。

为了保证学院现代学徒制试点专业教学正常运行和预定的教育教学质量目标，优化调整专业师资队伍结构，规范企业导师聘任及学校导师的遴选，构建"双导师"教学团队，根据现代学徒制的教学特点及教学的实际需要，特制订连锁经营管理专业"双导师"管理办法。

1. 指导思想

以为贯彻全国职业教育工作会议精神以及《国务院关于加快发展现代职业教育的决定》《教育部关于开展现代学徒制试点工作的意见》等文件的精神为指导，根据现代学徒制的教学特点，以保证现代学徒制教学正常运行为目的，以培养学生的岗位职业能力为核心，以探索现代学徒制的运行机制为目标，充分调动校内专任教师和企业兼职导师参与现代学徒制的积极性，全面推动我院连锁经营管理专业现代学徒制试点工作顺利实施。

2. "双导师"制建设目标

结合专业特色具体情况和试点合作企业"导师"队伍情况，建立以校内专任老师为主的校内导师队伍和以企业兼职老师为主的企业"导师队伍"，其中企业导师队伍又分为"业界导师"和"学徒师傅（教练）"两类，并分类承担专业建设、人才培养职责，校企双导师形成合力，共同实施现代学徒制学徒培养工作。

3. "双导师"的聘任

（1）学校导师聘任条件

①遵守国家的法律、法规以及方针政策，坚持四项基本原则，热爱零售连锁行业，熟悉校企合作工作。

②原则上要求具有现代学徒制所涉及的企业工作岗位的岗位工作经历或实践锻炼经历，至少要通过企业的现场调研熟悉所任课程涉及的岗位工作对知识、技能和基本素质的要求。

③具有大学本科以上学历或中级以上专业技术职务。

④业务基础扎实，具有承担本专业（课程）教学任务的业务能力和教学水平。

⑤具有良好的职业道德和协作意识，能服从学校的教学管理，遵守企业和学校的各项教学规章制度。

⑥连锁经营管理专业专任教师优先。

⑦年龄60岁以下，身体健康。

（2）企业导师的聘任条件

①遵守国家的法律、法规以及方针政策，身体健康的现代学徒制试点合作企业在岗

员工。

②具有良好的职业道德和协作意识，能服从学校的教学管理，遵守企业和学校的各项教学规章制度。

③热爱并认同校企联合育人工作，在企业承担过指导、培训新员工任务的业务骨干优先。

④业务基础扎实，具有承担本专业（课程）教学或实习实训指导任务的业务能力和水平。

⑤原则上具有专科以上学历或取得企业内部认可的"教练资质"。

⑥具备三年及以上企业岗位工作经历或1年以上管理岗位工作经历。"业界导师"需符合以下条件之一：大型门店（5000平方米以上或年营业额200万以上）负责人（总经理）及以上职务、职能部门高级经理、总监（负责人）或人力资源部门负责人；"学徒师傅"需符合以下条件之一者：大型门店（5000平方米以上或年营业额200万以上）部门负责人（课长、经理）、小型门店副店长及以上管理岗位、职能部门经理或人事培训部员工。对学徒制试点合作企业推荐的具有五年以上岗位工作经验的优秀员工，可不受上述学历和职务的限制。

（3）聘任程序

①现代学徒制试点专业所在的二级院（系）根据专业教学计划，统筹制定"双导师"聘任计划。

②校内导师根据本人申请并结合相关条件由二级院系直接聘任，并报教务处备案。

③二级院（系）与试点合作企业协商确定"业界导师"和"企业师傅（教练）"人选，组织填写"现代学徒制'双导师'聘任审批表"（一式两份），并根据"双导师"的聘任条件对相关资格进行审核。

④二级院（系）对拟聘用的"双导师"，经主要负责人和企业相关负责人同意后，将"现代学徒制'双导师'聘任审批表"报教务处备案。

⑤对经审批通过的"双导师"，由二级院（系）负责与企业导师签订聘任协议并颁发导师聘任证书，并负责收集企业导师的身份证及其他支撑材料，建档备查。

4．"双导师"的工作职责

（1）学校导师

①担任专业技术技能课程的学校导师，作为课程负责人，与企业导师加强交流，密切合作，负责专业课程教学的设计与实施，完成对学徒的岗位技能基础课程考试、考核和成绩评定工作。

②以岗位职业技能分析结果为依据，参考职业资格标准，学校导师作为主导与企业导师合作开发课程，改革教学内容，建立岗位职业能力的课程标准，规范课程教学的基本要求，合作编写适合现代学徒制教学的讲义或教材。

③严格执行学校和合作企业的有关教学管理规章制度，指导企业导师完成教学工作任

务，负责收集整理教学过程规范文件，确保课程教学任务的完成。

④积极到企业一线进行岗位实践，与企业导师进行教学研讨、教学经验交流，熟悉企业工作流程及岗位工作任务。

⑤及时听取收集学徒的意见和建议，加强双向交流，不断调整完善教学方式方法，重要问题及时向二级学院和学校反应。

⑥协助学校和企业对现代学徒制学员进行职业素质教育，参与现代学徒制班级的素质拓展活动。

⑦积极参加企业的技术改造和技术攻关项目，帮助企业解决生产中的实际问题。

⑧负责帮助企业导师填写人才培养工作状态数据。

（2）企业导师

①担任专业岗位技术技能课程和"学徒"训练课程负责人，严格按校企双方制定的学徒制人才培养方案实施教学和实岗训练指导，按要求完成对学徒的岗位技术技能课程考试、考核和成绩评定工作，并提交相关教学文件。

②作为岗位技能基础课程和专业课程理论教学的课程组成员，协助校内导师共同完成课程的设计与实施；参与现代学徒制专业的教学研讨、人才培养方案制订、课程体系构建、课程开发、教材建设等工作。

③负责学徒跟岗实习、顶岗实习的指导工作，对实习中涉及的专业技能进行具体指导和培养。

④负责对学徒的职业道德、职业态度和企业文化等职业素质的养成教育，"业界导师"负责"学徒"职业生涯规划与可持续发展能力（领导力）的引导和培养。

⑤积极参加企业的技术改造和创新项目，帮助企业解决生产中的实际问题。

⑥负责提供人才培养工作状态数据相关信息。

5."双导师"工作待遇

（1）学校导师

①学校导师到企业上课、指导实习等产生的差旅费和出差补贴由二级院（系）参照学院的标准制订具体方案，学校审核通过后从骨干专业建设专项经费中支出。

②现代学徒制班课酬原则上高于校内授课的课酬标准，具体实施标准由二级院（系）自行制定。

③现代学徒制校内导师纳入学校"导师制"管理范畴，并享有相关的绩效激励。

④学校导师到企业上课、指导实习等活动等同于下企业实践锻炼，并纳入相关考核范畴。

（2）企业导师

①集中授课的课酬参照学校导师的标准，由二级学院与企业协商计付。

②"业界导师"参照学校兼职专业带头人补贴标准按年计付。

③学徒师傅（教练）带徒授课的课酬，由二级院（系）根据企业导师所带的学徒人数

并结合学徒的评价结果分级制定课酬标准。

6. "双导师"的考核与奖励

（1）考核

现代学徒制教学实行"二级双轨"管理和学徒评价制度，"二级"是指开课的二级院（系）和教务处；"双轨"是指学校和企业按照现代学徒制教学的基本要求分别实施考核，考核要纳入学校的常规考核之中，考核的结果记入"双导师"的业务档案。考核细则参考学校现有的考核细则标准执行。

（2）奖励

①企业教学管理和企业导师课酬等由连锁经营管理专业骨干专业建设专项资金列支。

②专业学徒培养专业标准、教学标准制定、专业课程资源开发、工学结合项目实施、"双导师"制度建设等可优先申报学校教研教改课题。

③现代学徒制的课程课酬标准原则上高于校为标准。

④学校导师到企业一线进行专业实践与锻炼，享受校内教师下企业实践待遇，企业按照企业员工的管理办法对学校导师实施考核和奖励。

⑤学校导师在同等条件下享有优先进修、交流学习、培训等权利。

⑥企业导师申报校内外教研教改、科研课题，享受校内老师申报课题的同等待遇；企业为其教研教改、科研创造条件，提供支持。

⑦企业导师享受校内导师进修、交流学习、培训等同等的机会和待遇，企业为其外出学习交流和培训等提供便利条件。

⑧根据"学徒"培养质量并结合实际情况，从每期学徒师傅（教练）中评选出 30% 的导师成为优秀师傅（教练），并享受学校教师同等的奖励，企业对获得奖励的企业导师给予企业岗位晋升的优先权。

⑨除享受学校、企业的奖励外，单列现代学徒制"双导师"团队（门店）评优评先项目，并给予高于学校同等奖励标准的奖励。

（三）现代学徒制招生与招工管理办法

1. 总则

（1）为贯彻落实《学院现代学徒制试点项目管理办法》，规范现代学徒制招生与招工一体化工作，保证招生招工质量，特制定本办法。

（2）各试点专业要按照"先招生后招工、入校即入厂、毕业即就业、校企联合培养"的要求，以面向市场、服务发展、促进就业为宗旨，以培育具有专业技能与工匠精神的高素质人才为根本任务，校企共同实施一体化招生。

（3）现代学徒制招生与招工面向高中、中职学校应往届毕业生。

2. 招生招工与录取

（1）校企双方统筹协调，联合制订招生与招工一体化方案，包括招考标准、录取条件、招考方式等具体招录细则，形成现代学徒制自主招生与招工一体化机制。

（2）校企双方共同完成招录工作，鼓励试点专业按照自主招生方式招收现代学徒制实验班。试点专业招生录取采取先招生后招工的方式进行，各试点专业根据合作企业岗位用人需求，在录取新生中选拔学徒，企业对学徒（学生）执行准员工政策和待遇。

（3）学徒（学生）招录标准。具有高考报名资格的高中、中职学校应往届毕业生，并已参加当年高考报名；无违法犯罪记录，身心健康；经校企双方共同审查考核，符合所学专业基本技能要求，达到试点项目岗位基本素质要求；在录取审核通过后，各试点专业负责组织企业、学校、学徒（学生）及家长签订三方协议；各试点专业按照人才培养方案组建现代学徒制实验班级。

3. 注册与变更

（1）学徒（学生）注册办理由各试点专业按照学校相关规定在现代学徒制信息管理平台统一注册。

（2）注册内容。学徒（学生）的学籍档案信息；学徒（学生）的岗位培养工种、岗位职责和培养目标；学徒（学生）的岗位培养起止时间及工作安排；双导师信息等。

（3）注册变更。因学徒（学生）身体健康不能继续胜任轮岗工种，由学徒（学生）提出申请，审核通过后由试点专业另行安排，并向原注册部门申请变更；因企业生产任务有变动而不能继续提供轮岗工种，由学徒（学生）所在学校另行安排，并向原注册部门申请变更；因学徒（学生）主观原因退出现代学徒制试点，学徒（学生）提出申请，审核通过后报原注册部门终止注册。

（4）保障措施。各试点专业应当在招生与招工过程中向学徒（学生）及家长明确告知试点专业、学制、培养目标等信息；各试点专业在招生与招工一体化方案中应当明确学徒（学生）双身份、津贴和保险等；学徒（学生）经考核合格取得学徒（学生）毕业证书。鼓励试点企业组织学徒（学生）参加各级各类岗位技能考核；对在现代学徒制试点招录考试中出现的报名信息虚假、考试违纪、录取违规的学徒（学生）和工作人员，按照相关规定处理。

（四）现代学徒制学徒管理办法

1. 总则

根据国家加快推进职业教育现代化、培养高素质劳动者，推动动能转换和产业升级的要求，以面向市场、服务发展、促进就业为宗旨，以培育具有专业技能和工匠精神的高素质人才为目标，以学徒的技术技能为核心，以校企深度合作和双导师联合传授为支撑，建立健全分段育人、多方参与评价的教学管理制度，构建校企双主体育人的多元化人才培养模式，特制订本管理办法。本规定适用于学院校企合作现代学徒制的所有学徒。

2. 定义、基本原则与职责

（1）定义

现代学徒制是将传统学徒培训与现代学校教育相结合的合作教育制度，是现代职业教育制度的重要组成部分，是培养优秀工匠的重要途径。现代学徒制是正规职业教育体系的组成部分，有国家法规制度保障。现代学徒制中的学徒是通过国家规定的招考渠道，被院校录取，同时被企业录用的企业储备人才。企业与学校对学徒联合培养，以在岗学习为本位，并与学校学习相交替，学徒和企业及院校签订培养合同或协议（明确培养目标、内容、职责），学徒获得报酬（工资或津贴），学徒毕业后取得国家统一颁发的专业文凭，学徒有自主择业的权利。进入企业学习实践的学徒，皆以"储备干部"职位进行培养和实践学习。

（2）基本原则

互利共赢原则。互利共赢是校企合作的基础，通过校企合作，打造学校、企业、学生三方共赢生态圈，实现学校增强教学实力、促进产教结合的目的，实现企业增加经济效益、改善员工素质、健全人才培养体系的目的、实现学生提高综合素养与工作技能，提高就业和创业质量的目的。互动互联原则。与学校全方位、多形式展开合作，产教结合，积极探索深度合作模式，共享资源；启动企业内部校企合作定期沟通会议机制。企业内部有机联动，统筹配合，分工协作，共同致力于提高校企深度合作效率；加强与学徒学生互动，帮助学生就业，引导学生创业。分工协作原则：学徒管理由学校、学生代表、企业管理人员组成管理机构。学徒管理采取校企合作处、二级学院指定的班主任负责制，采取班主任统筹、主导和管理下的三方共管模式。校企合作处、二级学院指定学徒班主任和任命学生管理员，学生管理员的任命原则是由校企合作处征求合作二级学院领导或学校对应的专业带头人的意见来进行指定，学生管理员既是校企沟通对接的重要桥梁和纽带，还是学徒学生过渡时期的辅导教师，学生管理员可以根据需要进行团队分组并在班主任指导下确定小组长。学校指定指导老师全程指导，在学徒下到企业的第一个月要重点指导。指导老师要定期或不定期到岗指导学生或参加学生座谈会。理论实践一体化原则：实现校企高度协同、紧密合作，坚持职业性、高等性、教育性密切结合的原则；坚持理论学习和技能提升、心态修炼密切结合，在校学习的理论针对性要强。要与在岗实践的实战、实用、实效性密切结合；校企深度合作学徒制的教学内容和教学形式必须紧密结合学生需求和特点，加强碎片化、移动化、趣味化和混合式学习，坚持线上线下学习和考试一体化。

（3）职责

教务处：组织实施现代学徒制培养计划，开展学徒人才培养；开展现代学徒制教学研究，制订现代学徒制教学管理相关制度；完善现代学徒制评估与校企合作机制；和各个学校开展广泛深入的学生发展、教师发展、课程开发、社会实践等方面的课题研究，推动企业和人才的全方位发展和提升；协调二级学院与学校校企合作处、招生就业处等相关职能部门工作。二级学院：二级学院是学徒管理的主导部门。负责制订现代学徒制发展规划和实施计划，在校企深度合作的需求管理、拓展渠道、甄选人才、跟进培训和毕业指导五个阶段起主导作用，努力搭建校企合作平台，统一协调学校、企业、学生三方关系；提供学校专业情况和学生信息；协调学校资源，包括教室、教师，执行教学计划，植入企业课程；提高学校老师的实习指导水平，协助学校做好学校教师挂职锻炼工作；指定老师负责授课计划和学生管理，帮助学生解决学习和实践问题；学徒采取分组管理，便于学生之间的交流互助，培养一批具备一定管理团队能力的班组长，帮助他们提升管理团队水平，将学徒的学生管理工作做得更细更扎实；执行企业保密条款，视情况与学徒学生签订学徒保密协议；为提高学校老师的实习指导水平和授课的专业度，并密切结合实际，支持专业教师到企业进行岗位实践，挂职锻炼；负责学徒相关业务所产生费用的结算；对学徒运作成本与利润提供数据和分析建议。

3. 具体内容

（1）学徒需求规划。企业根据需求，制订人力资源规划，细化分解校园招聘计划，确定现代学徒制的需求计划。

（2）教务处协同二级学院，根据企业发展战略提出的区域拓展规划和学徒需求和实施计划，科学合理制订学徒发展规划。并与企业共同探讨确定学徒实施计划。

4. 制度保障

（1）校企双方签订《校企联合开展现代学徒制人才培养协议》，协议明确校企双方职责、分工，明确校企联合招生、分段育人、多方参与评价的双主体育人过程及其管理办法，明确人才培养成本分担方式。

（2）按照双向选择原则，学徒（及其监护人）、学校、企业签订三方协议，明确各方权益极其学徒在岗培养的具体岗位、教学内容、权益保障等，落实学徒的责任保险、工伤保险，确保人身安全。

5. 学徒招聘公共关系管理

（1）学校教务处、校企合作处利用自用的平台资源，通过各行业协会、政府机构、合作院校、信件营销、陌生拜访等形式，深度开展学徒招聘合作。

（2）校企双方定期进行信息互通，资源共享。

6. 学徒招聘选拔

学徒的招聘选拔由学校和合作企业共同完成，可由理论考试、面试等环节构成。其中理论考试主要由学校组织，面试环节由学校和企业共同完成，企业对选人起主导作用。校企双方共同确定选拔合格人选后，由二级学院按照学校的规定及企业招聘学徒的条件确定录取名单，并签署劳动合同或协议。

7. 学徒前置培训

二级学院、教务处构建学徒前置培训课程，前置培训课程的内容包括职业基本素养、职场健康与安全、企业文化等，目的在于使学徒在进入工作岗位之前具备岗位所需的基本理论知识。学徒前置培训可由校方教师资源和企方讲师资源共同实施完成。

8. 学徒报到入职

岗位实践学习是学徒人才培养过程的重要环节，学徒学生以储备干部入职，一般在岗时长 1 年至 2 年。储备干部在岗期间由企业指定相关部门协助进行管理，学校相应二级学院全程统筹协调，教务处、校企合作处协助管理。

9. 学徒管理模式

（1）学徒在学校期间实行班级管理为主、小组管理为辅，在企业期间实行小组管理为主、班级管理为辅的合作管理模式。

（2）二级学院和企业双方负责学徒的教学、岗位轮训和考核评价。

（3）学徒实行学分制管理，企业实践课程和学校相关理论课程学分可以相互置换。学徒在企业入职期间的相应活动可抵充学校公共选修课学分。

10. 学徒日常管理

（1）二级学院指定专任教师对学徒在企业期间的学习、生活进行指导和管理。并建立回访、走访、线上等各种畅通有效的沟通渠道。

（2）回访。在学徒到岗的第一天、第三天、第七天、第三十天分别打电话确认学徒在店适应情况、学习进度、疑问困惑、生活困难等。

（3）到门店走访。到门店走访是最能拉近与学徒距离，建立感情，并观察学徒在店状态和工作熟练度的方式。

（4）微信群日常管理。每天在微信群发布公司企业文化、安全投诉、感动服务、知识体系、专业知识、技能技巧、激励格言等正能量的信息；发布通知、回答提问、解决诉求等。

（5）日常学徒诉求处理。学徒在遇到问题有所诉求时，第一时间向企业方安排的师傅进行反映，同时也应将述求情况告知校内指导教师。

（6）鼓励学徒积极参与企业举行的各项活动和竞赛，感知文化、融入企业，为进一步就业打好基础。企业方有义务安排学徒参与企业绩效大会、生日会、技能大赛、年会等企业大型会议和企业活动。

11. 学徒培训晋升

（1）企业开展储备干部在岗培训和培养，定期组织储备干部座谈会，关注储备干部成长与晋升，评估总结储备干部成长情况。

（2）储备干部到岗三天之内企业门店必须明确指定师傅（原则上要求师傅是主管及

以上级别）帮带指导，以帮助储备干部快速融入环境并学习成长。

（3）二级学院针对储备干部成长案例，研究提炼储备干部成长规律，形成储备干部成长报告，及时提交教务处。

12. 学徒淘汰与退出

（1）对严重违反企业纪律的学徒，或身体不适应的学徒要定期确认名单，二级学院与校企合作处沟通达成共识，与学生和家长沟通并取得一致意见后决定淘汰。

（2）淘汰的学徒在合作企业办理离职手续，并按学校规定办理其他手续。

（3）因身体状况不适应休学的学徒参照退出手续办理。

（4）学徒在企业工作违反企业规章制度，先由企业人力资源部通知二级学院指定的专人指导教师，由指导教师负责跟进企业对学徒处理的进度和结果，处理意见及处理结果需通知学校，需要调岗或辞退的也要遵照企业管理制度办理手续。

13. 质量监控机制

（1）企业定期向学校提供储备干部信息，包含到岗报到数量、在岗数量、晋升人数等。

（2）教务处依据现代学徒制的教学目标与教学规范要求，建立定期检查、合作企业及时反馈的教学质量监控机制，完善现代学徒制管理办法、弹性学分制管理规定等教学制度体系建设。并收集、利用各种教学反馈信息，对教学效果进行检测、鉴定和评价。

（3）二级学院通过数据分析并建立学徒学习管理档案，指导教师定期检查学徒学习实践情况。全程跟踪指导和管理学徒在报到率、流失率、晋升率、校企互动频率、校企互动质量等方面，及时采集入校到毕业期间各个阶段的数据，对毕业后的学徒进行跟踪调研，对参与现代学徒制的学徒进行横向和纵向比较，对实施效果进行综合分析，优化学徒发展模式。

14. 激励与考核机制

（1）激励。教务处、校企合作处、二级学院定期召开校企合作总结会，对校企合作工作进行总结，对成绩突出的学徒进行辅导、表彰和奖励。

（2）考核。对合作企业进行考核和评估，达不到考核预期和配合度较差的企业实行淘汰。对二级单位或教师实施现代学徒制工作的效果和成效，纳入年度绩效考核。

（五）附则

本办法由学校现代学徒制招生与招工领导小组负责解释和修订。

（六）现代学徒制试点合作协议样本

为贯彻党的十九大精神和全国职业教育工作会议以及《国务院关于加快发展现代职业教育的决定》《国务院办公厅关于深化产教融合的若干意见》等文件精神，深化产教融合、校企合作，进一步完善校企合作育人机制，创新技术技能人才培养模式，促进行业、企业参与职业教育人才培养全过程，提高人才培养质量和针对性，推动职业教育体系和劳动就业体系互动发展，根据《教育部关于开展现代学徒制试点工作的意见》（教职成〔2014〕9 号）等相关管理文件要求，××学院（甲方）与××公司（乙方）在良好合作基础，经友好协商，决定联合开展连锁经营管理专业现代学徒制人才培养试点，现就合作事项达成如下协议。

1. 合作总则

双方本着合作共赢、职责共担的原则，充分发挥各自优势和潜能，根据试点内容和任务积极开展校企联合招生、联合培养的现代学徒制试点工作，形成校企分工合作、协同育人、共同发展的长效机制，不断提高人才培养的质量和针对性。

2. 合作目标及内容

（1）合作目标

双方本着合作共赢、职责共担的原则，明确将"门店营运经理人"作为学徒培养目标岗位，将"门店营运小店长"作为学徒发展目标岗位，校企联合招生招工，实施"学校企业双主体、学生学徒双身份、工作与学习双途径、技能与素养双提升、就业与职业双发展"的"六维一体"协同育人模式，构建理实一体、工学交替、实岗训练的教学模式；推行业界导师制、岗位（教练）师傅制，建立现代学徒制标准体系和教学管理制度，实现学生从"学徒—合伙人—小店长"的渐进式成长，培养具有高行业认同感和企业归属感，就业能力和可持续发展能力强的高素质技能型人才，实现学校、企业、学生三方共赢。

（2）合作内容

①校企联合招生招工。共同招生招工组建连锁经营管理专业现代学徒制"储备经理人班"，每届班级人数为 20 人左右，签订学校、企业、学生三方协议或非全日制劳动合同，明确学徒具有员工和学生双重身份，实施校企双主体联合培养，校企联合培养地点为学院和公司主城区门店。

②校企双主体共同培养。包括共同制订"储备经理人班"人才培养方案，共同制定"学徒"岗位技能、职业能力与职业素养训练标准，共同实施理论教学与实岗技能训练，共同做好学校与企业门店两个"学徒"培养场所的教学运作管理，共同做好教师师傅（教练）队伍的建设与管理，共同组织"学徒"鉴定考核与晋升发展等。

③共同推进"教师企业工作站、学徒实岗训练标准店、企业校内训练中心"建设。

④共同开展教学研究、教学改革和员工培训活动等。

⑤共同投入现代学徒制试点经费，具体投入金额与形式以甲乙双方共同认可的补充协议为准。

3. 双方权利和义务

（1）甲方的权利与义务。负责采取有效措施促进行业协会企业等单位参与现代学徒制人才培养全过程。负责提供现代学徒制"储备经理人班"办班及相关研究项目开展所需校方经费。负责现代学徒制"储备经理人班"管理机构的筹建、学校工作人员的组成，教师队伍与专门管理人员的配备。负责联系合作企业共同做好现代学徒制"储备经理人班"

的生源和招生计划数申报、生源资格审查、考核选拔与招录、转专业、学徒协议签订、中途学生（学徒）退出善后安排、补录等招生招工工作。负责现代学徒制"储备经理人班"学生（学徒）的学籍管理、毕业资格审核、毕业证书发放等。负责现代学徒制班学生（学徒）校内课程的教学组织与运行、教学质量监控和学习日常管理。负责联系乙方共同制订"储备经理人班"人才培养方案、共同开发理论与技能课程及教材（讲义）、共同做好教师师傅（教练）"双导师"教学团队的建设与管理、共同组织学生（徒）考核评价、共同开展教学研究与项目实践等。负责提供现代学徒制"储备经理人班"校内运行所需的教学场所、教学设备，包括多媒体教室、实训室、教学器材设备等。负责现代学徒制"储备经理人班"校内实训基地建设与运行管理。负责组织购买现代学徒制"储备经理人班"学生（学徒）的在校责任险、学生意外伤害险等保险。负责现代学徒制"储备经理人班"相关各类经费的发放。负责向上级教育行政主管部门申请支持和项目申报以及现代学徒制试点工作经验的总结与推广。

（2）乙方的权利与义务。采取有效措施积极参加现代学徒制人才培养全过程。负责提供现代学徒制"储备经理人班"办班及试点现代学徒制项目开展企业方所需经费。负责现代学徒制"储备经理人班"管理机构企业方工作人员组成，带徒师傅（教练）与专门管理人员的配备。负责协助学校共同做好现代学徒制"储备经理人班"的生源和招生计划数申报、生源资格审查、考核选拔与招录、中途学生（学徒）退出善后安排、补录等招生招工工作。负责制订"储备经理人班"学徒招工选拔标准、三方协议或非全日制劳动合同等。负责"储备经理人班"学生（学徒）实岗训练、跟岗实习、顶岗实习等在岗工作（学习）的日常管理。

负责与甲方共同制订现代学徒制"储备经理人班"人才培养方案和实施方案、共同开发理论与技能课程及教材（讲义）、共同做好教师师傅（教练）"双导师"教学团队的建设与管理、共同组织学生（徒）考核评价、共同开展教学研究与项目实践等。负责制订"储备经理人班"学生（学徒）人才培养标准、岗位技能标准和考核鉴定标准、晋升标准等。负责提供"储备经理人班"学生（学徒）企业岗位训练培养所需的工作场所、工作设备等，保证每学期学生（学徒）有按教学计划应达到的充足的实岗工作与学习时间。负责提供"储备经理人班"学生（学徒）企业技能培训所需的学习资源以及学生（学徒）在门店训练学习的组织与运行。为"储备经理人班"学生（学徒）在门店实岗训练、实习、工作提供安全的环境，期间发生的人身、财产损失以本协议确定的保险赔付为限。负责"储备经理人班"企业参与人员的津贴、交通费等费用的发放。负责组织购买"储备经理人班"学生（学徒）在实岗训练、跟岗实习、顶岗实习期间的学生意外伤害险或雇主责任险等保险。按相关标准支付"储备经理人班"学生（学徒）在实岗训练、跟岗实习、顶岗实习期间的薪资补贴；负责协助甲方向上级教育行政主管部门申请现代学徒制试点项目的支持及申报以及推广现代学徒制试点工作经验。

4. 保密

甲、乙双方均有义务对对方提供的一切资料、信息承担保密责任。如因泄密造成合作方损失的，另一方有权要求赔偿并保留追究相关法律责任的权利。

5. 履行地点期限

本协议自签订之日起在重庆市履行，有效期为 3 年。

6. 其他

（1）本协议一式两份，甲乙双方各执一份，自双方盖章签字后即生效。

（2）对于在人才培养过程中出现的问题，甲乙双方应当本着相互尊重、互相谅解的原则友好协商解决，无法协商的由乙方所在地人民法院处理。

（3）甲乙双方有关现代学徒制"储备经理人班"人才培养的详细要求及具体实施方案，由双方共同制定。

（4）甲乙双方各指定专人负责日常联络、交换意见，如遇工作变动需调整联系人，双方需提前一日书面告知对方，便于双方合作正常推进。

（5）本协议未尽事宜，双方另行协商解决。

第七章　连锁经营管理专业人才
培养方案

一、培养目标及人才规格

（一）人才培养目标

本专业以习近平新时代中国特色社会主义思想为指导，坚持党的教育方针和立德树人根本标准，坚持"重基础、强能力、高素质"的育人思想，面向现代服务业，依托永辉超市、华润万家、麦当劳、7-11、星巴克等众多世界 500 强、中国连锁百强企业，满足新零售全渠道形势下商贸连锁企业对职业店长、门店营运经理人等紧缺型人才的需求，探索试点现代学徒制，培养德智体美全面发展，具有良好职业素养和创新精神、具有强烈行业认同感和企业归属感，掌握连锁企业运营管理的基本知识和门店营运、顾客服务、视觉营销、促销企划、品类管理、数据分析等主要技术技能，能够能在各类零售连锁企业从事经营与管理，具有一定国际视野和创新能力的杰出技术技能人才。

（二）招生对象与学制

本专业招收高中毕业生及同等学力者，基本学制为 3 年。实行学分制，弹性学制为2 ~ 5 年。

（三）毕业生的质量标准

思想政治素质——拥护中国共产党的领导，拥护社会主义制度，坚定中国特色社会主义理想信念；树立正确的世界观、人生观、价值观、道德观和法治观；实现德智体美全面发展，成为中国特色社会主义的合格建设者和可靠接班人。

学业成绩——修完专业人才培养方案规定的各门课程达到合格标准，取得规定的最低毕业总学分 135 学分（包括公选课 8 学分）。

创新创业意识——参与各类创新创业活动，获得创新创业教育必修课 2 学分。

素质拓展——获得重庆城市管理职业学院大学生素质拓展证书，并修满 6 学分；获得社会实践活动学分至少 6 学分。

职业技能——鼓励获得行业企业认可度高的职业资格证书或职业技能证书，如 CCFA

品类管理师（助理级）等职业资格证书。

职业态度——具有团队合作意识、服务意识、执行能力及诚信、吃苦耐劳、工作踏实、敬业等精神。

人文素养——拥有积极心态，热爱生活、主动性强，善沟通，懂交流技巧、良好表达技巧和独立性。

身心素质——具有健康的体魄，完整的人格，乐观的心态，坚强的意志，良好的社会适应能力。

其他证书——获得全国高等学校非计算机专业计算机等级考试一级及以上证书（重庆考区），国家高等学校英语应用能力考试 B 级及以上证书，普通话二级乙等及以上证书。

（四）人才培养模式——现代学徒制人才培养模式

本专业根据学校"三个结合"的人才培养模式，探索现代学徒制人才培养改革。依托永辉超市、华润万家、麦当劳、7-11 等优质企业，根据企业发展对营运经理人的需求，确立"学校专业＋百强企业"的现代学徒制人才培养思路，校企签订现代学徒制人才培养协议，充分发挥校企育人主体作用，探索招生招工一体化，构建"学校与企业双主体、学生与学徒双身份、教师与师傅双指导、工作与学习双途径、技能与素养双提升、就业与职业双发展"的"六维共育"人才培养模式，健全"3+2"（3 天学校学习、2 天企业实岗训练）教学组织与运行设计，实施"业界导师制""校企双导师制"共同育人，加强现代学徒制系列标准和制度建设，实现校企双主体联合培养，着力提升人才培养的质量和针对性。

（五）教学模式

本专业结合学校"六个合一"的教学模式，探索现代学徒制人才培养模式下，施行学校教师与企业师傅联合培养教学模式。依据核心岗位能力素质模型，按企业岗位胜任力与工作标准选定教学内容、教学模式与工作现场相融合、课程体系与工作过程相融合、理论教学与实践教学相融合，健全"3+2"（3 天学校学习、2 天企业实岗训练）教学组织与运行设计，实施"业界导师""校企双导师"共同育人，让学生（学徒）在做中学、学中做，"工学交替、实岗育人"。

（六）毕业生就业岗位（群）

本专业毕业生主要面向"双百强"（500 强、中国连锁 100 强）企业、各连锁业态（高端卖场、购物中心、专业店、专卖店、便利店）中的龙头企业，从事门店营运与管理、总部职能管理的经理人（储备店长、经理、合伙人）岗位，职业发展目标为连锁企业门店店长、区域店长岗位等。

二、人才培养规格要求素质、技能、知识结构

（一）毕业生素质要求

素质名称	内涵要求	支撑课程或活动
思想道德素质	掌握马克思主义的科学世界观和方法论，运用马克思主义的立场、观点、方法分析和认识现实问题，逐步树立正确的世界观、人生观、价值观、道德观和法治观	思想政治理论课、素质教育课及活动、综合教育活动
	学习习近平新时代中国特色社会主义思想，了解中国的历史和国情，继承和发扬中华民族优秀文化传统和中国共产党领导下的革命斗争传统，爱祖国，爱人民，拥护党的基本路线方针政策，坚定社会主义理想信念，为实现中国特色社会主义"两个一百年"奋斗目标、实现中华民族伟大复兴中国梦而奋斗	
	培育和践行社会主义核心价值观，学会做人、学会做事、学会思维、学会与人共处，提高思想道德修养，具备良好的职业素质和较强的职业能力，实现德智体美全面发展	
文化素质	应用语言文字，清晰地进行信息、思想、感情的传递、表达和交流；具有文学艺术美学修养；能够正确认识和分析当今时代有关问题	理论和实践课中融入人文知识、人文思维、人文方法和人文精神、素质教育课及活动
	学习中国优秀传统文化，提高学生对中华优秀传统文化的自主学习和探究能力，培养学生的文化创新意识，增强学生传承弘扬中华优秀传统文化的责任感和使命感	中国文化概论
业务素质	有职业道德感、理智感、美感；具备良好的外向型性格特征；具备企业、用户、产品、市场、营销、策划、法律等学识；具备服务、互惠、沟通、创新、形象等"营销"意识。具有遵守"守法、诚信、公平、敬业、服务"的10字商业职业道德准则；具有对商业连锁业新知识、新技能和新方式的学习能力和创新精神；具有较强的团队建设能力和团队协作精神；具有较强的现代服务意识	专业发展指导课、相关理论课、专业技术基础课、专业综合技术课及综合技能实训等
身心素质	身心健康，人格健全，具有完整的生理、心理状态和较强的社会适应能力；交际交往合符规范礼仪；具有体育卫生和运动保健素养；树立自觉锻炼、终生锻炼身体的意识；体魄良好，体能达到规定标准	体育训练课、综合教育活动、实用礼仪课、素质教育课及活动
创新创业素质	能够独立思考，学习创新的技巧方法，主动接受新事物、了解新趋势；培养创业意愿，了解创业的环境和学习创业的流程和技能	创新创业教育课程、基础管理素质课程、素质拓展活动

（二）毕业生能力要求

能力类别		能力要素	课程设置	考核标准
通用能力	英语应用能力	具备实用英语听说能力、具备实用英语阅读翻译能力、具备实用英语写作和自主学习能力	大学英语Ⅰ 大学英语Ⅱ	高等学校英语应用能力考试达到B级及其以上
	计算机应用能力	具备熟练地应用计算机操作系统的能力，加强计算机应用能力的训练，要求能够熟练使用计算机进行学习和工作；具有利用计算机网络搜集信息、处理信息的能力	计算机应用基础	计算机应用能力达高校非计算机专业应用能力等级考试一级
	语文应用能力	具备较强的口语交际能力、阅读能力、书面语言表达能力、视像能力和发布能力，会常用应用文体的写作	大学语文、应用文写作	考试能达合格及以上标准，普通话二级乙等及以上证书
	创新创业能力	具备创造性思维、创造性想象、独立性思维和捕捉灵感的能力；具备创新实践的能力，即在创新活动中完成创新任务的具体工作的能力；具备决策能力、经营管理能力、专业技术能力与组织、计划、协调、控制等能力	基础管理素质训练创新创业教育实训、实训、讲座等特许加盟	完成理论学习与实践训练并通过能力鉴定
专业基本技能	经济分析能力	具备较强经济思维能力；社会经济现象分析能力；掌握一般的经济法则和经济学原理；能理解当代世界经济和中国经济现状与发展趋势；能看懂基本宏观经济数据与理解国家宏观经济政策	经济学（基础）	考试能达合格及以上标准
	行业认知能力	能够认识行业发展历史、现状及未来发展趋势，认识行业在国民经济中的地位和作用，认识行业业态、业种和行业中的标杆企业，提高对行业的认同感	零售与连锁经营管理；魅力零售；连锁企业岗位认知实习	考试能达合格及以上标准
	基础管理能力	理解管理的本质；知晓基础管理的范畴；认识一般的管理现象；归纳和具备一般基层管理者能力与素质；掌握基本管理方法与技巧；具备现代管理思维	基础管理素质训练；现代企业管理；企业沙龙与领导力训练	完成模块课程学习并通过能力鉴定
	市场营销策划能力	了解行业市场营销的特点和市场营销的要素；具备市场营销相关基础知识；具有收集、整理、分析市场数据并预测市场的能力；根据营销要素进行市场策划的能力	连锁企业市场营销；连锁门店促销与策划；零售业数字化营销	考试能达合格并通过模块能力鉴定

能力类别		能力要素	课程设置	考核标准
专业基本技能	商品管理能力	具有对商品进行分类管理的能力；能够知晓一般商品的属性、特征的能力；根据商品的属性特征进行归类、陈列的能力；对品类进行定义和根据品类进行角色划分、品类评估，制定品类策略和实施品类战术能力	连锁企业品类管理；连锁企业门店营运管理	考试能达合格或取得"品类管理师（助理级）"职业资格认证
专业综合能力	门店运营能力	掌握和具备顾客服务能力、卖场视觉营销能力、门店基础营运能力	零售与连锁经营管理；连锁企业门店营运管理	考试能达合格及以上标准
	业绩提升能力	掌握和具备商圈调研能力、经营业绩诊断及经营策略制定与执行能力、门店促销策划能力	零售企业数据挖掘与应用；商圈调研分析；连锁门店促销与策划	考试能达合格及以上标准
	发展进阶能力	掌握和具备商品采购能力、商品配送能力、拓展加盟能力、零售数据分析与应用能力	连锁企业商品采购管理；零售企业数据挖掘与应用	考试能达合格及以上标准
	综合管理能力	具备沟通表达能力、团队合作能力、分析解决问题能力终身学习能力、信息技术应用能力、创新创业能力、实践动手能力等方面的要求	职业核心能力养成训练（连锁）	考试能达合格及以上

（三）毕业生知识要求

知识类别		知识内涵	支撑课程
通识教育知识	体育知识	使学生掌握体育的基本理论知识，建立正确的体育观念，掌握科学锻炼身体的方法，培养学生终身体育锻炼的意识和良好习惯。培养学生集体主义的思想品德，树立正确的体育观及勇敢顽强、团结进取、开拓创新的精神风貌	体育训练Ⅰ 体育训练Ⅱ 体育训练Ⅲ
	英语知识	培养学生英语实际运用与实际交际能力，通过大量语言实践活动，掌握常用的句型、单词，使学生在听力和口语上表现出一定的语感素养，前两学期突出英语综合能力的训练，以提高学生人际沟通能力	实用英语Ⅰ 实用英语Ⅱ
	计算机操作与应用知识	使学生掌握信息的获取和处理、传递及应用的基本技能，适应现代生活的需要，适应未来职业的需要	计算机应用基础

知识类别		知识内涵	支撑课程
专业技术基础知识	思想政治理论知识	通过对思想道德修养与法律基础知识的学习，提高学生的思想道德素质、职业素质与法律素质，树立崇高的职业理想，具备良好的职业道德和较强的法纪意识，遵纪守法，品行端正，讲道德，守纪律，吃苦耐劳，乐于奉献 通过对毛泽东思想和中国特色社会主义理论的学习，使学生认识中国基本国情，了解中国革命、建设和改革开放的历史，坚持走社会主义道路，增强实现改革开放和社会主义现代化建设宏伟目标的信心和社会责任感，具备良好的思想素质和政治素质 通过对形势与政策知识的学习，使学生了解中国共产党执政新理念新思想新战略，了解国内外大事、要事，进一步增强执行党的路线、方针、政策的自觉性，增强对社会发展趋势预测的能力，适应社会，持续发展，实现自我	思想道德修养与法律基础 毛泽东思想和中国特色社会主义理论体系概论 形势与政策 思想政治理论课实践教学
	中文知识	通过学习，培养口语交际能力、阅读能力、书面语言表达能力、视像能力和发布能力等语文应用能力，为学生素质培养打下扎实的基础	大学语文
	中国优秀传统文化知识	通过学习，提高学生对中华优秀传统文化的自主学习和探究能力，培养学生的文化创新意识，增强学生传承弘扬中华优秀传统文化的自豪感、责任感和使命感	中国文化概论
	应用文写作知识	通过学习，培养学生在应用文写作的能力，为学生适应职场工作奠定基础	应用文写作
	职业规划与就业观知识	树立正确的就业观念，具备就业市场应变的能力	专业发展指导、职业规划与就业指导
	创新创业知识	使学生掌握开展创业活动所需要的基本知识，具备必要的创业能力，帮助学生树立科学的创业观	创新创业教育
	健康教育知识	掌握科学锻炼身体的基本技能，具有良好的身体素质和基本运动技能，并达到国家体能标准；具备良好形体、仪态协调能力，具有健康的生理素质和心理素质	大学生安全教育、体育训练

知识类别		知识内涵	支撑课程
专业技术基础知识	经济与管理知识	掌握市场经济基本原理；了解市场法则；从消费者、厂商角度分析市场行为；宏观经济知识；管理的本质；管理的职能；基础管理的思维与技巧	经济学基础 基础管理素质训练
	商品管理知识	品类定义、商品分类、品类管理与实施以及品类战术	连锁企业品类管理理论与实务 连锁企业门店营运管理 连锁企业商品采购管理
	法律知识	合同法、公司法、产品责任法、代理法、网上合同、网上行为规范、知识产权保护、隐私权保护等	经济法基础
	营销知识	营销原理、营销环境分析、市场细分、目标市场、市场定位、营销策略、营销组织与控制	连锁企业市场营销 零售业消费者行为分析
综合化专业知识	零售与连锁经营知识	通过学习，了解零售行业发展的历史、现状和趋势；学习连锁业的特征、业态的分类、商圈的分析	零售与连锁经营管理 魅力零售专题 商圈调研
	连锁企业总部管理知识	通过学习，让学生具备连锁店选址、开发、设计的知识；具备连锁采购、谈判技巧方面的知识；具备仓储与配送方面的知识以及人员招聘、选拔、培训、提升、淘汰方面的知识	连锁门店开发与设计 连锁企业采购管理 连锁门店营运与管理
	连锁门店营运方面的知识	连锁门店各岗位的基本能力和素质要求；各岗位的操作流程与关键点控制知识	连锁门店营运与管理 连锁企业品类管理实务 零售业数据挖掘与应用
	顾客服务知识	掌握现代服务理念与服务技巧；懂得客户维护技巧，服务的本质与服务的重要性	零售业顾客服务训练 零售业消费者行为分析
	门店终端销售与服务技巧方面的知识	推销技巧、推销方法相关知识；促销与策划相关知识；顾客服务技巧与方法相关知识	连锁门店促销与策划 零售业顾客服务训练 视觉营销

三、主要课程的相关信息

（一）通识课程名称、学时数及课程简介

1. 思想道德修养与法律基础

学时：64，学分：3

通过对思想道德教育与法律基础知识的学习，使学生具有强烈的社会责任感，明确的职业理想和良好的职业道德和较强的法纪观念，遵纪守法，品行端正，讲公德，守纪律，吃苦耐劳，乐于奉献。

2．毛泽东思想和中国特色社会主义理论体系概论

学时：64，学分：4

通过对毛泽东思想、邓小平理论、"三个代表"重要思想、科学发展观和习近平新时代中国特色社会主义思想的学习，使学生具有坚定的政治方向，拥护中国共产党的领导，坚持走社会主义道路，热爱社会主义祖国，具备良好的思想政治素质。

3．形势与政策

学时：64，学分：1

通过对形势政策的学习，使学生了解国内外大事、要事，增强对社会发展趋势预测的能力，更好地适应社会的发展和要求。

4．体育训练

学时：98，学分：5

增强学生体质，增进健康，全面提高学生的体能和对环境的适应能力，促进身心的全面发展。使学生掌握体育的基本理论知识，建立正确的体育观念，掌握科学锻炼身体的技能，培养学生终身体育锻炼的意识和良好习惯。培养学生爱国主义和集体主义的思想品德，树立正确的体育观及勇敢顽强、团结进取、开拓创新的精神风貌。

5．实用英语

学时：128，学分：6

培养学生较强的听、说、读、写的能力，使其能以英语为工具，获取专业所需信息，具备一定的翻译基础。

6．计算机应用基础

学时：64，学分：4

该课程是一门培养大学生计算机应用能力与信息素养的课程，通过该课程的学习，要求学生了解计算机应用的基础知识，掌握主流操作系统的操作应用，熟练使用office办公软件套件的相关技能，熟悉基本的互联网应用，并具备信息安全、数据库和多媒体技术等信息素养知识与能力。

7．大学语文

学时：64，学分：3

本课程以文学理论为先导和基础，以分析和指导学习阅读文学作品为重点，弘扬民族文化，培养学生高尚的情操，增长文史知识，提高学生鉴赏和写作能力。通过学习，培养口语交际能力、阅读能力、书面语言表达能力、视像能力和发布能力等语文应用能力。

8．中国文化概论

学时：32，学分：2

通过学习中国优秀传统文化，提高学生对中华优秀传统文化的自主学习和探究能力，

培养学生的文化创新意识，增强学生传承弘扬中华优秀传统文化的责任感和使命感。

9．应用文写作

学时：32，学分：1.5

通过本课程的学习，学生能写作常用的应用文体，写作格式规范、得体。

10．职业生涯规划

学时：16，学分：1

职业生涯规划课程主要引导学生进行职业认知和自我认知，并在此基础上，结合自身实际，明确职业目标，制定生涯规划，并细化执行步骤，确保目标的顺利实现。

11．就业指导

学时：15，学分：1

本课程引导学生进一步明确自身核心职业竞争力，把握就业关键环节，指导学生做好充分就业准备，帮助学生树立科学就业观，完成由"学生人"向"职业人"身份角色转变。

12．大学生安全教育（涵职场安全与健康）

学时：16，学分：1

通过本门课程的学习，帮助学习者建立职场工作的健康和安全意识，了解国家职场工作健康和安全的政策、法规，让学习者能够掌握职场工作的基本安全知识和技能，并能够应用于今后的工作实践。保护自己和他人的安全，防止个人和集体财产遭受损失及重大的人员伤亡。

13．大学生心理健康教育

学时：32，学分：2

本课程旨在使学生明确心理健康的标准及意义，增强自我心理保健意识和心理危机预防意识，掌握并应用心理健康知识，培养自我认知能力、人际沟通能力、自我调节能力，切实提高心理素质，促进学生全面发展。

14．创新创业教育实训（集中实训）

学时：16，学分：1

通过本门课程的学习，将创新教育、创业教育及专利知识融入职业教育的教育活动过程中，提高学生的创新能力，培养学生的创新精神，增强毕业生自主就业及创业能力，提高学生的就业质量和创业竞争力。

15．职业素养与创新创业讲座（实训）

学时：16，学分：1

学生通过学习和聆听职业素养与创新创业系列讲座，通过团队分享、成果展示、学习心得分享等途径提升学生团队协作、分析演绎、表达技巧等方面的能力，通过心得分享，养成良好的职业素质和职业习惯和创新创业意识。

16. 专业发展指导

学时：16，学分：1

学生通过学习和聆听专业发展动态、企业文化介绍、专业社团沙龙、企业经理人及高管讲座、优秀学长（姐）回校分享会等形式，了解行业企业发展，树立目标，提高行业认同感和企业归属感。

（二）专业核心课程名称、学时数及课程简介

1. 零售与连锁经营管理

学时：48，学分：2.5

本课程属于技能型、理实一体化课程。本课程主要让学生了解零售业的发展、连锁经营概述、连锁经营的类型、业态分类、连锁业的特征以及零售连锁业的基本术语等，通过校外实习加深对零售连锁行业、连锁企业的熟悉和认知，培育学生的行业归属感。

2. 品类管理理论与实务

学时：60，学分：3

本课程属于技能型、理实一体化课程。通过本课程的学习能够理解品类管理内涵并形成品类管理理念；能依据不同的标准对商品进行科学分类和角色定位；依据卖场经营的KPI指标规划品类目标并通过品类策略和战术实施实现品类目标；能够理解零售商店的品类实施，并监督品类实施效果，还需具备数据分析能力、归纳演绎能力和展示表达技巧。

3. 连锁企业门店营运与管理

学时：51，学分：3

本课程属于技能型、理实一体化课程。通过本课程的教学与实习，使学生掌握连锁企业营运各分区、各部门、各岗位的基本流程，了解企业营运的内容，能够应用现代经营管理技术，商品陈列技术、现代防损与防盗技术、信息与数据分析技术等对连锁门店进行管理与协调。

4. 零售业顾客服务训练

学时：60，学分：3

本课程属于技能型、理实一体化课程。通过本课程的教学与实习，使学生掌握商场与零售业卖场基本服务理念，掌握服务类岗位的服务技能和礼仪。

5. 连锁门店促销与策划

学时：60，学分：3

本课程属于技能型、理实一体化课程。通过本课程的教学与实习，使学生掌握商场"开业、店庆、节假日"三大常规促销活动的组织与实施技巧，掌握常用的商品促销手段和方式、创新商品促销方式。

6. 零售企业数据挖掘与应用

学时：54，学分：3

本课程属于技能型、理实一体化课程。本课程以连锁零售企业营运工作为出发点，通过挖掘与分析连锁零售企业经营管控中的数据，培养学生的零售数据思维、销售预算制定与追踪能力、顾客数据分析能力、商品数据分析能力、线上经营数据分析能力、基础财务数据分析能力、同时能够对数据分析结果进行生动化的展示。

（三）职业技能课程（集中实践课程）名称、教学目标及周（时）数

1. 军训（2 周）

本课程属于技能型、实践课程。教学目标：了解基本军事理论，增强国防观念和国家安全意识，掌握军姿、队列变换、行进间转法、军营内务整理等知识，了解兵器常识，增强组织纪律观念和团队意识。

2. 专业始业教育与认识实习（1 周）

本课程属于技能型、理实一体化课程。教学目标：通过引入校企合作及现代学徒制优质合作企业到校园宣讲企业文化，全面介绍企业发展历程，发展战略，让学生对校企合作企业形成基本认识，同时，通过企业发展的介绍，让学生对整个行业发展有进一步认识，培养学生对行业企业的认同感和归属感。

3. 学徒制企业及岗位综合认知实习（1 周）

本课程属于技能型、实践课程。教学目标：连锁经营管理专业认知实习是在学生即将开始学习专业理论课程之前进行的一个重要实践教学环节，通过深入连锁企业，了解连锁企业经营活动的全过程；通过实习，培养学生对专业的认知和兴趣；通过实习，培养学生理论联系实际的能力，增强学生分析问题和解决问题的能力；通过实习，让学生了解将来工作的真实职场环境、熟悉工作岗位、认识岗位能力要求。

4. 企业沙龙与领导力课程（1 周）

本课程属于技能型、理实一体化课程。教学目标：通过引入企业文化专题和企业领导力课程专题，采用沙龙座谈、交流、讲座形式，培养学生对行业企业的认同感和归属感，提高职业素养和具备领导素养。

5. 职业素养与创新创业讲座（1 周）

本课程属于技能型、理实一体化课程。教学目标：学生通过学习和聆听管理类讲座，通过团队分享、成果展示、学习心得分享等途径提升学生团队协作、分析演绎、表达技巧等方面的能力，通过心得分享，养成良好的职业素质和职业习惯，养成创新思维和创业思维。

6. 学徒制跨企业培训课程（1 周）

本课程属于技能型、理实一体化课程。教学目标：学生通过学习合作企业通用能力及

专业基础能力系列讲座和体验活动，通过团队分享、成果展示、学习心得分享等途径提升行业通用能力和基础专业技能，养成良好的职业素质和职业习惯，提高对行业的认同感和对企业的归属感。

7. 职业资格证书培训与认证（1 周）

本课程属于技术型、实践课程。教学目标：通过品类管理基本理论教学与企业培训，让学生品类管理流程和基本战术，具备注册品类管理师（助理级）职业技能。

8. 连锁企业设施设备训练（1 周）

本课程属于技能型、实践课程。教学目标：通过教学和训练，掌握并能使用连锁企业常见的设施设备，主要包括货架、收银机、叉车等，提高学生对设施设备的操作技能。

9. 现代办公技巧训练（1 周）

本课程属于技术型号、实践课程。教学目标：通过本实训课程，有效提升学生基本办公技能，形成高效率的工作习惯。如文字编排、办公软件操作、常用办公工具操作等。

10. 连锁专业岗位预备与跟岗实习（2 周）

本课程属于本课程属于技能型、实践课程。教学目标：通过本实习让专业学生在不具有独立操作能力、不能完全适应实习岗位要求的学生，由专业教师统一组织到校企合作实习单位的应用类相应岗位，在企业教练和导师的指导下部分参与实际辅助工作的实习实践活动。

11. 专业招聘与岗前培训（1 周）

本课程属于技能型、实践课程。教学目标：通过本课程训练，校企共同制定培训课程并实施理论＋实操的形式让学生在进入企业顶岗实习之前，熟悉企业制度、熟悉岗位操作、形成良好工作心态和习惯，为实习零距离上岗做好准备。

12. 创新创业教育实训（1 周）

本课程属于技能型、实践课程。教学目标：通过创业之星软件训练，让学生体验企业经营管理的全过程、形成经营管理的系统思维，熟悉各个经营管理环节并培养学生动手操作、主动思考、团队协作、口头表达能力和决策、风险承担、数据分析的能力。

13. 门店营运专项实训（1 周）

本课程属于技能型、实践课程。教学目标：通过仿真实训软件，让学生在仿真情景中熟悉连锁企业门店营运基本流程、岗位设置、岗位操作规范和标准等，为在真实情景下的实岗训练打下基础。

14. 店长实务实训（4 周）

本课程属于技能型、实践课程。教学目标：学生在进入企业实习和工作之前，定位门店店长岗位，模拟门店店长的工作内容和流程，道过专项综合实训，提升学生岗位认知能力、职业规划能力、团队组建与维护能力，熟悉门店店长工作内容、经营管控重点和相关素质以及具备相关工作方法等，提升综合能力。

15. 连锁门店商品陈列与空间设计实训（4 周）

本课程属于技能型、实践课程。教学目标：通过仿真商品陈列与卖场空间设计软件练习，熟悉各类连锁企业商品陈列的原则、原理和方法技巧，能够根据实际情况进行卖场动线规划和商品陈列，提升综合业绩。

16. 顶岗实习（包含顶岗实习报告）（19 周）

本课程属于技能型、实践课程。教学目标：学生在具体的连锁岗位实习，前半期通过轮岗进行核心能力模块实习，包括连锁企业门店营运管理实习、连锁企业商品促销与实施实习、顾客服务实习、商品陈列方法与技巧提升实习等，让学生全面了解连锁经营与管理的流程和操作方法，具备相关岗位独立操作能力；后半期则实施独立岗位顶岗实习，并开始职业发展能力提升。最后通过撰写实习报告，总结实习过程并提出改进意见。

（四）建议三年期间获得专业职业资格证书名称及要求

1. CCFA 品类管理师（助理级）

了解品类管理的背景知识，品类管理基础知识，企业实施品类管理的基本步骤和内容，熟悉品类管理基本战术；熟练掌握品类管理的步骤和品类管理战术设计和策略。

2. ERP 供应链管理师（中级）

掌握 ERP 的基本知识，熟悉 ERP 操作流程，掌握与专业相关的 ERP 模块操作标准并能结合自身工作提出流程改善计划。

建议学生可以取得以上职业资格证书中的 1 项或其他行业企业认可度高的职业资格证书（不作为毕业必要条件），获得证书相应证书可以通过申请，置换全院选修课学分 1 分或素质拓展学分 2 分。

四、教 学 进 程 表

（一）教育教学活动按周时间分配表（附表一）

（二）通识模块、专业课程模块教学进程表（附表二）

（三）集中实践模块教学进程表（附表三）

（四）专业课时、学分统计表（附表四）

五、说 明

1. 专业相关的职业资格证书与专业课程的对应关系（表）

职业资格证书	CCFA 品类管理师（助理级）
资格考试课程名称	《品类管理理论与实务》
专业课程名称	《零售与连锁经营管理》 《连锁企业营运管理》 《连锁企业品类管理》

2. 教师团队概况描述

连锁经营管理专业现有校内专兼任教师 12 人，其中副教授 4 人、博士 1 人、讲师 7 人；专业配有校内专业带头人 1 人，校外兼职教授 2 人（行业企业高管）；聘请行业企业高管、门店总经理 8 人担任专业"业界导师"；聘请 20 余位部门经理、合伙小店长等担任学徒制指导"师傅"或"教练"；专业现有骨干教师 7 人，双师素质教师 11 人，职称结构、年龄结构等师资结构合理，长期聘请行业企业中层及以上管理干部担任专业兼职教师，承担专业课、实习实训课等教学任务，课时数约 100 学时 / 年。

3. 校内实践教学场地与功能介绍

实训室名称	主要实践教学内容	备注
物流实训中心	连锁沙盘演练实训； 收银系统设施与设备的认识； 标准收银流程实训； 电子价签的制作； 商品货物的陈列、排面的整理； 仓储管理、配送管理模拟实训； 供应链一体化模拟实训； RF 与条码实训； 商场设施设备操作实训	
模拟卖场	堆头陈列实训； 排面整理实训； 卖场设计实训； 标准收银实训； 商品陈列实训； 盘点操作实训； 促进销售实训； 商品导购实训	

实训室名称	主要实践教学内容	备注
商业手工沙盘实训室	商业实战； 进销存模拟； 创业模拟； 营运规范	
进销存软件实训室	进销存与供应链操作； 商品分类； 票据填写规范	
3D 仿真连锁企业王牌店长实务实训系	店长岗位设置与工作流程； 超级巡店； 门店进销存数据管理； 门店销售与后台数据管理； 店长及门店经营 KPI 指标	
3D 仿真连锁门店商品陈列与空间设计实训竞赛	门店外观设计； 提高到店率、进店率； 门店卖场布局规划； 仿真商品陈列训	

4. 校外实践教学基地介绍

校外实训基地	完成的实践教学内容	备注
重庆永辉超市有限公司	认知实习、课程实习、专项实训、顶岗实习、现代学徒制人才培养	核心合作伙伴
华润万家生活超市有限公司	认知实习、课程实习、专项实训、顶岗实习、现代学徒制人才培养	核心合作伙伴
新玖商业发展有限公司（7-11）	认知实习、课程实习、专项实训、顶岗实习、现代学徒制人才培养	核心合作伙伴
重庆海印餐饮管理有限公司（麦当劳）	认知实习、课程实习、顶岗实习、现代学徒制人才培养	核心合作伙伴
重庆太古食品新沁园有限公司	认知实习、课程实习、顶岗实习、现代学徒制人才培养	核心合作伙伴
星巴克企业管理有限公司	认知实习、参观实习、顶岗实习	
重庆罗森便利店有限公司	认知实习、课程实习、顶岗实习	
重庆娇兰佳人科技有限公司	认知实习、课程实习、顶岗实习	

5．课外职业素质培养讲座的内容与时间安排

序号	讲座内容	时间安排	备注
1	零售连锁业发展现状与趋势	第一学期	
2	校企合作企业企业文化	第一学期、第二学期	
3	企业沙龙系列讲座	第二学期	
4	店长之路专题讲座	第三学期	
5	职业生涯发展规划	第三学期	
6	连锁卖场岗位专题讲座	第三和第四学期	
7	优秀校友成长交流沙龙讲座	第二、第三、第四、第五学期	
8	零售精英系列沙龙活动	不定期	

6．学习者鉴定能力的主要方法介绍

课程名称	鉴定程序	备注
基础管理素质训练	课程过程鉴定、课程单元模块鉴定、课堂学习与课外实践结合、过程鉴定与期末鉴定结合	
连锁企业市场营销	理论测试与实践案例结合、学校评价与企业评价结合、课堂学习与课外实践结合、过程鉴定与期末考试结合	
连锁门店促销与策划	课堂学习与课外实践结合、实际操作与作品展出结合、小组项目成果与个人贡献结合	
零售业顾客服务训练	理论测试与实践案例结合、学校评价与企业评价结合、课堂学习与课外实践结合、过程鉴定与期末鉴定结合	
零售业消费者行为分析	课堂学习与课外实践结合、书面报告与实际操作结合、小组项目成果与个人贡献结合、过程鉴定	
零售与连锁经营管理	理论测试与实践案例结合、课堂学习与课外实践结合、阶段鉴定与期末鉴定结合	
连锁企业商品采购管理	课堂学习与课外实践结合、书面报告与实际操作结合、小组项目成果与个人贡献结合	
连锁企业门店营运与管理	理论测试与实践案例结合、课堂学习与课外实践结合、过程鉴定与期末鉴定结合	
连锁企业品类管理理论与实务	理论测试与实践案例结合、课程作品评价、课堂学习与课外实践结合、过程鉴定与期末鉴定结合	
零售业数据挖掘与应用	理论测试与实践案例结合、课程作品评价、课堂学习与课外实践结合、过程鉴定与期末鉴定结合	
零售企业数字营销	理论测试与实践案例结合、学校评价与企业评价结合、课堂学习与课外实践结合、过程鉴定与期末鉴定结合	

7．课程评估的方法介绍

（1）利用课课程能力单元的学生学习反馈信息表对课程教学进行评估。

（2）多渠道、不定期与学生进行交流沟通，了解学生课程学习情况。

（3）在期中和期末召开学生座谈会了解学生学习情况。

（4）鼓励学生采用多种形式（如线上问卷等）对课程提出建议的形式。

（5）制作课程评估问卷调查表收集学生的课程学习的书面反馈意见。

8．三学期教学安排说明

为更好地推行工学结人才培养模式，本专业采用三学期制进行教学，第三学期的教学主要安排集中实习实践类课程、校企合作企业课程、职业素养提升课程、现代学徒制实岗训练课程及需要集中授课的理论课程，具体安排如下。

学期	课程名称（内容）	备注
第三学期	企业沙龙与领导力课程I、职业素养与创新创业训练、学徒制跨企业培训课程、职业资格证书培训与认证（连锁）	
第六学期	现代办公技巧训练、连锁专项技能训练（学徒）、专业招聘与岗前培训（学徒）	
第九学期	顶岗实习	

9．教学质量监控与保障

建立健全专业 360° 教学质量监控与保障机制，以第三方（麦可思）学质量调查报告和重庆市教育评估院就业质量评估报告为主要依据，充分利用校企合作发展理事会和专业建设委员会量大平台，不断调整和优化人才培养模式和课程体系，构建教学督导、同行、教师本人、学生、行业企业专家共同参与教学质量评价和反馈体系；建立健全校内专任教师、兼课教师和企业兼职教师能力发展平台，优化师资队伍，不断提升教师教学能力，为提升专业人才培养质量保驾护航；通过教学研究和教学改革项目促进教师把握高等职业教育发展的新动向和新趋势，探索和改革专业建设、人才培养和教学过程中的实际问题，推动专业内涵建设和人才培养质量不断提高。

10．其他

本专业将根据教育部及重庆市教育主管部门关于试点现代学徒制人才培养相关文件要求，将探索试点现代学徒制人才培养，根据试点要求，先招生和招工，与麦当劳、永辉、华润万家三家合作企业组建现代学徒制实验班，单独组建班级并在已有人才培养方案基础上与企业共同制定现代学徒制人才培养方案，实施校企联合育人，另见现代学徒制人才培养方案、工学结合课程体系和协同育人实施方案。

附表一：　　　　　　　　教育教学活动按周时间分配表

| 学年 | 学期 | 课堂教学 | 军训 | 集中实践教学 | | 考试 | 入学教育 | 毕业教育 | 机动 | 合计 |
				毕业实习（包含撰写顶岗实习报告）	其他集中实践					
一	一	15	2		1	1	1			20
	二	15			1					16
	三	0			4					4
二	四	16			2	1			1	20
	五	14			1				1	16
	六	0			4					4
三	七	9			9	1			1	20
	八	0		15				1	1	16
	九	0		4						4

附表二：   通识模块、专业课程模块教学进程表

平台及模块	课程代码	课程名称	考核方式	学分	总计学时	讲授学时	实践学时	第一学年 一 (16)	二 (16)	三 (0)	第二学年 四 (17)	五 (15)	六 (0)	第三学年 七 (9)	八 (0)	九 (0)
公共类	06030024	体育训练Ⅰ		1.5	32		32	2								
	06030025	体育训练Ⅱ		1.5	32		32		2							
	06030027	体育训练Ⅲ		2	34		34				2					
	06040041	实用英语Ⅰ	√	3	64	48	16	4								
	06040042	实用英语Ⅱ	√	3	64	48	16		4							
	04020017	计算机应用基础		4	64	32	32	4								
	06020001	大学语文	√	3	64	64		4								
	06020014	中国文化概论	√	1.5	32	32			2							
	06020004	应用文写作	√	1.5	32	32			2							
		小计		21.5	418	256	162	10	14		2					
思想政治理论类	06010016	思想道德修养与法律基础		3	64	64					4					
	06010026	毛泽东思想和中国特色社会主义理论体系概论		4	64	64		4								
	06010004	形势与政策Ⅰ		0.5				1~2学期讲座								
	10020001	形势与政策Ⅱ		0.5				3~4学期讲座，5~6学期自学，16学时/学期								
	06010029	思想政治理论课实践教学		2				1~2学期开设，18学时/学期								
	08010001	军事理论	√	1				1学期讲座共18学时								
		小计		11	128	128		4			4					
职业类	01030104	大学生心理健康教育		2	32	16	16	1			1					
	W0001	大学生安全教育		1	16	16		1								
	09010001	职业生涯规划		1	14	14		1								
	03060052	专业发展指导		1				1~2学年学期讲座（含职场安全与健康讲座），16学时								
	11010041	实用礼仪		1	20	10	10	1								
	09010002	就业指导		1	15	15								1		
		小计		7	97	71	26	4	0		1			1		
		合计		39.5	643	455	188	18	18		3	1				
专业基础课	03050085	基础管理素质训练		2.5	48	34	14	3								
	03060045	零售与连锁经营管理案例与实训		2	32	16	16		2							
	03030105	连锁企业市场营销	√	2	48	34	14		3							
	03060009	零售业消费者行为分析	√	2.5	51	40	11				3					
		小计		9	179	124	55	3	5		3	0				

平台及模块		课程代码	课程名称	考核方式	学分	教学时数			按学期分配的周数及周学时							
						总计学时	讲授学时	实践学时	第一学年			第二学年			第三学年	
									一	二	三	四	五	六	七	八
									16	16	0	17	15	0	9	0
专业模块	专业核心课程	03030108	零售与连锁经营管理	√	2.5	48	28	20	3							
		03060013	品类管理理论与实务	√	3	60	36	24					4			
		03050006	连锁企业门店营运与管理	√	3	51	30	21				3				
		03060031	零售业顾客服务训练	√	3	60	32	28					4			
		03030111	连锁门店促销与策划	√	3	60	32	28					4			
		03060054	零售业数据挖掘与应用	√	3	54	30	24							6	
小计					17.5	333	183	145	3			3	12		6	
合计					26.5	512	312	200	6	5		6	12		6	
选修模块	三选二	03030112	服装连锁企业管理		2	51	36	15				3				
		03060011	现代企业管理	√	2	51	36	15				3				
		03010098	经济学（基础）	√	2	51	36	15				3				
	三选二	03060003	连锁企业商品采购管理	√	3	68	40	28				4				
		03050007	人力资源管理		3	68	40	28				4				
		04021006	电子商务	√	3	68	40	28				4				
	六选四	03060046	魅力零售专题		2	45	32	13					3			
		06010127	连锁企业配送实务	√	2	45	32	13					3			
		03060047	职业核心能力养成训练（连锁）		2	45	32	13					3			
		03060032	便利店经营管理	√	2	45	32	13					3			
		03060053	零售业实用英语		2	45	32	13								
		06010128	连锁企业数字化营销		2	45	32	13					3			
	四选三	03060065	商圈调研实务		2	54	34	20							6	
		03030106	创业与特许加盟实务	√	2	54	34	20							6	
		03060068	魅力零售专题二		2	54	34	20							6	
		01050042	经济法基础	√	2	54	34	20							6	
小计					24	580	382	198				14	12		12	
公共选修模块（公选课）		见教务系统公共选修课程模块			8	144	144									
合计					32	724	526	198								
总计					98	1879	周课时		24	23		24	23		24	
					课内实践	586	课程门数		10	8		8	8		4	

附表三:

集中实践模块教学进程表

别	课程代码	学习领域	考试	学分	教学周数及学时数				按学期分配的周学时								
					总计		讲授学时	实践学时	第一学年			第二学年			第三学年		
					学时	周数	学时	学时	一	二	三	四	五	六	七	八	九
素质领域	06010020	军训		2	36	2		36	18								
	00000002	入学教育	√	1	14	1	14		14								
	03060006	毕业教育		1	14	1	10	4								14	
	XT00040	专业始业教育与认识实习		1	16	1		16	16								
	XT00019	学徒制企业及岗位综合认知实习		1	16	1		16		16							
	XT00007	企业沙龙与领导力课程 I		1	16	1		16			16						
	03060057	职业素养与创新创业训练		1	16	1		16			16						
	XT00020	学徒制跨企业培训课程		1	16	1		16			16						
	03060037	职业资格证书培训与认证（连锁）		1	16	1		16			16						
	03060049	连锁企业设施设备训练		1	16	1		16				16					
	03060074	门店营运专项实训		1	16	1		16				16					
	03060018	服务与礼仪训练		1	16	1		16					16				
	03060019	现代办公技巧训练		1	16	1		16						16			
	06010269	连锁专业岗位预备与跟岗实习		2	32	2		16						16			
	03060034	专业招聘与岗前培训（学徒）		1	16	1		16						16			
	03060063	王牌店长实务实训		2	64	4	20	44							16		
	06010129	连锁门店商品陈列与空间设计实训		2	64	4	20	44							16		

续 表

类别	课程代码	学习领域	考试	学分	教学周数及学时数		讲授学时	实践学时	按学期分配的周学时							
					总计				第一学年			第二学年			第三学年	
					学时	周数	讲授学时	实践学时	一	二	三	四	五	六	七	八
	03060077	职业素养讲座与养成训练		1	16	1		16							16	
综合学习领域	03030114	顶岗实习（包含顶岗实习报告）		15	360	19		360								20
合计				37	776	45	周数		4	1	4	3	1	4	9	15
							课程门数		3	1	4	3	1	3	3	1

附表四：　　　　　　　　　专业课时、学分统计表

项目		课程类别	课时	占总课时比例（%）	学分	占总学分比例（%）
理论课	必修课	公共课	455	17.1	25	19
		专业理论课	312	11.8	19	13.3
		其他课程或活动				
	选修课	公共课	144	5.4	8	5
		专业理论课	382	14.4	17	13
		其他课程或活动				
	理论教学合计		1293	48.7	69	51
实践课	必修课	课内实验实训课	388	14.6	21	17
		专业集中实践课	776	29.2	37	24.5
		其他课程或活动				
	选修课	课内实验实训课	198	7.5	8	6.7
		专业集中实践课				
		其他课程或活动				
	实践教学合计		1362	51.3	66	49
总计			2655	100	135	100
说明：			本专业课程设置中必修课为 1931 课时（102 学分），占总课时的 72.7%（占总学分的 79%）；选修课为 724 课时（33 学分），占总课时的 27.3%（占总学分的 24%）				

附录：连锁经营管理专业专项能力提升建设方案汇编（节选）

一、重庆市专业能力建设（骨干专业）项目连锁经营管理专业建设方案

（一）项目名称

连锁经营管理专业能力建设（骨干专业）项目

（二）建设目标

以服务重庆现代服务业及商贸流通业为指针，在已有专业建设成果和积累基础上，继续深化与"100强企业"（世界500强和中国连锁100强）等优质企业合作，探索校企深度融合、双主体联合育人的现代学徒制人才培养试点，进一步优化基于"现代学徒制"的工学结合、实岗育人课程体系，完善连锁经营管理专业数字化教学资源库，夯实和完善校内校外实习实训基地建设，着力培养校内外专业带头人在行业内的知名度和影响力，打造一支高水平专兼结合的专业师资团队，促进校际间、校企间合作，推动连锁专业市级标准制定，探索成立"零售业跨企业培训中心"，着力提升专业社会服务能力。通过3年期建设，凝练专业特色，打造专业品牌，全面提升连锁经营管理专业建设水平、实习实训条件和产业服务能力，将专业打造成为"100强企业"人才储备和输出基地，为现代服务业及商贸流通业培养大批优秀高素质技能型专门人才，对重庆及西部地区高职院校连锁经营管理专业的建设和改革起到示范和带动作用，在全国业界具有较强影响力。

（三）服务领域

连锁经营管理专业培养从事商贸流通业、现代零售业经营与管理类高素质技术技能人才，主要服务于大型商贸流通企业、零售连锁企业等。

（四）专业发展与人才培养目标

流通引导生产、流通主导生产，现代流通业对国民经济发展的引领带动作用越来越明显。当今，伴随国家"一带一路"战略的提出，对我国经济和流通业发展更高的和方向性的要求。作为现代流通业的主要经营模式连锁经营所推动现代流通业、现代服务业的发展，

根据 2015 年国家统计年鉴，流通业（批发和零售业）约占国家 GDP 的 10%，加上大量采用连锁经营模式的酒店、餐饮等行业，所占比重更大。连锁行业也吸纳着最多的就业人口，并将持续增长。

根据中国商业联合会《2014—2015 中国零售业人力资源蓝皮书》显示及测算，以连锁经营为主的零售业面临"人才荒"，其中，中层管理缺岗率在 20% 左右，伴随着行业发展连锁经营专业人才需求缺口还会进一步扩大。为解决供需矛盾，加强零售连锁人才的培养极为迫切，服务于有着巨大发展空间和紧迫人才需求的连锁经营管理专业需要加强建设、扩大规模和加快发展。

1. 专业发展目标

在已有专业建设成果和积累基础上，利用我校作为中国连锁经营协会校企合作委员会委员（重庆市唯一）、西部区区长单位优势，继续深化与"100 强企业"（世界 500 强和中国连锁 100 强）等优质企业合作，探索校企深度融合、双主体联合育人的现代学徒制人才培养试点；进一步优化基于"现代学徒制"的工学结合、实岗育人课程体系，夯实职业素养课程、优化核心课程、探索前沿课程，推动校际、校企合作，完善连锁经营管理专业数字化教学资源库；夯实和完善校内校外实习实训基地建设，"校中企""企中校"融合，工学结合、实岗育人有切实保障；着力培养校内外专业带头人在行业内的知名度和影响力，打造一支高水平专兼结合的专业师资团队；加强校企双主体联合育人体制机制建设，完善现代学徒制教学运行管理制度建设，完善顶岗实习制度标准化建设；以中国连锁经营协会校企合作委员会西部区平台为基础，促进校际间、校企间合作，成立连锁经营管理专业发展联盟，推动连锁专业市级标准制定；探索成立"零售业跨企业培训中心"，着力提升专业社会服务能力。通过 3 年期建设，凝练专业特色，打造专业品牌，全面提升连锁经营管理专业建设水平、实习实训条件和产业服务能力，将专业打造成为"百强企业"人才储备和输出基地，为现代零售业培养大批优秀高端技能型专门人才，对重庆及西部地区高职院校连锁经营管理专业的建设和改革起到示范和带动作用，在全国业界具有较强影响力。

2. 人才培养目标

本专业坚持"培养现代服务业需要的高素质技术技能人才"的人才培养目标，坚持"重基础、高素质、强能力"的育人思想，坚持"校企双主体联合育人"的人才培养特色，面向现代零售业，以重庆打造长江上游地区"购物之都"为契机，依托麦当劳、永辉超市、华润万家、7-11、罗森便利等 500 强零售连锁企业，满足连锁企业对职业店长、门店营运管理等紧缺型人才的需求，培养具有良好职业素养和创新精神、具有较强行业认同感和归属感，掌握连锁门店经营先进技术和具备基础管理能力，能在各类零售连锁企业从事连锁经营与管理的高素质技术技能人才。

（五）建设内容

1. 建设连锁经营管理专业市级专业标准

依托中国连锁经营协会校企合作委员会和西部区区长单位优势，整合市内外院校、行业企业资源，开发和制定适应重庆商贸流通产业发展的连锁经营管理专业标准，包括专业设置标准、专业面向零售连锁业态岗位标准、专业人才能力素质模型标准（知识、技能、态度）、专业工学结合课程体系标准、专业核心课程设置与课程内容标准、实习实训基地建设标准、专业校企合作重点岗位标准、人才能力鉴定标准以及校企合作、产教融合相关体制机制，制定连锁经营管理专业市级专业标准，用于指导和推进重庆市高职院校连锁经营管理专业人才培养工作，提高重庆市同类专业人才培养整体水平。

2. 深化校企合作、工学结合人才培养模式

依托学校合作发展理事会和中国连锁经营协会校企合作委员会优质资源，进一步加强与"百强"企业（世界 500 强和中国连锁 100 强）深度合作，稳固优化"订单式"人才培养模式改革成果、探索试点现代学徒制人才培养，不断加强企业在人才培养过程中的"主体"作用，实现校企双主体联合育人，形成人才共育、过程共管、成果共享、责任共担的合作办学体制机制，不断提高人才培养质量和针对性。

3. 加强专业教学资源库建设

依托中国连锁经营协会校企合作委员会优质的企业和院校资源（涵盖连锁经营管理专业国家级教学资源库所有建设单位），并利用我校为校企合作委员会西区区长和参与连锁经营管理专业国家级教学资源库子项目的优势，推动校际合作、校企合作、优化专业工学结合、实岗育人课程体系，夯实职业素养课程、优化核心课程、探索前沿课程，校际、校企共同建设好使用好连锁经营管理专业教学资源库，让资源库最大地发挥好在人才培养工作中的作用。

4. 完善实习实训基地建设

联合市内外高校和行业企业专家团队，围绕职业能力培养需要，优化校内实训基地建设，营造与工作现场相一致的全真及仿真的职业环境，建设集专业教学、职业技能培训与鉴定和较强社会服务功能于一体功能齐全的校内实训基地，推动校内实训基地开放与共享。加强已有校外实习基地内涵和运行机制建设，新增 2 个业界领先、培训能力强、培养体系完善的校外实习基地，推动"企中校"建设，将课堂教学延伸到企业，联合市内高校和企业共同建设校外实习基地，初步形成连锁经营管理专业"公共实训基地"建设方案。

5. 加强师资队伍建设

根据高等职业教育人才培养目标的要求，利用优质合作企业资源，建立行企校"三专业带头人"制度；加强校内骨干教师教学、社会实践与信息技术能力培养，提升教师双师素质；推广"业界导师制"和"学徒师傅制"，打造专兼结合的优质教学团队；探索成立

"零售业跨企业培训中心"，整合行业、企业、院校资源，建立专业社会服务专家库，着力提升专业教师服务行业企业的能力，经过 3 年建设，实现专业带头人行业知名、产业界认可，专业教学团队在行业具有一定影响力。

（六）改革举措

1. 成立区域性"连锁经营管理专业发展联盟"，开发制定连锁专业市级标准，着力解决专业建设、人才培养与市场（行业企业）需求脱节问题，实现专业精细化建设和内涵式发展，提高人才培养的针对性。利用我校作为中国连锁经营协会校企合作委员会强大的"行企校"资源和西部区区长单位优势，整合市内外院校、行业企业专家，成立区域性"连锁经营管理专业发展联盟"，依托该联盟开发和制定适应重庆商贸流通产业发展的连锁经营管理专业标准，形成"一套方案、多类机制"，及形成标准化的人才培养方案和专业建设、人才培养过程中的体制机制，为市内各高校制定具体的专业建设与人才培养方案做参考。

2. 携手"100强"企业，稳固订单式人才培养模式，探索现代学徒制人才培养模式试点，着力解决企业参与人才培养动力不足、主体地位不强的问题。校企合作联合育人的效果取决于企业质量和校企联合育人模式，必须进一步深化和创新人才培养模式，提高企业参与专业建设的主动性和激励企业参与人才培养的全过程。依托学校合作发展理事会和中国连锁经营协会校企合作委员会优质的企业资源，继续深化与麦当劳、华润万家、7-11、罗森便利、永辉超市等世界 500 强和中国连锁 100 强企业深度合作，在稳固和优化"订单式"人才培养模式改革成果基础上试点现代学徒制人才培养模式改革，打造校企联合育人"升级版"，形成合作办学、合作发展、校企共建专业的长效机制，实现校企双主体联合育人，不断提高人才培养质量和针对性。

3. 依托平台、整合资源、完善专业资源库建设，着力解决专业数字资源缺乏与资源共建共享性不足问题。跟踪行业发展趋势，依托中国连锁经营协会校企合作委员会优质的行企校资源（连锁经营管理专业国家级教学资源库依托平台），并利用我校为校企合作委员会西部区区长并参与连锁经营管理专业国家级教学资源库子项目的优势，整合市内外高校和行业企业资源，充分利用国内现有教学资源，通过收集、整理、引进、联合开发或独立开发等途径进行专业资源库的建设。优化基于现代学徒制人才培养模式下的专业工学结合、实岗育人课程体系，夯实职业素养课程、优化专业核心课程、探索前沿课程，推动校际、校企共同建设 3 门连锁经营管理专业核心课程资源库、1 门行业前沿课程教学资源库、引进 1 门企业职业素养课程包，对连锁经营管理专业国家级教学资源库进行动态优化、补充和完善。

4. 完善和优化校内实训基地建设，形成标准；深化和拓展校外实习基地建设，推动共享，着力解决"理实""校企"一体化不足的问题。校内实训室（基地）将根据连锁行业企业的业务、岗位变化的需求，进行相应的功能调整、完善和升级。以现有实习实训条件为基础，在硬件上通过改建、扩建等方式，在软件上通过升级、完善等方式，建成具有教学、培训、企业经营等功能的共享型实训基地。完善校内的连锁门店综合模拟业务实训室，新增与核心课程配套的仿真实训软件3套、与专业技能大赛配套的软件1套；优化连锁仿真超市实训室；校企共建"零售精英"沙龙活动室，引入优秀企业家、优秀企业文化进校园、进课堂；新建"资源库"建设录播室；引入企业创客项目—网上商店O2O客服全真实训室；根据"做学融通，场校融合"的建设思路，深化和拓展校外实习基地，新增管理水平高、设施条件好、培训能力强的校外实习基地2个，推动"企中校"建设，与企业合作共建1个生产性"学徒"培养标准店；联合市内高校和企业共同建设校外实习基地，初步形成连锁经营管理专业"公共实训基地"建设方案，实现基地共享。

5.培养提升专业带头人和骨干教师水平，整合"行企校"资源，成立"零售业跨企业培训中心"，着力解决专业带头人"影响力、辐射力不足"和专兼职教师队伍人才培养中团队性、互补性、协同性较差的问题。建立行企校"三专业带头人"制度，新聘任具有高知名度的行业企业带头人2名，培养校内专业带头人1名；加强校内骨干教师教学、社会实践与信息技术能力培养，双师素质教师达100%；推广业界导师制，新增行业企业兼职教师15名，承担专业课程与实训课程教学任务，承担"学徒"实岗训练课程指导任务；成立"零售业跨企业培训中心"，聘请行企校专家担任跨企业培训中心兼职教授，着力提升专业服务行业企业的能力。经过3年建设，实现专业带头人行业知名、产业界认可，专业教学团队在行业具有一定影响力。

6.巩固本专业建设成果，辐射带动专业群其他专业发展。以连锁经营管理专业为龙头，充分发挥其对专业群的示范带动作用，带动市场营销、国际贸易实务、物流管理等专业发展，实现专业之间教学改革成果、师资队伍和实训资源共享，全面提升专业群其他专业的办学实力，进一步改善其办学条件，推动课程建设和师资队伍建设，巩固教学成果，形成彼此促进、互为依托和共同发展的专业群。

（七）绩效指标

通过建设，力争将我校连锁经营管理专业建成国内一流、西部领先、重庆标杆，并融教学、培训、职业技能鉴定和社会服务为一体的连锁经营管理专业人才培养基地。将在创新校企合作体制机制、改革人才培养模式、优化专业课程体系和专业资源库建设，构建优秀师资队伍，拓展实践教学视野，创建独特专业文化，提高人才培养质量等方面加大建设力度，同时将专业建设、校企合作、人才培养过程中的体制机制、调研研究成果上升为专业标准，推动连锁经营管理专业市级标准的制定，辐射和带动重庆及西部地区高职院校连锁经营管理专业建设。提高专业服务国家经济发展方式转变和现代产业体系建设的能力，有力地推进本地区商贸流通业的规范化，促进地方经济发展。随着此次项目的完成，我们将迅速提高连锁经营管理专业的办学水平和办学实力，产生明显的人才培养效益和社会效益，提升为行业发展服务的能力。

（八）保障措施与质量监控

1. 成立专业建设指导委员会

充分发挥专业建设指导委员会和中国连锁经营协会校企合作委员会在项目建设方向、质量标准、项目管理等方面的宏观指导作用，从行业、企业、高校吸引大批专家为专业发展出谋划策，为专业建设指引方向，同时通过企业培训将企业的优秀理念、先进文化和先进生产、管理经验带入课堂。

2. 组织保障

成立以"校企行"三方主要领导为组长、二级学院院长、教学副院长、专业带头人为副组长的领导小组，加强对专业建设和项目管理的领导；成立多方参与的专业建设与人才培养督导小组，负责专业项目建设管理督导、人才培养质量评价等；成立专业资源库建设团队，负责课课程体系优化、课程资源建设等工作；成立学生职业素养提升工作组，负责制定学生素质提升计划并保障实施。

3. 雷达全过程质量管理模式

推行雷达全过程质量管理模式。为确保建设项目顺利进行，项目组建立实时、动态和全面的雷达质量管理模式，发现问题及时改正，边建设、边总结、边提高，在实践中提升能力和水平，确保建设任务质量。

二、教育部现代学徒制建设方案

（一）申请单位情况

1. 重庆城市管理职业学院简介

重庆城市管理职业学院是由重庆市人民政府举办、国家民政部与重庆市人民政府共建的公办全日制普通高等学校，是国家示范性骨干高职院校、全国职业教育先进单位、全国普通高校毕业生就业工作先进集体、国家技能人才培育突出贡献单位、重庆市首批市级示范性高职院校。

2. 试点合作企业情况

近年来，连锁经营管理专业始终坚持"高大上"原则选择合作企业及现代学徒制试点，合作企业品牌具备"高知名度"、企业规模具备"大型化"、企业发展处于"上升期"，构建了基于"企业实力""发展速度""人才培养体系""校企合作经验""训练基地距离"等5因素的合作企业选拔机制，择优选择学徒试点企业，从已有合作企业中精挑细选其中的3家企业——重庆永辉超市有限公司、重庆海印餐饮管理有限公司（麦当劳）、重庆华润万家生活超市有限公司作为连锁经营管理专业现代学徒制试点的合作企业，合作伙伴简介如下：

（1）重庆永辉超市股份有限公司：永辉超市股份有限公司是中国 500 强企业之一，是国家级"流通"及"农业产业化"双龙头企业，上海主板上市公司，是国务院"全国就业先进企业"，并获得"中国驰名商标""全国五一劳动奖状"等荣誉称号。永辉超市位居 2016 年中国连锁百强企业 10 强、中国快速消费品连锁百强 6 强。永辉超市十分重视校企合作工作，是中国连锁经营协会校企合作专业委员会主任委员单位，于 2009 年成立了"大学生培养中心"，实施"1933 零售精英"大学生培养工程，每年吸收和培养大批学生实习与就业。我院与永辉超市于 2010 年开始合作，采用"订单式"人才培养模式合作育人，共同组建"永辉零售精英订单班" 6 届，积累了丰富的校企一体化合作育人经验，包括校企双方通过共同制定专业人才培养方案，校企联合开发基于门店营运管理类岗位能力胜任标准的课程体系，共建永辉超市大学城店为实岗育人生产性实习基地、形成了"两双一站"（双讲师、双导师、教师企业工作站）的"双师队伍"建设制度，构建了基于能力逐级递增的校企双主体订单式人才培养育人机制，保障合作育人成果和提高人才培养质量。

（2）重庆华润万家生活超市有限公司：华润万家是中央直属的国有控股企业集团、世界 500 强企业——华润集团旗下优秀零售连锁企业集团，同时也是中国最大的零售连锁企业集团之一，位居中国连锁百强企业的 4 位、中国快速消费品连锁百强第 1 位。华润万家十分重视校企合作工作，是中国连锁经营协会校企合作委员会副主任委员单位，依托其成熟的人才储备、招募和培养体系，每年从各地高校吸收合适的应届毕业生加入到华润万家大家庭中，并通过专门的"管理培训生成长计划"，帮助管理培训生快速适应新环境，掌握工作技能，逐步成长为华润万家中高层储备管理人员。我院与华润万家于 2014 年开始合作，双方达成基于华润万家超市业态中层营运管理类人才培养的代学徒制试点合作协议，共同制定了"华润万家现代学徒制试点班"人才培养和实施方案。根据协议，校企双方构建了基于企业全程参与人才培养、突出人才培养双主体作用的合作育人制度，以保障人才培养质量和针对性。

（3）重庆海印餐饮管理有限公司（麦当劳）：重庆海印餐饮管理有限公司作为麦当劳在重庆市场的特许经营加盟商，全面负责麦当劳在重庆市现有餐厅及甜品店的经营和管理以及开设新的麦当劳餐厅等业务。麦当劳是世界第一的餐厅品牌和世界零售食品服务业的领先者，是财富世界 500 强及中国连锁 100 强企业，是世界品牌 10 强企业，麦当劳已经获得了不同评选机构共计 16 个最佳雇主的荣誉称号。麦当劳十分重视人才培养及校企合作工作，是中国连锁经营协会校企合作委员会副主任委员单位，培养培训及晋升体系完善。我院与麦当劳于 2015 年达成现代学徒制合作协议，联合组建现代学徒制"麦苗班" 3 期，共育餐厅管理组员工 40 余人，校企合作效果良好。

（二）专业试点工作基础

1. 试点专业介绍

我校连锁经营管理专业 2005 年申报成功，2006 年开始招生，是重庆市首批示范院校专业群建设专业、国家骨干院校专业群建设专业、重庆市特色专业和重庆市骨干专业建设专业，已有 8 届毕业生，社会声誉好，社会认同度高，报到率高。目前在校人数 242 人，近 3 年来，本专业新生报到率超过 90%，学生被永辉超市、华润万家、麦当劳等"双百强"（世界 500 强和中国连锁 100 强）零售连锁企业订单数占总学生人数的 80% 以上，对口实习就业率保持在 80% 以上，毕业生一次就业率维持在 98% 以上。自成立以来，本专业已经为重庆市及西部地区培养和输送了 450 余名优秀的连锁经营管理人才，许多学生已经成为相关连锁经营企业运营和管理的中坚力量，为行业企业地培养了大批"双感双能"（行业认同感企业归属感；就业能力可持续发展能力）人才，已成为包括永辉超市、华润万家等在内的重点商贸流通企业门店经理人培养和输出基地。

2. 连锁经营管理专业校企双主体育人基础

（1）优质合作企业基础

与连锁经营管理专业具有深度合作关系企业中世界 500 强企业 5 家，中国连锁 100 强企业 7 家。从中精挑细选其中的 3 家企业重庆永辉超市有限公司、重庆海印餐饮管理有限公司（麦当劳）、重庆华润万家生活超市有限公司作为连锁经营管理专业现代学徒制试点的合作企业。合作伙伴有如下几个优质特征：

①试点企业实力强，品牌响、影响大。麦当劳和华润万家分别是世界 500 强企业，最佳雇主企业，永辉超市是中国连锁 10 强企业，3 家企业都是上市企业并在行业处于领导地位的龙头企业。

②试点企业发展迅速，对管理类人才需求量大，3 家企业都处于中高速发展期，企业发展带来对人才，特别是中层管理人才的需求旺盛，每年 3 家企业发展需要 1500 余个管理类岗位。

③试点企业人才培养体系完善，学生晋升快和可持续发展性好。3 家合作企业都具有完善的人才培养、培训和考核晋升机制，企业带训教练组制度和相应的一对一带训教练考核与晋升制度，在公司形成了重视校企联合培养、人才是战略性宝贵资源的共识与氛围。师傅带徒弟培养模式专业且成熟。

④校企合作有积累，经验丰富。连锁经营管理专业在示范骨干院校期间"订单式"人才培养模式改革，与 3 家公司合作过程中积累了丰富的"师徒制"经验，与现代学徒制要求高度吻合。

⑤连锁企业分布在学校及主城区的连锁门店，为开展全过程一体化合作育人的现代学徒制提供最真实的训练和培养场所，保障现代学徒制"工学交替、实岗育人"落地。

（2）连锁经营管理专业校企联合育人积累

在我校"培养现代服务业和社会公共服务需要的高素质技术技能人才"的总体目标指导下，连锁经营管理专业面向"现代商贸流通业"，服务沃尔玛、华润万家、麦当劳、永辉超市、7-11、罗森便利、人人乐、娇兰佳人等世界500强零售巨头和中国连锁100强零售连锁巨头，校企联合育人经过"顶岗实践"初期探索阶、"订单培养"中期积累到"现代学徒制试点"三个阶段。

① 2006—2009年，连锁经营管理专业分别与重庆中百超市、重庆凤梧超市等区域性连锁企业合作，艰难推进顶岗实习，努力探索工学交替，着力培养学生实践能力；完成校企协调育人的初期探索。

② 2009—2014年，专业获市级特色专业、市级示范和国家骨干高职院校重点专业群建设等重大机遇，获投入60万元；依托《连锁经营管理专业人才培养模式研究与实践》和《高职院校订单班运行机制研究与实践》等教改课题，与人人乐、永辉超市、娇兰佳人等联合研究并实践订单式人才培养，培养大批优秀毕业生，影响和吸引更多学生积极参与，形成成熟的订单式人才培养机制，奠定"现代学徒制"理论与实践基础。

③ 2014—2016年，专业建设进入"现代学徒制"初期试点新阶段；顶岗实习和订单培养时期形成的"学生名片"效应，吸引世界500强、中国"连锁百强"前10位的麦当劳、永辉超市、华润万家等"双百强"企业主动寻求合作，与三家"双百强"企业达成了现代学徒制人才培养协议，确立"学校专业＋百强企业"的现代学徒制人才培养思路，明确为"百强企业"培养"肯付出""美誉度高"的"百付美"经理人目标，探索招生招工一体化，组建了3期麦当劳现代学徒制"麦苗班"，2期华润万家现代学徒制"经理班"，2期永辉现代学徒制"1933零售精英班"。校企共同制定现代学徒制人才培养的专业人才培养方案和现代学徒制实施方案，构建了工学交替、实岗育人课程体系，实施了基于工学交替，实岗训练的"3+2"（3天在校集中授课，2天在企业实岗训练）教学组织模式，制定了详细的学徒实岗训练手册和训练计划，制定现代学徒制"双导师"标准和实施方案，聘请企业主管、经理、店长为业界导师和企业师傅，初步建立现代学徒制标准体系，构建"学生与学徒双身份、教师与师傅双指导、学校与企业双阵地、工作与学习双结合、技能与素养双提升、就业与发展双丰收"的"六双共育"人才培养模式。截至2017年4月，招收培养学徒108名，已按"出师"标准考核晋升68名，沉淀率为88%，培养期内晋升率88.3%，48名学徒晋升为麦当劳、永辉、华润万家部门经理，小店店长及合伙人，人才培养质量和针对性显著提高，学生就业质量和可持续发展能力显著提升，校企联合育人成效获得行业企业高度认可，连锁经营管理专业校企合作案例《携手连锁百强企业，校企双主体一体化培养连锁精英人才》案例获得中国连锁经营协会"CCFA校企合作优秀案例"一等奖，入选2016年《中国连锁经营年鉴》，在中国零售业博览会展出宣传。

（3）现代学徒制试点研究同步

近年来，连锁专业团队围绕现代学徒制人才培养，共立项市级课题6项、院级课题2项。

《连锁经营管理专业人才培养模式研究与实践》和《高职院校订单班运行机制研究与实践》《高职院校校企合作长效运行机制研究》，解决了校企协同育人、"订单式人才培养"问题，确定校企协同育人方向，构建"订单企业选择机制、订单学生选拔与淘汰机制、顶岗实习过程管理机制和订单班系统性运行机制"等四大校企协同育人机制；《现代学徒制理论与实践研究》和《高职院校推进现代学徒制的现实困境及对策研究》，深入剖析现代学徒制试点面临的问题、现代学徒制内涵特征、先进职教国家现代学徒制的经验与启示、现代学徒制的动力机制等，解决了校企双主体协调育人中企业积极性不高、学生参与性不强、合作育人效果不佳可持续不足等问题，提出现代学徒制内涵与动力机制、实施现代学徒制对策、校企共同实施"先招生后招工""六双共育"人才培养模式等，确定"百付美"人才培养目标和"双感"（行业认同感和企业归属感）"双能"（就业能力和可持续发展能力）努力方向，两项课题均于 2016 年 12 月以"优秀"等级结题，为专业进一步试点现代学徒制人才培养奠定理论研究基础。

（三）试点任务

1. 探索校企协同育人机制

依托学校合作发展理事会和中国连锁经营协会校企合作委员会优质资源，进一步加强与永辉超市、麦当劳、华润万家等"双百强"企业（世界 500 强和中国连锁 100 强）深度合作，稳固和优化专业已有现代学徒制试点阶段成果，进一步明确"学校专业＋百强企业"的现代学徒制人才培养思路，确立为"百强企业"培养"肯付出""美誉度高"的"百付美"经理人目标，优化夯实"学生与学徒双身份、教师与师傅双指导、学校与企业双阵地、工作与学习双结合、技能与素养双提升、就业与发展双丰收"的"六双共育"人才培养模式，校企共建校内"学徒"培养训练中心和校外"学徒"实岗训练基地标准门店两个学徒实习实训基地，健全"3+2"（3 天学校学习、2 天企业实岗训练）教学组织与运行制度，制定完善学徒培养制度和标准，共同完成基于门店基层营运管理类学徒岗位工作内容和训练标准，不断加强企业在人才培养过程中的"主体"作用，实现校企双主体联合育人，形成人才共育、过程共管、成果共享、责任共担的合作办学体制机制，不断提高人才培养质量和针对性，形成企业与职业院校联合开展现代学徒制的长效机制。

2. 推进招生招工一体化

在学校单独招生政策基础上，进一步优化完善校企联合招生招工制度，结合实际试点"先招生后招工""招生与招工同步"模式，在 2017 级专业招生中新设"现代学徒制零售精英班"方向，计划校企联合招生 45 人，学制 3 年，由学校、企业共同确定招生录取标准，明确毕业生就业与发展岗位；与现代学徒制试点合作企业签订联合培养协议和签订企业、学校、学生、家长四方补充协议，明确各方权利义务，保障各方利益，实现学生与学徒的双身份。在培养过程中，确保"学徒"准员工的身份实现，包括为"学徒"训练和培养指定专门的师傅、记录和考核"学徒"学习成长情况并为企业最终录用提供依据、将"学徒"工龄计算到员工工龄中去并享有相应的员工福利、为学徒在企业学习训练期间购买意外保险并支付相应的"学徒"补贴、毕业时补缴社保费用、学徒在培养期内有晋升权等方式实现"学徒"身份，保障"学徒"利益。并逐步探索实施中职、高职、企业联合招收的 5 年或 6 年制现代学徒制班。

3. 完善人才培养制度和标准

按照"合作共赢、职责共担"原则，以麦当劳"麦苗计划"、华润万家"管理培训生"制度、"永辉 1933 零售精英工程"等企业储备干部专项培养体系为平台，校企共同组建连锁经营管理专业现代学徒制项目小组，共同制定"学徒制"人才培养方案、共同研发课程模块及教学内容、共同培养"双导师"队伍、共同承担培养任务、共同建设学徒培养基地、共同举行学徒出师鉴定考核、共同提高学生职业素养和企业认同感、共同做好学生就业和职业生涯规划的"八共同"一体化协同育人制度，建构了"专业教学过程、学生管理过程、校企文化融合过程"合一的"学徒—员工—经理人"渐进式成长的协同育人路径。建立连锁经营管理专业现代学徒制标准体系，包括专业教学标准、合作企业准入标准、专业课程标准、企业导师（师傅）选拔与培养标准、学徒岗位及岗位训练标准、学徒评价及考核出师标准知道等，做到"标准先行"，保障人才培养质量。

利用校内连锁经营综合实训室、合作企业布局在学校附近及主城门店以及 3 家企业管理干部培训中心形成的训练培养体系，构建"3+2"（3 天在学校授课，2 天在企业实岗训练）教学模式和课程体系，让学生从一年级专业认知教育、职业体验、入职行为训练、轮岗走科等主要形式逐步了解零企业营运规范，到二年级开展基层岗位、管理助理岗位顶岗实习，为走上中层管理岗位做好各方面准备，到三年级开展课长、经理岗位顶岗实习，全程跟进企业化的岗位专业技能课与专业素养、领导力课程，通过 3 年学徒制的人才培养，使学生在校期间即能胜任企业门店中层管理岗位的能力要求，在毕业时实现经理人（小店店长、大店部门经理）甚至更高职级的岗位就业和发展，建设学徒及校企联合培养项目多方监控与评价标准体系，保障人才培养质量。

4. 建设校企互聘共用的师资队伍

建立健全学徒制双导师的选拔、培养、考核、激励制度，形成校企互聘共用的管理机制。连锁经营管理专业在"订单式"人才培养模式改革中形成了较为成熟的"双导师"制，通过校企师资互聘、企业兼职老师教学能力培训、学校专业老师到企业教师工作站实践锻炼、共同承担科研教改任务等形式，加强"双师"队伍建设。在现代学徒制试点改革中，建立企业资深主管、部门经理、专业教练组成的"师傅"队伍，实施由企业高管组成的"业界导师"队伍、"岗位（教练）师傅制"，学徒制班"班主任制"等方式实现学徒培养双指导。同时，企业针对教练（师傅）培养学徒的效果实施正负激励，确保教练（师傅）职责落实；对校内导师实施专项管理，并在绩效考核、学习提升、职级职称晋升等方面给予优先考虑和倾斜。

5. 建立体现现代学徒制特点的管理制度

建立健全与现代学徒制相适应的教学管理制度，制订学分制管理办法和弹性学制管理办法。创新考核评价与督查制度，基于工作岗位制订以育人为目标的学徒考核评价标准，建立多方参与的考核评价机制。建立定期检查、反馈等形式的教学质量监控机制。制订学徒管理办法，保障学徒权益，根据教学需要，科学安排学徒岗位、分配工作任务，保证学徒合理报酬。落实学徒的责任保险、工伤保险，确保人身安全。

6. 加强研究与推广应用，创新现代学徒制培养模式

在推进现代学徒制试点过程中，加强现代学徒理论研究，特别是中国特色现代学徒制内涵与模式研究、现代学徒制专业教学标准、学徒制企业准入标准、学徒岗位及训练标准、学徒考核晋升标准、学徒制项目评价等标准体系研究，形成理论研究成果支撑试点工作不断深入；加强现代学徒制育人项目与育人成果宣传，不断提升社会、企业、学生、家长等对现代学徒制的认识和认同，利用连锁经营管理专业指导委员会和中国连锁经营协会两个平台，加强校际间交流，形成推广；创新现代学徒制培养模式，组建零售业跨企业培训中心，探索实践学徒跨企业培养。

（四）配套政策与保障条件

1. 组织及人员保障

学院成立现代学徒制试点项目领导小组，由学院领导任组长，全面领导项目建设。下设由副院长为主任，教务处、财务处、对外合作处、招生处、就业处、党政办及各二级学院领导为成员的试点项目办公室，负责试点方案制定、组织及实施，协调各部门工作，制定相关管理及保障制度，落实各项试点任务。

2. 政策及制度保障

学院给予政策倾斜，确保现代学徒制试点项目顺利进行，学院在专业教师挂职锻炼、企业兼职教师授课、校内外实训基地建设等方面给予政策倾斜，在项目建设中遇到困难，由学院协调，系部和项目组成员落实解决，以确保项目建设的顺利完成。

学院建有规范的教学管理、师资培养、实践教学及质量保障等系列管理制度，为保障完成现代学徒制试点项目各项目标，学院将进一步制定、完善学徒培养的教学文件、管理制度及相关标准，推进专兼结合、校企互聘互用的"双师型"师资队伍建设，建立健全现代学徒制的相关管理制度。

3. 经费及实施保障

学院投入现代学徒制试点项目建设经费总额为 623 万元。为顺利实现建设目标，提高项目资金使用效益，学院将专项资金实行"统一管理、集中核算、专款专用"，根据建设

方案和建设任务书进行项目管理。项目进入运行实施阶段后，学院将根据项目建设需要及时划拨专项运行费，重点支持校企合作机制体制建设、人才培养模式改革、课程体系与课程内容建设、专业教学团队建设、实习实训条件建设、人才培养质量评价，确保本项目的建设质量和建设绩效。

4. 监督及落实保障

学院建立健全项目建设领导责任制度和项目负责人制度，学院与责任部门、责任人签订责任书，做到机构落实、人员落实、责任落实、方案落实、资金落实、奖惩落实；建立健全项目建设管理、教学督导及教学检查、教师队伍建设、实训设施及基地建设、教学质量考核、毕业生就业指导等一系列制度；建立科学的工作规范和严格的管理及考核奖惩办法，对方案执行情况和项目的实际效果进行定期绩效考核；校内外专家组成监督、验收小组，在项目期满时，对建设项目进行验收。

5. 师资队伍保障

整合全院优质师资队伍，建立"连锁经营管理专业现代学徒制"跨专业教研室，按标准配备专业导师和专职辅导员；合作企业配备学徒培养专属师傅（教练）团队，建立连锁经营管理专业校企联合教研室，建立健全双导师管理考核机制，实现"教师师傅双指导"人才培养。

6. 实习实训基地保障

已具备成熟的校内模拟实训室、校内全真经营超市、合作企业顶岗实习门店的三级全覆盖实训体系，合作企业学徒实岗训练门店 45 家、未来 3 年近三家企业计划新开 50 家门店，可保证所有学徒实岗训练、顶岗实习、就业发展的有效开展；新建企业校内训练中心和校外标准化学徒培训训练基地门店，实现"学校企业双阵地"人才培养。

三、重庆市高等职业教育双基地建设项目建设方案

（一）建设背景与基础

1. 建设背景

（1）我国现代零售业发展的需要

流通引导生产、流通主导生产，现代商贸零售业对国民经济发展的引领带动作用越来越明显。当今，伴随国家"一带一路"战略的提出，对我国经济和商贸流通业发展提出了更高的、方向性要求，作为现代流通业的主要经营模式，连锁经营对于推动现代流通业、现代服务业的发展作用突显，根据 2017 年国家统计年鉴，我国社会消费品零售总额 36.6 万亿元，比上年增长 10.2%，占 GDP 比重 44.28%，消费品市场稳居世界第二，连续第 14 年实现两位数增长，网上零售额达 7.2 万亿元，比上年增长 32.3%，规模稳居世界第一，

加上大量采用连锁经营模式的酒店、餐饮等行业，所占比重更大，连锁行业也吸纳着最多的就业人口，并将持续增长。

根据国家统计局和中国连锁经营协会发布的相关数据，2014—2017年社会零售总额增长和连锁百强增长都远大于当年GDP的增长速度，行业的发展与连锁企业门店数量的增长直接带来专业人才需求数量的增加。根据国家信息统计中心有关调查数据显示，中国零售业在未来几年各类专业人才的需求量约为1000万人，而市场供应量仅有400万人左右，专业人才缺口巨大。国家人力资源与社会保障部中国就业指导中心相关负责人表示，全国零售连锁业管理型人才缺口至少65万人，而且还在以年35%的速度增长。通过分析得出，未来商贸零售业对管理层的需求依然强劲，"店长奇缺""经理主管短缺"依然是整个商贸零售业发展过程中体现在人才需求方面的一种常态。连锁企业中高层管理类人才的紧缺和高流失率已经成为影响企业发展的瓶颈，有效建立连锁企业人才培养体系、提升基层管理队伍忠诚度，是连锁企业实现可持续快速发展的关键问题。为解决供需矛盾，加强零售连锁人才的培养极为迫切，服务于有着巨大发展空间和紧迫人才需求的连锁经营管理专业需要加强建设、扩大规模、加快发展。

（2）智能化引领转型升级的需要

随着消费升级和技术进步，特别是大数据、云计算、智能化飞速发展下，适应消费升级新趋势，推动互联网、大数据、人工智能同实体零售深度融合，运用新技术、新业态、新模式改造提升传统零售，成为传统零售、实体零售企业转型升级的当务之急，大数据智能化引领实体商贸零售业创新驱动发展，智慧新零售应运而生。2016年10月的阿里云栖大会上，阿里巴巴马云第一次提出了新零售，即企业以互联网为依托，通过运用大数据、人工智能等先进技术手段，对商品的生产、流通与销售过程进行升级改造，进而重塑业态结构与生态圈，并对线上服务、线下体验以及现代物流进行深度融合的零售新模式。2016年11月11日，国务院办公厅印发《关于推动实体零售创新转型的意见》明确了推动我国实体零售创新转型的指导思想和基本原则。同时，在调整商业结构、创新发展方式、促进跨界融合、优化发展环境、强化政策支持等方面作出具体部署。《意见》在促进线上线下融合的问题上强调：建立适应融合发展的标准规范、竞争规则，引导实体零售企业逐步提高信息化水平，将线下物流、服务、体验等优势与线上商流、资金流、信息流融合，拓展智能化、网络化的全渠道布局。

根据淘宝大学发布的《2018新零售人才发展白皮书》显示，在新零售发展的浪潮下，人才的储备与争夺已经成为第二战场，但新零售人才缺口逐渐显现，需求横跨不同职能与级别；培训和招聘成为新零售人才战场关键节点，新零售培训成细分"蓝海"；数据能力成为串联新零售培训的核心方向，以数据、用户和新技术为核心的课程量增长迅速；管理人才招聘需求显著，复合能力成为人才核心竞争力。新零售的发展对高素质技术技能型人才的培养、培训提出了新要求。

（3）地方和区域经济发展需要

重庆市 2014 年出台《关于进一步深化商贸企业改革激发市场主体活力的意见》，到 2020 年，限额以上商贸企业达到 6500 家，其中销售额 10 亿元以上企业 230 家，100 亿元以上企业 20 家，1000 亿元以上企业 2 家。预计限额以上商贸企业连锁化率达到 60%、电子商务应用普及率达到 80%。该《意见》提出加强商贸企业人才培养。

重庆市 2018 政府工作报告中提出，要加快产业升级，大力发展现代服务业，适应消费升级新趋势，鼓励实体商业转型发展，建设智慧商圈、智慧商场，构建"线上＋线下、商品＋服务、零售＋体验"新模式，扩大移动支付、共享经济等新兴消费。产业升级，新零售、智慧零售、全渠道零售应运而生且发展迅速。

地方和区域经济的迅速发展既需要大量高端技能型专门人才，又对人才培养质量提出了更高的要求和挑战。为进一步密切专业对接"8+3"行动中"大数据智能化为引领的创新驱动发展战略行动计划"和"重庆市 2018 年政府工作建议"，加大连锁经营管理专业改革和建设力度，通过"双基地"建设，共建连锁经营管理专业（智慧新零售方向）、培养双师型"智慧新零售"师资、开展智慧新零售技术技能型培训，为重庆市商贸零售行业、现代服务业创新转型，为本区域商贸零售业转型升级，实现高质量发展提供支撑。

2. 建设基础

（1）专业概况

我校连锁经营管理专业 2005 年申报成功，2006 年开始招生，是国家骨干院校专业群建设专业、重庆市骨干专业建设专业、第二批教育部现代学徒制试点专业、重庆市优质校商贸物流专业群建设专业、教育部职业教育国家教学标准和顶岗实习标准（连锁经营管理专业）制订单位，是中国连锁经营协会校企合作委员会副主任及西部区区长单位。已有 10 届毕业生，社会声誉好，社会认同度高，报到率高。目前在校人数 306 人，近 3 年来，本专业新生报到率超过 95%，学生被包括永辉超市、7-11、麦当劳等"双百强"（世界 500 强、中国连锁 100 强）零售连锁企业订单数占总学生人数的 80% 以上，对口实习就业率保持在 80% 以上，毕业生一次就业率维持在 98% 以上。专业经过多年努力，打造了一支以专业带头人为核心、骨干教师为主体、双师结构合理和专兼互补的师资队伍和教学团队，团队中有专任教师 8 名，其中教授 1 人、副教授 4 人、讲师 3 人，博士学位 1 人，双师素质比 87%；聘请 28 名行业企业高管、管理骨干担任专业带头人、兼职教授和兼职教师；近三年来，专业校企合作人才培养模式改革案例连续 2 届获中国连锁经营协议优秀案例"全国一等奖"（高校唯一），"连锁经营管理专业现代学徒制人才培养模式改革与实践"2017年获得院级教学成果奖二等奖；近 4 年，学生获得全国零售新星大赛暨恒欣奖学金一等奖 2 次、二等奖 1 次、三等奖 1 次。自成立以来，本专业已经为重庆市及西部地区培养和输送了 700 余名优秀的连锁经营管理人才，许多学生已经成为相关连锁经营企业运营和管理的中坚力量，为行业企业培养了大批"双感双能"（行业认同感、企业归属感；就业能力、可持续发展能力）人才，已成为包括永辉超市、7-11、麦当劳、华润万家等在内的重点商贸流通企业门店店长和经理人培养和输出基地。

（2）连锁经营管理专业"双基地"建设基础

我校经过市级示范、国家骨干、重庆市骨干专业项目建设，先后在校内建设了模拟超市实训室、门店营运线上对抗模拟实训室、进销存仿真实训室、王牌店长实训室、商业手工沙盘实训室等 5 间实训室，专业实训软硬件设备与商贸零售企业生产实际、店长岗位工作内容基本对接，校内实训基地条件良好；经过 13 年积累，建立了优质的校外实习基地，并于 2015 年开始探索试点现代学徒制人才培养模式改革，分别与双百强企业永辉超市、麦当劳、华润万家、7-11 达成合作协议，联合招生招工，构建充分体现现代学徒制典型特征"工学交替、实岗育人，岗位成才"的"学校与企业双主体、学生与学徒双身份、教师与师傅双指导、工作与学习双途径、技能与素养双提升、就业与职业双发展"的"六维一体"校企协同育人模式。基于工学交替和真实情景、实岗育人的需求，我校连锁经营管理专业先后与永辉超市签订校企共建生产性学徒培养标准店实习基地协议（见附件协议），在大学城仟百汇门店初步建成校外学徒培养标准店（企中校）和企业教师工作站，在校内初步建成学徒培养训练中心（校中企），并达成在校内共建经营性智慧超市实训基地协议（校中店），初步形成了"两店一站一中心"的深度融合模式；已与麦当劳达成共建"学徒培养"标准餐厅，初步建成校内企业训练中心 1 个；与 7-11 也达成在大学城学校周边门店共建生产性学徒培养标准店协议；能够满足这些生成性实训基地门店的建立，为专业建设更加优化的"具教学和生成双重功能、校企双主体深度合作培养技术技能人才"的双基地奠定了坚实基础。依托于专业双基地建设，实现校企双主体联合育人，形成人才共育、过程共管、成果共享、责任共担的合作办学体制机制，不断提高人才培养质量和针对性。

（3）连锁经营管理专业校企双主体育人基础

①优质合作企业基础

与连锁经营管理专业具有深度合作关系企业中世界 500 强企业 5 家，中国连锁 100 强企业 7 家。精挑细选其中的 3 家企业重庆永辉超市有限公司、重庆海印餐饮管理有限公司（麦当劳）、新玖商业发展有限公司（7-11）作为连锁经营管理专业"双基地"建设合作企业，基础良好。

②连锁经营管理专业校企双主体育人经验丰富

我校连锁经营管理专业校企联合育人经过"顶岗实践"初期探索阶、"订单培养"中期积累到"现代学徒制试点"三个阶段，积累了丰富的经验。

2006—2009 年，连锁经营管理专业分别与重庆中百超市、重庆凤梧超市等区域性连锁企业合作，艰难推进顶岗实习，努力探索工学交替，着力培养学生实践能力；完成校企协调育人的初期探索。

2009—2014 年，专业获市级特色专业、市级示范和国家骨干高职院校重点专业群建设等重大机遇，获投入 60 万元，与人人乐、永辉超市、娇兰佳人等联合研究并实践订单式人才培养，培养大批优秀毕业生，影响和吸引更多学生积极参与，形成成熟的订单式人才培养机制，奠定双主体协同育人的实践基础。

2014—2016 年，专业建设进入"现代学徒制"初期试点新阶段；顶岗实习和订单培养时期形成的"学生名片"效应，吸引世界 500 强、中国"连锁百强"前 10 位的麦当劳、永辉超市、7-11、华润万家等"双百强"企业主动寻求合作，与三家"双百强"企业达成了现代学徒制人才培养协议，确立"学校专业 + 百强企业"的现代学徒制人才培养思路，明确为"百强企业"培养"肯付出""美誉度高"的"百付美"经理人目标，探索招生招工一体化，组建了 6 期麦当劳现代学徒制"麦苗班"，3 期华润万家现代学徒制"经理班"，3 期永辉现代学徒制"1933 零售精英班"。校企共同制定现代学徒制人才培养的专业人才培养方案和现代学徒制实施方案，构建了工学交替、实岗育人课程体系，实施了基于工学交替，实岗训练的"3+2"（3 天在校集中授课，2 天在企业实岗训练）教学组织模式，制定了详细的实岗训练手册和训练计划，制定现代学徒制"双导师"标准和实施方案，聘请企业主管、经理、店长为业界导师和企业师傅，初步建立现代学徒制标准体系，"学校与企业双主体、学生与学徒双身份、教师与教练双指导、工作与学习双途径、技能与素养双提升、就业与职业双发展"的"六维一体"双主体协同育人模式。截至 2018 年 9 月，招收培养学徒 108 名，已按"出师"标准考核晋升 68 名，沉淀率为 88%，培养期内晋升率 88.3%，48 名学徒晋升为麦当劳、永辉、华润万家部门经理，小店店长及合伙人，人才培养质量和针对性显著提高，学生就业质量和可持续发展能力显著提升，校企联合育人成效获得行业企业高度认可，获 CCFA "校企合作优秀案例"一等奖 2 次，校企协同育人案例入选中国连锁经营年鉴，在连锁专业国家级教学资源库建成推广会及 CCFA2017、2018 年人力资源峰会上主体分享，结题与新申报立项市级教研教改课题 6 项，合作育人成果被新华网等主流媒体报道。

（二）建设目标与思路

1. 建设目标

坚持"学校专业 + 百强优质企业"思路，以"8+3"大数据智能化为引领的创新驱动发展战略行动计划为指导，贯彻执行重庆市政府 2018 年工作建议，积极实施互联网、大数据、人工智能同实体零售深度融合，与永辉超市、麦当劳、7-11 等"双百强"企业深度合作，校企共建智慧新零售连锁经营管理专业。本项目以"双基地建设"为载体，培养"智慧新零售门店店长"为目标，创新"学校与企业双主体、学生与学徒双身份、教师与师傅双指导、工作与学习双途径、技能与素养双提升、就业与职业双发展"的"六维一体"校企协同育人模式，提升专业建设水平、优化"双师比例"、提高人才培养质量、服务传统零售企业向智能化、数字化转型升级。本项目政校企三方共计投入资金 158 万元，经过 3 年期建设，将基地建设成为兼具教学和生产双重功能、校企双主体深度合作共育智慧新零售人才及店长培养培训基地。

2. 建设思路

利用优质校企合作基础和条件，依托永辉超市重庆大学城门店，麦当劳沙坪坝及大学城餐厅，7-11 大学城门店等生产经营性门店，建设"企中校""前店后校"，引进永辉超市旗下的智慧新零售业态"永辉生活"品牌合作，"引店入校"，建设"校中企"，共建智慧新零售人才训练基地和教师企业工作站，实施"业界导师、岗位教练制"，共同培养"双师型教师"；依托"双基地"，创新"六维一体"校企协同育人模式，实现工学交替、实岗育人，岗位成才，形成校企基地共建、人才共育、资源共用、成果共享的校企合作办学体制机制；整合行业企业优质资源，成立商贸零售业培训中心和校内智慧新零售人才培训中心，开展"智慧新零售"等方向的技术技能培训，体现教育链、人才链与产业链、创新链的有机衔接，助力实体零售向智慧化、数字化转型升级，增强高职教育服务地方经济社会发展的能力，促进区域商贸零售业高质量发展。

（三）建设内容

1. 共同建设专业

利用双基地建设，坚持"学校专业＋百强优质企业"思路，共建智慧新零售连锁经营管理专业，以全面试点现代学徒制人才培养模式改革为契机，依托连锁经营管理专业校企合作委员会、连锁专业西部地区发展联盟，整合资源，升级人才培养目标，共同确定"智慧新零卓越店长"人才培养目标，共同制定智慧新零售人才培养方案及专业标准，优化工学交替、实岗育人课程体系，开发基于"智慧新零售店长"岗位能力培养的实岗训练教材，充分利用校外永辉超市、麦当劳"学徒培养"综合训练基地门店，建设"企中校"，与永辉超市合作，"引店入校"，建设"校中企"，实施工学交替、实岗育人教学模式改革，完善智慧新零售专业实践教学体系，优化基于"店长"岗位工作过程的实训项目与内容，推广项目教学、情景教学、企业以"文化、课程、实习实训"为载体，融入人才培养全过程，校企双主体共育高素质智慧新零卓越店长。

2. 共同培养"双师型"教师

充分利用双基地建设，在校外综合训练基地门店建设"教师企业工作站"，学校与企业共同培养"双师型"教师，提升教师综合能力；依托校内智慧超市门店基地，建立教师智慧新零售培训中心，提升教师新零售技能专业技能；校企共建员工互聘机制，学校聘请企业担任学徒培养"业界导师、岗位教练师傅或兼职教师"，企业聘任学校教师担任咨询顾问、培训讲师或兼职店长，支持学校专业教师定期到双基地学习顶岗锻炼、挂职锻炼，专业设置学徒培养"驻店导师"，脱产到基地顶岗锻炼或直接任职，融"双师型"教师培养培训基地与双基地为一体，建设期内学校专业教师（含实习指导教师）到企业实践累计不少于 4 个月。

3. 共同开展技术技能培训

充分利用双基地建设，建设门店岗位学徒培训基地、校内学徒训练中心和智慧新零售培训中心，引入永辉商学院、麦当劳汉堡大学优质人才、课程资源，与中国连锁经营协会企业大学联盟合作，整合行业企业优质资源，成立商贸零售业培训中心和智慧新零售培训中心，开发线上、线下培训资源，制订职业资格认证标准；依托连锁经营管理专业国家级教学资源库资源、微课资源，面向商贸零售个体户、行业、中小商贸零售企业员工、专业学生开展职业技能培训和资格证书培训；积极承接和开发社会服务项目，开发面向农村乡村"新流通、新零售、电子商务"等方面的扶贫开发、劳动力转移培训项目，实施精准扶贫；着力提升基地的服务能力和贡献度。通过双基地建设，实现连锁经营管理专业专业的学生"双证"获取率达到 90% 以上。

（四）预期效益

通过 3 年"双基地"建设，力争将我校连锁经营管理专业建成为具有全国影响力的"校企合作、产教融合"特色专业。依托"双基地"建设，以智慧新零售为方向，改造提升连锁经营管理专业，推进"学校与企业双主体、学生与学徒双身份、教师与师傅双指导、工作与学习双途径、技能与素养双提升、就业与职业双发展"的"六维一体"校企协同育人模式改革，确定"卓越店长"人才培养标准，制订智慧新零售人才培养方案，优化升级工学交替、实岗育人课程体系，全面升级实践教学内容和模块，推广项目教学、情景教学和实岗教学，构建双主体协同育人长效机制；依托"双基地"，建设"企中校""校中企"，门店学徒综合训练基地和校内人才培训中心，建设教师企业工作站，完善"双师型"教师队伍建设标准，建立校企员工互聘机制，共同提升教师和企业导师能力和水平；依托"双基地"建设，整合优质行业企业院校资源，制订职业资格标准，成立"商贸零售业培训中心"，将双基地建设成为融教学、生产与培训为一体的重庆市商贸智慧新零售业培训基地，提升服务产业发展能力。

参考文献

[1] 张迎春 . 国际标准职业分类的更新及对中国的启示 [J]. 中国行政管理，2009（1）：105-107.

[2] 张福堂 . 专业教学标准与国家职业标准对接分析 [J]. 职教通讯，2012（34）：23-26.

[3] 胡瑾，许宁 . 借鉴国际职业资格标准构建技能综合评价体系 [J]. 职业教育，2018（17）：22-24.

[4] 邓金娥 . 国际视野背景下高职财务管理专业人才培养模式创新与实践 [J]. 商业会计，2019（1）：115-116.

[5]ISCO-08，International Standard Classification of Occupations[S]. Geneva：International Labour Office， 2012.

[6] 国务院 . 国家职业教育改革实施方案 [Z].2019-1-24.

[7] 国务院 . 关于加快发展现代职业教育的决定 [Z].2014-5-2.

[8] 国务院办公室 . 关于深化产教融合的若干意见 [Z].2017-12-5.

[9] 教育部，国家发展改革委，工业和信息化部，财政部，人力资源社会保障部和国家税务总局 . 职业学校校企合作促进办法 [Z].2018-2-5.

[10] 赵明晓，邱云 . 连锁经营原理与实务 [M]. 大连：东北财经大学出版社，2017.

[11] 邱云 . 现代学徒制理论与实践研究 [M]. 哈尔滨：东北林业大学出版社，2018.

[12] 中国连锁经营协会 . 连锁零售企业典型职业活动及工作任务调研报告 [R].

[13] 中国连锁经营协会，埃森哲 .2016 年零售企业新技术创新与转型发展状况研究报告——寻找技术新动能，重塑零售新模式 [R].2017.

[14] 中国连锁经营协会 .2018 中国社区生鲜报告 [R].《第三只眼看零售》，2018.

[15] 商务部流通发展司，中国百货商业协会，香港冯氏集团利丰研究中心 .2017—2018 年中国零售业发展报告 [R].2018.

[16] 商务部流通发展司，中国连锁经营协会 .2017 年度中国购物中心消费者洞察报告 [R].2018.

[17] 商务部流通发展司，中国连锁经营协会 . 中国购物中心发展指数报告（2018 年第一季度）[R].2018.

[18] 商务部流通发展司，中国连锁经营协会 . 中国购物中心发展指数报告（2018 年第

二季度）[R].2018.

[19] 张斌 . "课程标准"含义的演变与解读 [J]. 教育学术月刊，2010（6）：70-73.

[20] 余凯，David Martin Osher. 基于标准的美国基础教育改革的问题和政策启示 [J]. 教育科学，2013，29（3）：91-98.

[21] 崔允漷，沈兰华 . 澳大利亚维多利亚州《课程标准框架》述评 [J]. 外国教育资料，2000（1）：33-36.

[22] 崔允漷 . 国家课程标准与框架的解读 [J]. 全球教育展望，2001（8）：4-9.

[23] 国家技术监督局 . 标准化和有关领域的通用术语 [S]. 北京：中国标准出版社，1996.82.

[24] 质量 标准化 计量百科全书 [S]. 北京：中国大百科全书出版社，2001.20-37.

[25] 王显荣 . 课程标准新理念贯彻实施的途径 [J]. 地理教育，2004（3）：10-10.

[26] 马良军 . 制定课程标准的原则和要求 [J]. 中国培训，2009（5）：61.